裁判官が説く

民事裁判実務の重要論点

◆ 基本原則
　権利の濫用編 ◆

加藤新太郎・小林康彦
編集

第一法規

はしがき

　法律実務家は多忙であり、持てる時間は限られている。その中で、当面する課題のどこに真の問題があるのか発見し、問題の性質を分析し、適用すべきルールは何かについて認識し、当該案件に特有の推論の構造を把握し、法的思考力を駆使して、方向性を展望して課題を解決していくことになる。そのためには、日頃から、法令の改廃、判例の変更をフォローすることは当然として、最新のリーディングな学説がどのようなテーマについてどのような見解を述べているか、裁判実務の相場観はどうなのかまで押さえておく必要がある。そうでなければ、弁護士は依頼者に適切な助言を与えることはできないし、裁判官は自信をもって訴訟運営することも判断することも覚束ない。

　実際の裁判の現場では、弁護士の作成する書面の法的構成に違和感がある（それどころか、的外れである）ものが目に付くばかりか、引用すべき判例があるのに気付いていない（それどころか、的外れなもの、不要なものを引用している）ことは、今や珍しい出来事ではない。若手弁護士は、体系書の読み込みが足りず、判例法理の理解が十分でなく、中堅以上の弁護士が従来型の執務を漫然と繰り広げても、従前のように裁判官からの懇切な釈明を期待することはできない。審理の迅速化の反面において、裁判官にも余裕がなくなってきているからである。

　どうしたら、現在の最先端の判例法理や学説の議論状況や裁判実務における相場観に、要領よく効果的にアクセスできるのか。

　本書『裁判官が説く民事裁判実務の重要論点［基本原則（権利の濫用）編］』及び本シリーズは、そのような法律実務家が、担当する民事ケースに関する法律上の重要論点に関する現在の判例法理、学説の状況に加えて裁判実務の相場観について誤りなく、スピーディに把握するための必携ツールとして構想された。

　本書及び本シリーズの特色は、次の点にある。

第1に、対象とする分野（本書では、基本原則である権利の濫用に関係する訴訟群）において系統的に整理した項目ごとに、設例を作成し、そこにあらわれる重要論点について、現在の判例法理、学説の議論状況を客観的に明示した点である。

　第2に、判例から想を得て作成された設例について、Basic Information、設例に対する回答、解説の順で解説し、法律実務家として知っておくべき実体法上、訴訟法上の問題点を明示した点である。本書で完結的に法的情報を得ることができ、さらに、参考文献により深堀りすることも可能である。

　第3に、当該分野に精通する現職の裁判官が、現在の裁判実務の実際について、相場観を含めて運用レベルの問題まで解説している点である。

　本書及び本シリーズの名宛人は、そのようなことから、多忙な法律実務家、中でも弁護士である。もっとも、当該分野の案件について経験が乏しい裁判官が、その分野で登場する重要論点を急いで（隠れて）学修し、短い時間でボトムラインまで到達するために有益であることも目指している。裁判実務のクオリティの向上は、言うまでもなく、当事者双方の代理人弁護士の頑張りだけではなく、裁判官の力量アップが不可欠となるからである。

　もっとも、権利の濫用は、まさに基本原則であるから、初学者はともかく、有資格者で経験ある法律実務家が改めて勉強する必要はない（乏しい）と考える人がいるかもしれない。確かに、権利の濫用は一般条項であるから、これをすぐに持ち出すのは素人扱いされてもやむを得ない。「権利濫用法理の濫用」は業界のご法度である。しかし、ここぞという場面で、権利濫用法理を持ち出して形勢不利な状況を鮮やかにひっくり返すことができる。時効の援用が権利の濫用に当たるとして許容されないことや訴権濫用が（レアケースであるにしても）認められることがあるのがその典型例である。また、一定の場面である解釈を採用すると不都合な事態が生ずるのを封じることも権利濫用法理の守備範囲である（例えば、医療法人の解散時の残余財産分配について定めた定款の解釈に関する最一小判平成22・4・8民集64巻3号609頁参照）。さらに、訴訟当事者双方が意識することなく主張反論を展開して

いる場合においても、裁判所が公益的観点から権利濫用法理によって問題状況を規律しなければならないケースもある。

　権利濫用は規範的要件であるから、評価根拠事実と評価障害事実が主要事実となる。そこで、生の事実からどの事実群を取り出して評価根拠事実、評価障害事実として構成するかによって勝敗のベースラインが決まる。ここに、法律実務家のスキルがクローズアップされるのである。そして、主張している当該主要事実が立証することができたかどうかは証明責任の問題であるが、立証できた主要事実群から権利濫用と評価することができるかどうかは論証責任の問題である。そのような意味では、ベテランの法律実務家にとっても権利濫用法理というセンサーを備えておき、必要な場面でこれを活用しきることが必要不可欠なのである。

　以上では、基本原則である権利濫用法理を法律実務家が自家薬籠中のものにすることの効用についてやや詳しく述べたが、本書及び本シリーズが提供する法情報は、現在の裁判実務の到達点を示すものであるから、司法修習生や法科大学院の学生が、実務についての学修レベルを点検するためにも有効である。本書が、多くの方々に広く受け入れられれば、幸いこの上もない。

　本書は、利用者には便利であるが、そのようなテキスト作成の常として、執筆者には、多くの苦労をおかけすることになった。本書刊行の意義に共鳴し、力のこもった論考をお寄せいただいた執筆者の裁判官方に、感謝申し上げたい。

　最後に、本書の刊行に当たって、ご尽力いただいた第一法規の出版編集局編集第一部の皆さんに、厚くお礼申し上げたい。

平成30年1月

加藤　新太郎
小林　　康彦

編集・執筆者一覧

(平成30年1月1日現在)

編集代表

加藤　新太郎　中央大学大学院法務研究科教授、弁護士
小林　康彦　　法務省大臣官房参事官

執筆者（五十音順）

石原　寿記　　東京高等裁判所判事
岡口　基一　　東京高等裁判所判事
菊池　絵理　　東京高等裁判所判事
瀬田　浩久　　前橋地方・家庭裁判所高崎支部判事
古谷　恭一郎　東京地方裁判所部総括判事
本田　晃　　　さいたま家庭裁判所部総括判事
本吉　弘行　　水戸家庭裁判所判事

凡　例

判例出典略語

民録	大審院民事判決録
刑録	大審院刑事判決録
民集	大審院民事判例集、最高裁判所民事判例集
裁判集民	最高裁判所裁判集民事
高裁民集	高等裁判所民事判例集
下級民集	下級裁判所民事裁判例集
判タ	判例タイムズ
判時	判例時報
金商	金融・商事判例
金法	金融法務事情

※判例の書誌事項の表示について
　判例には、原則として判例情報データベース「D1-Law.com 判例体系」（https://www.d1-law.com）の検索項目となる判例IDを〔　〕で記載した。
　例：最三小判平成9・7・1民集51巻6号2251頁〔28021390〕

裁判官が説く
民事裁判実務の重要論点
［目次］

基本原則
権利の濫用編

はしがき
編集・執筆者一覧
凡例

第1 ◆ 民法（財産法）と権利の濫用

1 借地権の対抗力　［設例1］古谷 恭一郎　　3
◆Basic Information ……3
◆設例に対する回答 ……4
◆解説 ……5
　1 借地権者と土地の新所有者との間の法律関係 ……5
　2 借地借家法10条1項の趣旨及び解釈 ……6
　3 権利濫用の法理 ……11
　4 まとめ ……15

2 建物賃貸借の対抗力　［設例2］小林 康彦　　17
◆Basic Information ……18
　1 不動産賃貸借の対抗力 ……18
　2 登記によらない対抗力 ……18
　3 対抗力を欠いた不動産賃貸借の保護 ……18
◆設例に対する回答 ……18
　1 本件建物部分に係る明渡しの請求について ……18
　2 本件看板等に係る撤去の請求について ……19

- ◆解説 ……………………………………………………………………………19
  - 1 建物賃貸借の対抗力 …………………………………………………19
  - 2 本件看板等の撤去請求と権利濫用との関係 ……………………23
  - 3 補論—権利の行使が権利の濫用に当たるか否かの判断方法について— ……………………………………………………………28

3 隣家の日照・通風を妨害する建物建築と不法行為
[設例3] 石原 寿記　31

- ◆Basic Information ……………………………………………………………31
- ◆設例に対する回答 ……………………………………………………………33
- ◆解説 ……………………………………………………………………………34
  - 1 不法行為制度 …………………………………………………………34
  - 2 日照妨害・通風阻害が生じている場合、その不法行為制度における位置付け …………………………………………………………34
  - 3 不法行為制度と「権利の濫用」概念 ………………………………37
  - 4 日照妨害について ……………………………………………………38
  - 5 設例の検討 ……………………………………………………………40
  - 6 日照妨害・通風阻害のほか、自己所有地内の建物建築によって不法行為が成立し得る場合について ………………………………43

4 景観利益の侵害による不法行為　[設例4] 瀬田 浩久　45

- ◆Basic Information ……………………………………………………………45
- ◆設例に対する回答 ……………………………………………………………45
- ◆解説 ……………………………………………………………………………46
  - 1 不法行為の成立要件 …………………………………………………46
  - 2 良好な景観の恵沢を享受する利益の法的位置付け ………………48
  - 3 不法行為の成否と権利の濫用との関係 ……………………………51

5　継続的契約の解約　［設例5］岡口 基一　　55

- ◆Basic Information ··55
- ◆設例に対する回答 ··55
- ◆解説··56
  - 1　継続的契約の意義 ···56
  - 2　継続的契約の特色 ···57
  - 3　継続的契約の解約 ···57
  - 4　期間の定めのある継続的契約の終了 ······················57
  - 5　民法改正における議論 ···58
  - 6　特約店契約の解約 ···59
  - 7　設例の検討 ···64

6　消滅時効の援用　［設例6］小林 康彦　　68

- ◆Basic Information ··68
- ◆設例に対する回答 ··69
- ◆解説··69
  - 1　時効制度の意義及び存在理由 ···································69
  - 2　消滅時効 ···71
  - 3　消滅時効の援用と権利の濫用 ···································76
  - 4　設例の検討 ···78
  - 5　補論―平成29年民法（債権法）改正― ···················80

第2◆民法（家族法）と権利の濫用

1　内縁の夫の相続人による、内縁の妻に対する明渡請求
　　　　　　　　　　　　　　［設例7］本吉 弘行　　89

- ◆Basic Information ··89

- ◆設例に対する回答 …………………………………………………89
- ◆解説………………………………………………………………90
  - 1 内縁の配偶者が死亡した場合の原則的権利関係 ……………90
  - 2 内縁の配偶者の保護のための解釈論的努力…………………90
  - 3 リーディングケース（権利濫用論の採用）とその問題点 …91
  - 4 学説・裁判例の新たな展開 …………………………………93
  - 5 権利濫用構成の当否について ………………………………96
  - 6 権利濫用論により明渡請求が排斥された場合、内縁の配偶者は賃料相当の損害金ないし不当利得金を支払わなければならないか ……99

2　子の監護費用の分担の求め　[設例8] 古谷 恭一郎　101

- ◆Basic Information …………………………………………………101
- ◆設例に対する回答 …………………………………………………102
- ◆解説………………………………………………………………102
  - 1 嫡出子と生物学上の親子関係の有無 ………………………102
  - 2 養育費分担の構造 ……………………………………………105
  - 3 養育費分担請求の権利濫用該当性 …………………………108
  - 4 まとめ…………………………………………………………115

3　親子関係不存在の主張　[設例9] 菊池 絵理　116

- ◆Basic Information …………………………………………………116
- ◆設例に対する回答 …………………………………………………117
- ◆解説………………………………………………………………117
  - 1 実親子関係の意義 ……………………………………………117
  - 2 親子関係不存在確認の訴え …………………………………122
  - 3 権利の濫用との関係 …………………………………………122
  - 4 設例の検討等…………………………………………………125

4 遺留分減殺請求権の行使　［設例10］岡口 基一　129

- ◆Basic Information ……………………………………………………129
- ◆設例に対する回答 ……………………………………………………129
- ◆解説 ……………………………………………………………………130
  - 1 遺留分の意義………………………………………………………130
  - 2 遺留分減殺の意義及び趣旨………………………………………130
  - 3 遺留分の放棄………………………………………………………131
  - 4 相続人の廃除………………………………………………………131
  - 5 遺留分減殺請求権の行使と権利の濫用…………………………131
  - 6 設例の検討…………………………………………………………135

第3 ◆ 会社法・労働法と権利の濫用

1 法人格の主張　［設例11］石原 寿記　145

- ◆Basic Information ……………………………………………………145
- ◆設例に対する回答 ……………………………………………………146
- ◆解説 ……………………………………………………………………146
  - 1 法人格否認の法理の意義…………………………………………146
  - 2 実定法上の根拠……………………………………………………147
  - 3 法人格否認の法理の適用要件……………………………………148
  - 4 法人格否認を主張し得る者………………………………………150
  - 5 法人格否認の法理の適用範囲……………………………………150
  - 6 法人格否認の法理の適用効果……………………………………150
  - 7 設例の検討…………………………………………………………153
  - 8 参考…………………………………………………………………157

2 株主代表訴訟の提起　［設例12］小林　康彦　　161

- ◆Basic Information ………………………………………………………161
- ◆設例に対する回答 ………………………………………………………162
- ◆解説 ………………………………………………………………………162
    - 1 株主代表訴訟の意義 …………………………………………………162
    - 2 代表訴訟の提起と権利の濫用 ………………………………………169
    - 3 設例の検討 ……………………………………………………………175
    - 4 補論―その他の株主権の行使と権利の濫用について― …………175

3 使用者による労働者の懲戒　［設例13］古谷　恭一郎　　177

- ◆Basic Information ………………………………………………………178
- ◆設例に対する回答 ………………………………………………………178
- ◆解説 ………………………………………………………………………179
    - 1 懲戒処分の根拠及びその限界 ………………………………………179
    - 2 セクハラに関する法律関係 …………………………………………182
    - 3 セクハラと懲戒処分 …………………………………………………184
    - 4 セクハラと降格 ………………………………………………………189
    - 5 まとめ …………………………………………………………………190

4 企業の人事権の行使　［設例14］小林　康彦　　192

- ◆Basic Information ………………………………………………………195
- ◆設例に対する回答 ………………………………………………………196
    - 1 小問1・配転について ………………………………………………196
    - 2 小問2・出向と権利の濫用について ………………………………196
- ◆解説 ………………………………………………………………………197
    - 1 企業の人事権 …………………………………………………………197
    - 2 配転の意義及びこれに対する法規制 ………………………………198
    - 3 小問1・配転の検討 …………………………………………………201

4　出向等の意義 …………………………………………………203
　　5　小問2・出向と権利の濫用の検討 …………………………206

5　解雇　［設例15］岡口 基一　208

◆Basic Information ………………………………………………208
◆設例に対する回答 ………………………………………………209
◆解説 ………………………………………………………………209
　1　普通解雇の意義 …………………………………………………209
　2　普通解雇の制限 …………………………………………………209
　3　解雇権濫用の法理 ………………………………………………210
　4　解雇権濫用の法理の具体的内容 ………………………………212
　5　解雇の無効 ………………………………………………………217
　6　設例の検討 ………………………………………………………217

第4◆民事手続と権利の濫用

1　訴えの提起　［設例16］本吉 弘行　223

◆Basic Information ………………………………………………224
◆設例に対する回答 ………………………………………………224
◆解説 ………………………………………………………………225
　1　訴権の濫用について ……………………………………………225
　2　会社の社員総会（株主総会）の決議の効力を問題とする訴訟に
　　ついての最高裁判決の登場 ……………………………………225
　3　その他の裁判例 …………………………………………………229
　4　訴権濫用の判断要素 ……………………………………………232
　5　いわゆるスラップ訴訟について ………………………………233
　6　訴訟の進行 ………………………………………………………234

2 訴訟上の相殺の抗弁　［設例17］本田 晃　236

- ◆Basic Information ……………………………………………236
- ◆設例に対する回答 ………………………………………………237
- ◆解説……………………………………………………………237
  - 1 相殺と既判力の関係 …………………………………………237
  - 2 重複する訴えの提起の禁止 …………………………………239
  - 3 明示的一部請求の訴訟物 ……………………………………244
  - 4 債権の分割行使に係る権利濫用による限界付け ……………247

3 請求異議事由としての権利濫用　［設例18］本田 晃　251

- ◆Basic Information ……………………………………………251
- ◆設例に対する回答 ………………………………………………252
- ◆解説……………………………………………………………252
  - 1 強制執行と権利の濫用との関係 ……………………………252
  - 2 請求異議の訴えと権利の濫用との関係 ……………………254
  - 3 強制執行が権利の濫用に当たり許されない場合 ……………256
  - 4 本件事案への当てはめ ………………………………………262

4 取立権による債務者の生命保険契約の解約
　　　　　　　　　　　　　　　　［設例19］瀬田 浩久　265

- ◆Basic Information ……………………………………………265
- ◆設例に対する回答 ………………………………………………265
- ◆解説……………………………………………………………266
  - 1 債権及びその他財産権に対する強制執行の流れ ……………266
  - 2 差押債権者による金銭債権の取立て ………………………267
  - 3 生命保険契約の解約返戻金請求権の法的性質 ………………268
  - 4 解約返戻金請求権を取り立てるために生命保険契約の解約権を
　　行使することの可否 …………………………………………270

5　権利の濫用による限界付けと考慮すべき事情……………………273

事項索引……………………………………………………………………277
判例索引……………………………………………………………………281

第1 民法（財産法）と権利の濫用

1 借地権の対抗力

設例 1

隣接する 2 筆の土地の借地権者である Y は、借地のうち一方の土地（A 地）上に登記されている建物を所有しているが、他方の土地（B 地）上にはそのような建物を有していなかったところ、AB 両土地を買い受けた X から B 土地の所有権に基づき B 土地の明渡請求がされるに至った。

Y は、どのような主張をすることができるか。

例えば、Y がガソリンスタンドを営業し、A 土地上の登記された建物は店舗等として、隣接する B 土地上には未登記の簡易なポンプ室や給油設備等を設置し、両土地を一体として利用し、B 地を利用することができなくなると前記営業の継続が事実上不可能になるといった事情があればどうか。

その際、Y が前記ポンプ室を独立の建物としての価値を有するものとは認めずに登記手続をとらなかったことについてやむを得ないとみられるような事情があるか否か、買主 X に将来の土地の利用につき特定の目的があるか否か、X が AB 両土地を買い受けた価格のいかんによって結論が異なるか。

Basic Information

1　土地の所有者が土地の占有者に対して、土地の所有権に基づき土地の明渡しを請求した場合、土地の所有権の帰属については争う余地がないような状況であれば、占有者は、その土地の占有を確保するために占有正権原の抗弁を主張することになる。占有正権原の抗弁の成否は争点となる場合が多い。

2　本件においては、Y は AB 両土地について前所有者との間で賃貸借契約を締結していると考えられるから、Y は、占有正権原として借地権の抗弁を

主張することになる。借地権については、借地借家法10条1項により、借地権自体の登記がされていなくとも、土地上に借地権者が登記されている建物を所有するときは、これをもって第三者に対抗することができる。

3　土地の占有者が所有者に対してその土地の借地権を対抗し得ない場面においても、判例理論上、双方の土地の利用の必要性等の事情いかんによって、明渡請求が権利の濫用に該当するとして許されないことがある。

◆設例に対する回答

1　Yとしては、B土地の前所有者との間の賃貸借契約に基づく借地権を占有正権原として主張することが考えられ、また、Xの土地明渡請求が、権利濫用に該当して許されないことを主張することが考えられる。

2　一般的には、YがB土地の借地権をXに対抗することは困難である。

権利濫用の抗弁（民法1条3項）の成否の判断に当たっては、それぞれが当該土地を必要する事情など、関連する多数の事情を考慮することが必要となってくる。

設例のように、A土地及びB土地が一体として利用されている場合は、双方における土地の利用の必要性ないし土地を利用することができないことによる損失の程度、土地の利用状況に関する買主の認識の有無や買主が明渡請求をするに至った経緯、借地権者が借地権につき対抗要件を具備していなかったことがやむを得ないというべき事情の有無等を考慮して、これらの事情のいかんによっては、同請求が権利の濫用に当たり許されないことがあるとするのが判例である。

3　本件のポンプ室等は、（その形状にもよるが）登記手続をとらなくてもやむを得ないものといえ、XがB土地を利用することについて特別の必要性が認められない限り、仮に、B土地の取得価格が借地権の価格分だけ減額されていなかったとしても、明渡請求は権利濫用として許されない可能性が高い。

◆解　説
1　借地権者と土地の新所有者との間の法律関係

　設例を検討する前提として、賃借物の所有権が移転した場合に、賃借人は、新所有者に対して、賃借人としての地位を主張できるかを検討しておく。賃借人が新所有者に対して賃借権を主張できる場合には、当該賃借権に「対抗力がある」と説明される。

(1)　民　法

　民法605条は、不動産の賃貸借は、これを登記したときには、その後に当該不動産について物権を取得した者に対して、その効力を生ずると規定している。したがって、賃借権について登記がされたときは、当該賃借権は対抗力を有することになる。

　しかしながら、判例上、賃借権の登記をする特約がない場合には、賃借人は、賃貸人に対して賃借権の登記を請求する権利を有しないとされている[1]。

　特約がない状態で賃借権の登記手続に応ずる賃貸人はまれであるから、賃借人は不安定な地位に置かれることとなる。

(2)　借地借家法10条1項

　前記のような賃借人の不安定な立場を解消するために、借地借家法10条1項は、借地権の登記がなくとも、土地上に借地権者が登記されている建物を所有するときは、これをもって第三者に対抗することができると規定して、賃借人の保護を図っている。

　そして、借地権者が借地上に登記建物を所有している場合は、建物の滅失があってもその建物を特定するために必要な事項、その滅失があった日及び建物を新たに築造する旨を土地上の見やすい場所に掲示するときは、借地権は借地借家法10条1項の効力を有するとされ（同条2項）、借地借家法は、建物保護ニ関スル法律（以下、「建物保護法」という。）による対抗力をさらに強化したと説明されている。

1　大判大正10・7・11民録27輯1378頁〔27523296〕。

もっとも、借家については、建物の引渡しが賃借権の対抗要件とされ（借地借家法31条1項）、農地等についてもその引渡しが賃借権の対抗要件とされている（農地法16条1項）。

(3) 対抗力が認められる場合の法律関係

判例上、旧所有者と賃借人との間に存在した賃貸借関係は法律上当然その新所有者と賃借人間に移り、新所有者は旧所有者の賃貸借契約上の地位を承継し、旧所有者即旧賃貸人は全然その関係より離脱するものとされており[2]、旧所有者は、賃貸借関係から完全に離脱することになる。

一方、新所有者が賃借人に対して賃貸人の地位を主張するためには、新所有者は移転登記を得ていればよく、賃貸借承継の通知は不要とされ、賃貸人の地位を承継した旨の通知をしただけで移転登記が未了の間は、新所有者は賃借人に対して賃料を請求できないとされている[3]。

2　借地借家法10条1項の趣旨及び解釈

前記のとおり、借地借家法10条1項は、賃借人保護の観点から、借地権の登記がない場合であっても、当該借地上の建物の登記があれば、新所有者に対して借地権を対抗できるとしている。反面、前記のとおり、家屋や農地のように、当該物件の引渡しを対抗要件とはしていない。

以下、借地借家法10条1項の要件及び効果についてみておく。

(1) 「建物」の存在

不動産登記法上、登記の対象となるのは建物であり、建物に該当しない土地の定着物や工作物（例えば、給水タンク）については、特別法による例外を除き、登記の対象とならない。

設例に関していうと、給水タンクが土地上に設置され、給水タンク所有のために同土地について賃貸借契約が締結されていたとしても、給水タンク所

2　最二小判昭和39・8・28民集18巻7号1354頁〔27001377〕。
3　最一小判昭和33・9・18民集12巻13号2040頁〔27002628〕。

有者（その土地の賃借人）としては、給水タンク単体では借地借家法上の保護を受けることができない。

(2) 建物の「登記」の存在

所有権保存登記は、本項にいう登記に該当する（不動産登記法74条）。また、判例上、建物の表示登記（同法44条）も、ここでいう登記に該当すると解されている[4]。

しかしながら、建物が借地権者の家族名義で登記されている場合には、対抗力がないとされている[5]。この点については、反対の学説も強い。

賃借人が建物保護法1条により対抗力を有する登記を備えた建物を所有している場合は、適法な転借人は、転貸人の賃借権を援用して転貸借を第三者に対抗することができる[6]。

どのような登記であれば、借地借家法上の保護を受けられるかは、借地人による建物所有、そのための土地利用の保護の要請と、新地主の取引安全の保護の要請とをどこで調和させるかの問題であるとされる[7]。この点の問題状況は、次の「(3) 対抗力が及ぶ土地の範囲」においても同様である。

(3) 対抗力が及ぶ土地の範囲

ア　1筆の土地上にある複数の建物のうちの一部の建物の登記

1筆全部が賃貸され、同じ借地人の有する2棟の建物のうちの1棟について登記がされている場合は、1筆全体について借地権を対抗できるとされる[8]。

他方、1筆の土地の一部が賃借され、他の部分について他の借地人が登記のある建物を所有していた場合、前者の土地の一部の賃借人の借地権に対抗力は認められないとされる[9]。

4　最一小判昭和50・2・13民集29巻2号83頁〔27000390〕。建物保護法の事案。
5　最大判昭和41・4・27民集20巻4号870頁〔27001192〕。建物保護法の事案。
6　最二小判昭和39・11・20民集18巻9号1914頁〔27001348〕。建物保護法の事案。
7　星野英一『借地・借家法』有斐閣（1969年）401頁。
8　大判大正3・4・4民録20輯261頁〔27521763〕。
9　大判大正8・7・23民録25輯1355頁〔27824442〕。

イ　2筆の土地のうちの1筆の土地上の建物についての登記

　2筆の土地を賃貸し、借地人がそのうちの1筆の土地（甲土地）上に登記のある建物を有し（甲土地は所有者Aから無償で借り受けている。）、もう1筆の土地（乙土地）の一部を庭として利用していた（乙土地は所有者Bから有償で賃借している。）場合で、新所有者CがBから乙土地を取得した事案において、判例は、乙土地について借地権の対抗力を否定した[10]。

　判例は、同事案において、乙土地の賃借権は庭として利用するためであり、建物所有を目的とするものではないこと、乙土地について対抗力を付与しなくとも、居宅の保全に欠けるところはないことを、乙土地の対抗力を否定する根拠として指摘している。

　もっとも、この事案は、建物が存在しない方の1筆の土地（乙土地）は、その半分以上が崖地であり、その残りの土地を庭として利用していたというものであり、実質的な利益考量として、借地人に建物が存在しない方の土地の利用を認める必要性は必ずしも高いとはいえなかったと考えられる。また、甲土地と乙土地とでは、土地の所有者が異なっており、新所有者がAB両土地を取得したという設例の事案とは前提となる事情に差があることに留意する必要がある。

　借地人が所有者Aから8筆の土地を賃借し、そのうちの6筆の土地上に建物を建築して営業を行い、その後、新賃借人が建物と土地の賃借権を取得し、新所有者が8筆の土地の所有権を取得した事案において、その上に建物が存在しない2筆の土地について、判例は、その対抗力を否定した[11]。

　判例は、同事案において「建物保護に関する法律1条は、登記した建物をもって土地賃借権の登記に代用する趣旨のものであるから、第三者が右建物の登記を見た場合に、その建物の登記によってどの範囲の土地賃貸借につき対抗力が生じているかを知りうるものでなければならず、当該建物の登記に

10　最三小判昭和40・6・29民集19巻4号1027頁〔27001293〕。建物保護法の事案。
11　最三小判昭和44・12・23民集23巻12号2577頁〔27000749〕。建物保護法の事案。

敷地の表示として記載されている土地……についてのみ、同条による賃借権の対抗力を生ずると解するを相当とする。」と判示した。
ウ　2筆の土地の一部に借地権の対抗力が及ばない場合についての準則

前記「2⑶イ　2筆の土地のうちの1筆の土地上の建物についての登記」の事案は、個別性が強いものであるから、その判例の準則を一般化することは困難である。

もっとも、そこでの準則を、「隣接する2筆の土地のうちの1筆の土地上の建物について建物登記を有するとしても、原則として同土地の賃借権の対抗力は、もう1筆の土地の借地権には及ばない」と解する余地はあり、そのように解することは、基準としては明確であり、登記を信頼して取引に入った新所有者の保護に厚い。この準則を前提とするならば、設例の事案において、YがXに対して、B土地の賃借権の主張をすることは困難である。その場合、借地人であるYに残された主たる反論（抗弁）は、新所有者の明渡請求が権利濫用に該当して許されないという主張である。

一方、土地についての現実の取引は、登記簿の1筆とは必ずしも一致しない範囲の一画の土地を客体として行われることが珍しくないともいわれており、そのような状況を踏まえると、前記のように準則を定立することは土地の賃借人に酷な結果をもたらしかねない。このような状況認識を前提に、借地人所有の建物の存在する土地の悪意の取得者は判例のいわゆる「正当の利益を有する」第三者たり得ないとする見解[12]や、塀をめぐらせて登記ある建物の敷地占有の範囲を明らかにしている場合には、その範囲において借地権は対抗力を有するという見解もあるところである[13]。

もっとも、この点については、当事者間の諸事情を総合的に考慮し、当事者間の公平を図るのは、むしろ権利濫用の法理などによる方がよいのではないかと考えられるといった指摘[14]や、後掲平成9年最判〔28021390〕の事例

12　広中俊雄「判批」民商法雑誌50巻2号（1964年）243頁。
13　鈴木禄弥『借地法（下）〈改訂版〉』青林書院（1980年）981頁。

についてであるが、AB両土地の利用と建物利用の結びつきの程度を具体的物件に則して判断することは困難であり、このような判断は登記制度の本質と合致しないから、事案の具体的妥当性の問題は本件と同様に民法の一般条項に委ねるのが至当だとする見解に賛成したいという見解[15]があり、判断要素の多様性と判断過程の複雑さを考慮すると、権利濫用等の一般条項を用いて事案に即応した解決を行うことが相当であると解される。

エ　権利濫用の主張と民法177条の主張との関係

借地人の抗弁として、他に、新所有者は民法177条の第三者に該当せず、その結果として、借地人は新所有者に対して借地権を主張できるという趣旨の主張をすることも考えられる。権利濫用の主張と民法177条の主張の関係については、次のとおり、異なる考え方があり得るところである。

(ア)　星野教授は、新所有者による明渡請求が制限される場合については、新地主側の事情と借地人側の事情を比較考量して決めるほかはないとしたうえで、一般的に悪意の新地主には建物の登記がなくても対抗できるとするのは無理だが、「背信的悪意者」に限るのは狭すぎるとし、理論的には、一定範囲の新地主は、借地人の登記欠けつを主張し得る正当な利益を有する第三者には当たらないとするのが妥当であるとする[16]。これは、新所有者が民法177条の第三者に該当しない場合を「背信的悪意者」より広くとらえる考え方であり、この見解によると、実質的な判断として権利濫用に該当するような場合は、民法177条の第三者に該当しないことになると考えられる。

(イ)　最高裁判例解説（八木一洋最高裁調査官）では、従来のいわゆる背信的悪意者論は、対抗要件の具備（登記手続の履践）につき売主と買主との共同申請によらねばならないとの前提の下に、複数買主間の自由競争の余地を認

14　野村豊弘「対抗力のない借地権者に対する明渡請求と権利濫用」判例タイムズ965号（1998年）59頁、『最高裁判所判例解説民事篇〈昭和44年度〉』法曹会〔鈴木重信〕676頁参照。
15　竹屋芳昭「判批」判例評論470号（判例時報1628号）（1998年）174頁。
16　前掲星野414頁。

めたうえで、その調整法理として論じられていたのに対し、借地権に関しては、基本的に借地者保護のためその単独による対抗要件の具備（借地上建物につき登記を経由すること）が可能との前提から出発して議論が行われていたことを指摘したうえで、いわゆる背信的悪意者論と借地権に関する権利濫用理論とを連続的にとらえることができるかについては検討の余地があるとする[17]。

前記のとおり、権利濫用の主張と背信的悪意者（又は民法177条の第三者）主張の関係については、議論があり得るところであるが、それらの実質的な判断内容、考慮要素については、大きく異なるところはないと解される。ここでは、以下、権利濫用の主張を検討する。

3　権利濫用の法理
(1)　最高裁判例

対抗力を具備しない土地賃借権者に対する土地明渡請求を権利の濫用に当たるとして制限した判例をみておく。

ア　最二小判昭和38・5・24民集17巻5号639頁〔27002024〕

Yが、土地所有者Aから同土地を賃借した後、同土地の所有権がAから、B、C、Xと順次譲渡された場合において、CはBの実子であり、Xは、B、C、その他これと親族関係にある者の同族会社であり、同社の営業実態はBの個人営業をそのまま引き継いだもので、Bがその中心となっているという事案において、XがYに対して、同土地の賃借権が対抗力を有しないことを理由に建物収去土地明渡しを請求することは権利の濫用として許されないとした。

イ　最三小判昭和43・9・3民集22巻9号1817頁〔27000925〕

Yが、土地所有者Aから同土地を賃借した後、XがAから同土地を買い受け、その際、Xは、同土地上にYが建物を所有して営業していることを

---

[17] 『最高裁判所判例解説民事篇〈平成9年度（中）〉』法曹会〔八木一洋〕762頁。

知り、著しく低廉な賃借権付評価額で同土地を取得している場合において、Yの賃借権の対抗力の欠如を奇貨とし、不当の利益を収めようとして、Yの生活上及び営業上の多大の損失を意に介せず、建物収去土地明渡しを請求することは権利の濫用として許されないとした。

ウ　最三小判平成9・7・1民集51巻6号2251頁〔28021390〕（以下、「平成9年最判」ということがある。）

　　Yが、土地所有者Aから甲乙2筆の土地を賃借し、ガソリンスタンドの営業のために、甲土地上に登記されている建物を所有して店舗等として利用し、隣接する乙地には未登記の簡易なポンプ室や給油設備等を設置し、甲乙両土地を一体として利用し、乙土地を利用できなくなると営業の継続が事実上不可能となり、Yが右ポンプ室を独立の建物としての価値を有するものとは認めず登記手続をとらなかったこともやむを得ないとみられ、他方、右両土地の買主Xには、将来の土地の利用につき格別に特定された目的は存在せず、Xが売主の説明から直ちにYは使用借主であると信じたことについては落ち度があるといった事案において、Xが両土地を特に低廉な価格で買い受けたものでなかったとしても、XがB地について土地明渡を請求することは権利の濫用として許されないとした。

(2) **判断要素及びその検討**

ア　判断要素

　新地主から賃借人に対する建物収去土地明渡請求の権利濫用該当性判断における実務の判断要素を、舟橋教授は、次の(ア)から(ク)のように整理している[18]。なお、(イ)の住宅事情の指摘は今日では異なる状況になっているが、その他は基本的な点において現時点においても妥当する判断要素であると思われる。

(ア)　家屋収去土地明渡しにより借地人は生活の基盤を失い経済的精神的に重大な打撃を受けること

18　舟橋諄一「所有権の濫用」末川先生古稀記念論文集刊行委員会編『末川先生古稀記念　権利の濫用（中）』有斐閣（1962年）15頁。

(イ) 家屋を収去することは現下の極度に払底した住宅事情からして社会経済上の重大な損失であること
(ウ) 地主に収去明渡しの利益なきこと
(エ) 地主が宅地買受当時借地権の存在を知っていたこと、又は知らないことが重大な過失と認められること
(オ) 地主の側に責められるべき、ないし非難されるべき事情があること
(カ) 土地の賃貸人たる旧地主と土地所有権譲受人たる現地主とが実際上一体をなしていること
(キ) 地主が土地を必要とする正当の事由の有無
(ク) 借地人の責められるべき事由、その他非難されるべき事由の有無等

　また、この点について、星野教授は、次の(ア)から(エ)のように整理している[19]。
(ア) 新地主側の事情
　①借地人を困らせる意図が推察されるような行為の存在、②借地権、少なくとも建物の存在についての悪意、③旧地主・新地主の実質的に同一人と変わらないような密接な関係の存在、④新地主が法律に通じていること、⑤土地取得が代物弁済によるものであること
(イ) 借地人側の事情
　①建物の存在、②旧地主に対する不信行為、③旧地主からの土地買取の申出を断ったこと
(ウ) 新地主・借地人間の事情
　①両者の特殊の関係の存在（新地主が隣地を所有しているなど）、②新地主からの調停の申込みを借地人が一蹴したこと
(エ) 新地主・借地人の土地使用の必要性の比較
　平成9年最判〔28021390〕は、設例のように、複数の土地を借地権の目的として一体的に利用しながらその一部について対抗力が認められない場面に

---

[19] 前掲星野409頁。

おける権利濫用該当性判断の考慮事情について、次のように判示している。
「建物の所有を目的として数個の土地につき締結された賃貸借契約の借地権者が、ある土地の上には登記されている建物を所有していなくても、他の土地の上には登記されている建物を所有しており、これらの土地が社会通念上相互に密接に関連する一体として利用されている場合においては、借地権者名義で登記されている建物の存在しない土地の買主の借地権者に対する明渡請求の可否については、双方における土地の利用の必要性ないし土地を利用することができないことによる損失の程度、土地の利用状況に関する買主の認識の有無や買主が明渡請求をするに至った経緯、借地権者が借地権につき対抗要件を具備していなかったことがやむを得ないというべき事情の有無等を考慮すべきであり、これらの事情のいかんによっては、これが権利の濫用に当たるとして許されないことがあるというべきである。」

イ　判断要素の検討

　権利濫用該当性の判断においては、重要な事情をどれだけ抽出できるかが勝敗の分かれ目となるから、判例及び学説が指摘する判断要素を的確に押さえて、とりこぼしのないようにすることが肝要である。

　新地主から賃借人に対する建物収去土地明渡請求の権利濫用該当性が問題になる事案にあっては、一般論としては、前記アの舟橋教授や星野教授の指摘を参考に広く事情を拾っていくことになる。

　設例のような事案であれば、前記の判例の示す考慮要素を中心に検討することになる。

　まず、双方における土地の利用の必要性又は損失の程度についてみると、判例の事案においては、一方で、Yは、乙土地を利用できなくなれば、営業の継続が不可能となるというのであるから、その損失の程度は深刻であり、他方、Xは将来の土地利用につき特定の目的はないのであるから、乙土地利用の必要性が高いとはいえない。

　次いで、Xの土地利用についての認識等については、Xは、Yの土地の使用権原が使用借権であったと誤信している。Xに対して使用借権の説明を

行った者がYの監査役であり、弁護士でもあったという事実からすると、Yにおいて前記のような誤信することはあり得ることではあるが、Yのこれまでの営業実態等に照らすと、Yがそのように誤信したことについては、Yに落ち度があったといわざるを得ない。

そして、平成9年最判〔28021390〕は、乙土地上のポンプ室について登記手続をとらなかったことについては、同ポンプ室の規模等に照らし、Yが独立の建物としての価値を有するものとは認めず、登記手続をとらなかったことについては、やむを得ないとみるべき事情があったと判断している。この点は、当該ポンプ室が、客観的にみて、独立の建物としての価値を有するか否かにより判断も異なってくるものと解される。

4　まとめ

本件の設例のような事案にあっては、判例が指摘し、また、学説が多数の裁判例の検討から析出する判断要素を適切に理解したうえで、その判断要素に関する事情を、錯綜する事実関係から丹念に拾い出す作業が重要な意味を持つことになる。そして、その際の拾出し作業において確かな視点、方向性を身に付けるためには、紛争の根にある争点（借地借家法10条の解釈）についての判例、学説の議論を追跡しておくことが極めて有益である。そこでの議論をそのまま移植する形で解釈論（一般的な準規の定立）を主張することは、必ずしも生産的でないことが多いが、そこでの議論の背景にある問題意識を正確に把握しておくことは、権利濫用の判断要素たる事情の抽出及び抽出事実の構成の際に予想以上の力を発揮することになる。関連争点の理解の重要性が強調されるゆえんである。

（古谷　恭一郎）

◆参考文献

- 舟橋諄一「所有権の濫用」末川先生古稀記念論文集刊行委員会編『末川先生古稀記念論文集　権利の濫用（中）』有斐閣（1962年）15頁
- 星野英一『借地・借家法』有斐閣（1969年）380頁等
- 大西武士「建物保護法1条（借地借家法10条）と権利の濫用」判例タイムズ962号（1998年）42頁
- 野村豊弘「対抗力のない借地権者に対する明渡請求と権利濫用」判例タイムズ965号（1998年）56頁
- 竹屋芳昭「判批」判例評論470号（判例時報1628号）（1998年）171頁
- 成田博「判批」法学教室210号（1998年）66頁
- 『最高裁判所判例解説民事篇〈昭和38年度〉』法曹会〔真船孝允〕170頁
- 『最高裁判所判例解説民事篇〈昭和43年度〉』法曹会〔鈴木重信〕811頁
- 『最高裁判所判例解説民事篇〈平成9年度（中）〉』法曹会〔八木一洋〕749頁

2　建物賃貸借の対抗力

設例 2

(1)　Aは、昭和34年からJR山手線S駅に近い繁華街に地上4階、地下1階の建物（以下、「本件建物」という。）を所有していた。Yは、昭和39年頃から本件建物の地下1階部分（以下、「本件建物部分」という。）でそば屋（以下、「本件店舗」という。）を営業しており、遅くとも平成8年9月までに本件建物部分についての賃借権を得た。

(2)　Yは、本件店舗の営業開始以降、その営業のために、Aの承諾を得て、本件建物の1階部分の外壁、床面、壁面等に、看板、装飾及びショーケース（以下、「本件看板等」という。）を設置した。本件看板等の設置箇所は、いずれも地下1階の本件建物部分へ続く階段の入口及びその周辺であり、本件看板等の一部は本件建物に固定されているが、分離することは可能である。

(3)　Aは、平成22年1月、本件建物をBに売却し、Bは、同年4月、本件建物をXに転売した。BX間において作成された売買契約書には、本件建物の賃借権の負担等がXに承継されること、本件建物に看板等があることが記載されていたものの、本件建物部分に係るYの賃借権の内容に本件看板等の設置が含まれる旨の明確な記載はなかった。

　以上の事実関係の下において、本件建物の譲受人Xは、Yに対し、所有権に基づき、本件建物部分の明渡し及び本件看板等の撤去を求めた。Xの各請求は認められるか。また、Yはどのような主張をすることができるか。

第1　民法（財産法）と権利の濫用

Basic Information

1　不動産賃貸借の対抗力

　不動産の賃貸借は、これを登記したときは、その後その不動産について物権を取得した者に対しても、その効力を生ずる（民法605条）ので、賃借権の登記を備えている賃借人は、新所有者による所有権に基づく明渡しの請求に対し、自己の占有が適法な賃借権に基づくものであることを主張して、請求を退けることができる。

2　登記によらない対抗力

　不動産賃貸借の対抗要件については、賃借権の登記という方法に加え、借地借家法による代替方法があり、賃借権の登記がなくても、建物の所有を目的とする土地の賃借権（借地権）は、土地の上に借地権者が登記されている建物を所有するときは、これをもって第三者に対抗することができ（借地借家法10条1項）、建物の賃貸借は、建物の引渡しがあったときは、その後その建物について物権を取得した者に対し、その効力を生ずる（借地借家法31条1項）ものとされている。

3　対抗力を欠いた不動産賃貸借の保護

　対抗力を欠いた不動産賃貸借も、権利の濫用の法理によって保護される場合がある。

◆設例に対する回答

1　本件建物部分に係る明渡しの請求について

　Yは、Aから本件建物部分を賃借してその引渡しも受けているから、新所有者Xから本件建物部分について所有権に基づき明渡しを求められたときは、自己の占有が適法な賃借権に基づくものであることを主張して（占有権原の抗弁）、Xの請求を退けることができる。

したがって、Xの本件建物部分に係る明渡しの請求は認められない。

2　本件看板等に係る撤去の請求について

(1)　契約において明示されていなくても、事案によっては、専用部分である店舗以外の場所に看板等を設置することが店舗の賃貸借契約の内容に含まれていると認められる場合がある。本件においてもそのように認めることができれば、Yは、本件看板等に係る自己の占有が適法な本件建物部分の賃借権に基づくものであることを主張して（占有権原の抗弁）、Xの請求を退けることができる。

(2)　本件看板等の設置が本件建物部分の賃貸借契約の内容に含まれていると認めることができない場合であっても、XにおいてYに対し本件看板等の撤去を求めることが権利の濫用により許されないと主張して（権利濫用の抗弁）、Xの請求を退けることができる。

(3)　したがって、Xの本件看板等に係る撤去の請求は認められない。

◆解　説

1　建物賃貸借の対抗力

(1)　賃借権の登記（民法上の原則的方法）

不動産の賃貸借は、これを登記したときは、その後その不動産について物権を取得した者に対しても、その効力を生ずる（民法605条）とされている。

ここでいう「効力を生ずる」ことの内容は、建物の旧所有者と賃借人との間に存在した賃貸借関係が法律上当然に新所有者と賃借人との間に移転し、旧所有者は、その関係から離脱することであると解されている[1, 2]。

したがって、賃借権の登記を備えている賃借人は、新所有者による所有権に基づく明渡しの請求に対し、自己の占有が適法な賃借権に基づくものであることを主張して（占有権原の抗弁）、請求を退けることができる。

(2)　登記によらない対抗力（借地借家法による特則）

実際には賃借人が賃借権の登記を有することはまれである。また、特約が

ない限り、賃借人に賃貸人に対する賃借権の登記請求権を認めないというのが確立した判例である[3]。そこで、借地借家法は、不動産賃貸借の対抗要件として、建物の所有を目的とする土地の賃借権（借地権）については、土地の上に借地権者が登記されている建物を所有すること（借地借家法10条1項）、建物の賃貸借については、建物の引渡しがあったこと（同法31条1項）を、それぞれ定めている。

(3) 借地借家法31条1項の「建物」

ここでいう「建物」は、障壁その他によって他の部分と区画され、独占的排他的支配が可能な構造・規模を有するものをいい、建物の一部であっても、前記の要件を満たすものであれば、「建物」に当たる[4]。

(4) 建物賃貸借の「対抗力」

賃借人が賃貸借契約に基づき建物の引渡しを受けると、その賃貸借には借地借家法31条1項所定の対抗力が認められることになる。ここでいう「対抗力」とは、当該建物の新所有者が旧所有者と賃借人との間の建物賃貸借関係を法律上当然に承継することであるから[5]、賃借人は、建物の新所有者に対し、賃貸借契約の基本的内容を主張することができるほか、目的物が店舗である場合における看板等の設置に関する合意のような付随的合意も、それ

---

1 大判大正10・5・30民録27輯1013頁〔27819052〕。
2 敷金に関する権利義務は承継される（最一小判昭和44・7・17民集23巻8号1610頁〔27000793〕）。また、賃借人は、①建物の前所有者に契約期間中の賃料を全額前払していたこと、②転貸を許容する特約のあること、③賃料につき取立債務とする約定のあることは、いずれも新所有者に対抗することができる（①につき最二小判昭和38・1・18民集17巻1号12頁〔27002062〕、②につき最一小判昭和38・9・26民集17巻8号1025頁〔27002003〕、③につき最二小判昭和39・6・26民集18巻5号968頁〔27001396〕。）。
3 大判大正10・7・11民録27輯1378頁〔27523296〕。
4 旧借家法1条の「建物」につき、最二小判昭和42・6・2民集21巻6号1433頁〔27001070〕。
5 稲本洋之助＝澤野順彦編『コンメンタール借地借家法〈第3版〉』日本評論社（2010年）242頁。

が賃貸借契約の内容の一部であると認められる限り、主張することができるものと解される。

(5) **本件建物部分に係る明渡しの請求について（設例の検討）**

　本件においては、本件建物部分においてそば屋の営業を行うという事実が先行し、後日賃貸借として正式に契約とされたという経緯があるものの、Yは、本件建物部分をAから賃借し、その引渡しも受けている。本件建物部分は、地上4階、地下1階の建物（本件建物）の地下1階部分であるから、障壁その他によって他の部分と区画され、独占的排他的支配が可能な構造・規模を有するものとして、借地借家法31条1項にいう「建物」に当たる。Yは、そのような本件建物部分の引渡しを旧所有者Aから受けているから、Aから本件建物部分を含む本件建物を譲り受けたBは、旧所有者Aと賃借人Yとの間の賃貸借関係を法律上当然に承継し、さらにBから本件建物部分を含む本件建物を譲り受けたXは、旧所有者Bと賃借人Yとの間の賃貸借関係を法律上当然に承継する。

　そうすると、Yは、Xから本件建物部分について所有権に基づき明渡しを求められたときは、自己の占有が適法な賃借権に基づくものであることを主張して（占有権原の抗弁）、Xの請求を退けることができることになる。Xの本件建物部分に係る明渡しの請求は認められない。

(6) **本件看板等に係る撤去の請求について（設例の検討）**

ア　本件においては、本件建物部分でのそば屋営業の事実が先行し、その後賃貸借として正式に契約とされた経緯があることは前記のとおりであり、その際に看板等の設置が明示的には合意されていなかったことがうかがわれる。もっとも、ビルの地下にある飲食店にとって、店舗に続く階段の入口及びその周辺に看板、装飾及びショーケースを設置することは、客を誘引するうえで欠かせないものであり、Yは、本件店舗の営業開始以降、Aの承諾を得て、本件建物の1階部分の外壁、床面、壁面等に本件看板等を設置している。そして、本件建物は、平成22年1月にAからBへ、同年4月にBからXへと順次売却されたところ、BX間において作成された売買契約書には、本件

建物の全体についてのものとして、既存の賃借権の負担等がXに承継されること、本件建物に看板等があることなどが記載されていたというのである。

確かに、前記売買契約書の記載をみる限り、本件建物の全体についていうにとどまり、Yにおいて本件看板等を設置することが本件建物部分の賃貸借契約の内容に含まれていることが明示的に確認されているとはいえない。しかしながら、前記のとおり、ビルの地下にある飲食店にとって、店舗に続く階段の入口等の地上部分に看板等を設置することが客を誘引するうえで欠かせないものであるし、実際に本件看板等も本件店舗の営業のために利用されてきており、このことはBやXにおいても容易に認識できたと認められる。他方、本件看板等の設置につき本件建物部分の賃貸借とは別個の契約が締結された事実や本件看板等が他のテナントの設置するものとは著しく異なっているといった事情もうかがわれない。このような本件の事実関係の下においては、本件建物部分の賃貸借契約の解釈としても、その内容にYにおいて本件看板等を設置することが含まれているものと解することができるように思われる。

そうすると、Yは、本件看板等に係る自己の占有が適法な本件建物部分の賃借権に基づくものであることを主張して（占有権原の抗弁）、Xの請求を退けることができることになる。Xの本件建物部分に係る明渡しの請求は認められない。

イ　ところで、借地借家法31条1項にいう「建物」が、障壁その他によって他の部分と区画され、独占的排他的支配が可能な構造・規模を有するものをいうことは、前記(3)において述べたとおりである。

そこで、ビルディングの区分された建物部分を目的物とする賃貸借契約においては、借地借家法31条にいう建物の範囲は、区分された建物部分及びこれと構造上一体として利用される範囲の全体として独立性を有する部分に限られると考えると、本件看板等は、前記部分にではなく、本件建物1階の外壁等いずれも本件建物の躯体部分に設置されていることから、同条の建物の範囲に含まれないという立論があり得るのであり、このような立論からは、

Xは、Yに対し本件看板等についての対抗力を主張することができないという結論が導かれる。最高裁判所の判決には、設例と類似の事案において看板等の撤去請求の当否が問題となったものがあり[6]、その原審は前記のような判断をしていた。

しかしながら、借地借家法31条1項所定の「対抗力」とは、当該建物の新所有者が旧所有者と賃借人との間の建物賃貸借関係を法律上当然に承継することであり、賃借人は、建物の新所有者に対し、賃貸借契約の基本的内容を主張することができることはもとより、目的物が店舗である場合における看板等の設置に関する合意のような付随的合意も、それが賃貸借契約の内容の一部であると認められる限り、主張することができるものと解されることは、前記(4)において述べたとおりである。そして、設例の事実関係の下においては、Yにおいて本件看板等を設置することは本件建物部分の賃貸借契約の内容に含まれているものと解釈することに相応の根拠があるということができるので、本件看板等の設置場所が本件建物部分の物理的範囲外であることから直ちにその合意を新所有者に対抗することができないと判断することは適当でない[7]。

なお、前掲平成25年最判〔28211163〕については、看板等の撤去請求が店舗の明渡しを求める請求とは別個の請求として主張されたようであるとしたうえ、事実審としての主張整理に関し留意を促す判例であるとする指摘がある[8]。

2 本件看板等の撤去請求と権利濫用との関係

(1) はじめに

前記1(6)において検討した点が否定に解されるとすると、Yとしては、XにおいてYに対し本件看板等の撤去を求めることが権利の濫用により許さ

---

[6] 最三小判平成25・4・9判時2187号26頁〔28211163〕。
[7] 前掲平成25年最判〔28211163〕における田原睦夫裁判官の補足意見参照。
[8] 「判例紹介プロジェクト」NBL1011号(2013年)78頁。

れないと主張して（権利濫用の抗弁）、Xの請求を退けることができないかを考えることになる。

(2) **所有権に基づく侵害排除請求と権利濫用**

これまでに所有権に基づく侵害排除請求との関係において権利濫用が問題とされた具体的事例としては、(a)無権限占拠者に対する妨害排除・明渡しの請求と権利濫用、(b)対抗力なき借地人に対する土地譲受人による明渡しの請求と権利濫用、(c)対抗力なき借地人に対する土地譲受人による明渡しの請求と権利濫用（一体的利用を目的とする複数筆の借地のうち一部につき対抗力を欠く場合）、(d)相続権のない内縁の配偶者などの居住の確保と権利濫用などを挙げることができる[9]。

このうち設例の検討において参考になるのは、前記(c)である。一体として利用されている複数筆の借地のうち、一部の筆上にのみ借地権者所有の登記された建物がある場合、判例は、建物登記による対抗力は筆で区切ったその敷地についてのみ及び、その他の土地（筆）には及ばないという態度をとっているので、土地が譲渡され譲受人により明渡しの請求がされた場合には、建物のない土地については困難な問題が生ずることが指摘されている。この問題について、最高裁判所は、一定の事情があればこの明渡しの請求は権利濫用として許されないとする判断をし、救済を可能とする法律構成を示した[10]。

事案は次のとおりである。

Y会社は、隣接する甲地と乙地（いずれもA所有）を賃借し、甲地に建築された3階建ての建物（1、2階部分につきY会社名義で所有権保存登記がされた。）をガソリンスタンドの営業に使用し、乙地には給油設備を設置したが、地価の石油貯蔵槽から石油をくみ上げるために同土地に設置したポンプ室について登記をしなかった。その後、Aが甲地・乙地及び建物の3階部分をX会社に売却し、その際、AはX会社の担当者に対しY会社の土

---

9 谷口知平＝石田喜久夫編『新版注釈民法(1)総則(1)〈改訂版〉』有斐閣（2002年）〔安永正昭〕168頁以下。
10 最三小判平成9・7・1民集51巻6号2251頁〔28021390〕。

地の利用はAとの使用貸借契約に基づくものであると述べた。X会社の担当者はこれを信じ、建物の1、2階部分につきY会社名義の所有権保存登記があることを確かめたのみであった。

このような状況において、X会社が、Yに対し、甲・乙両土地の明渡しを求めた。

第一審判決は、乙地が甲地と一体として利用されていることを理由に、甲地の借地権の対抗力は乙地にも及ぶとしてZ会社の請求を棄却したが、原判決は、①「借地権に基づき一体的に使用されている複数の筆の土地の一筆でも地上に登記のある建物があれば、右全部の土地について借地権の対抗力が及ぶことを認めることになる」のは相当でないとして乙地についての対抗力を否定し、また、②権利濫用の主張に対しては、X会社において、Y会社の代表取締役の兄であり、Y会社の監査役であるAが、Y会社の土地の利用が使用貸借契約によるものであると述べたことを信じて、Y会社に直接確認しなかったことをもってX会社の怠慢であるとはいえないなどとして退け、結局、乙地についてXによる明渡しの請求を認容した。

これに対し、最高裁判所は、①「これらの土地が社会通念上相互に密接に関連する一体として利用されている場合」であることを前提として、②双方における土地の利用の必要性ないし土地を利用することができないことによる損失の程度、③土地の利用状況に関する買主の認識の有無や買主が明渡しの請求をするに至った経緯、④借地権者が借地権につき対抗要件を具備していなかったことがやむを得ないというべき事情の有無等を考慮すべきであるとして、「これらの事情いかんによっては、これが権利の濫用に当たるとして許されないことがあるものというべきである」とした。

そして、前記②の考慮要素との関係では、仮にY会社において乙地を利用することができないとすれば、ガソリンスタンドの営業が事実上不可能となるので、Y会社には乙地を利用する強い必要性があり、他方、買主であるX会社には、これらの土地の将来の利用につき、特別に特定された目的があるわけではないこと、前記③の考慮要素との関係では、X会社の担当者は

Aの言葉を信じたと言うものの、営利法人であるY会社が堅固な建物を建築し、既に長期にわたりガソリンスタンドの営業を継続してきたという事情に照らせば、Y会社の各土地の占有権原が使用貸借契約にすぎず、Y会社が各土地の明渡しにも直ちに応ずると信じたとすれば、そのことについてはなお落ち度があること、前記④の考慮要素との関係では、Y会社が乙地上のポンプ室についてその規模等から登記手続をとらなかったことについてはやむを得ない事情があったとみるべきであることをそれぞれ指摘し、X会社がY会社に対し乙地の明渡しを求めることは権利の濫用に当たるものとして、原判決を破棄し、X会社の請求を棄却した。

このような権利濫用の判断は、対抗力の欠如を権利濫用禁止法理で個別的に補充するという趣旨では、前記(b)の類型（対抗力なき借地人に対する土地譲受人による明渡しの請求）と同じであるが、そこでは(b)の類型にはない「複数筆の土地が一体利用されているという事情」が最も重要な要素になっている。(b)の類型では、例えば、譲受人が、借地権の存在を前提として土地を譲り受けながら、対抗要件のないことを奇貨として明渡しの請求に及んだというような不当図利の事例が典型であるが、本事例では、XはAの説明から使用貸借が設定されているだけだと信じ（甲地・乙地ともに借地権を対抗されることはないものと認識し）、特に低廉で買い受けたものではなく、不当図利の目的はなかったけれども、なお明渡しの請求が権利濫用とされている点に特色があるとの指摘がある[11]。

(3) 設例の検討

ア　設例の事実関係によれば、本件看板等は、本件建物部分における本件店舗の営業の用に供されており、本件建物部分と社会通念上一体のものとして利用されてきたということができる。Yにおいて本件看板等を撤去せざるを得ないこととなると、本件建物周辺の繁華街の通行人らに対し本件建物部分で本件店舗を営業していることを示す手段はほぼ失われることになり、その

11　竹屋芳昭「判批」判例評論470号（判例時報1628号）(1998年) 171頁。

営業の継続は著しく困難となることが明らかであって、Yには本件看板等を利用する強い必要性がある。

他方、売買契約書の記載や、本件看板等の位置などからすると、本件看板等の設置が本件建物の所有者の承諾を得たものであることは、Xにおいて十分知り得たものということができる。また、Xに本件看板等の設置箇所の利用について特に具体的な目的があることも、本件看板等が存在することによりXの本件建物の所有に具体的な支障が生じていることもうかがわれない。

そうすると、本件事実関係の下においては、XがYに対して本件看板等の撤去を求めることは権利の濫用に当たり許されないというべきであるので、Yは、その旨を主張して、Xの請求を退けることができる。

Xの本件看板等に係る撤去請求は認められない。

イ　前掲平成25年最判〔28211163〕は、設例と類似の事実関係の下において、新所有者Xが、旧所有者との間の賃貸借契約に基づいて占有しているYに対し、建物部分の明渡し、損害金の支払及び看板等の撤去を求めたという事案について判断したものである。

その第一審は、Xの請求をすべて棄却したところ、Xが控訴を提起した。

控訴審は、建物部分の明渡し及び損害金の支払を求める各請求は棄却したが、看板等の撤去を求める請求は認容した。その理由は、建物部分の賃借権には看板等の設置権原は含まれていないうえ、Xによる看板等の撤去請求が権利の濫用に当たるような事情は見受けられないというものであった。

これに対し、Yが上告受理の申立てをした（Xが不服を申し立てていないので、上告受理審の審理判断の対象は、看板等に係る撤去請求の部分に限られる。）。

最高裁判所は、看板等の撤去請求が権利濫用に当たるか否かにつき、前掲平成9年最判〔28021390〕の判断方法を踏襲して、①看板等と建物部分が社会通念上一体のものとして利用されていること、②賃借人には看板等を利用する強い必要性があること[12]、他方、③建物譲受人には看板等の設置箇所を利用する強い必要性や看板等が存在することによる支障がないこと、④建物

譲受人が看板等の設置が建物所有者の承諾を得たものであることにつき知り得たことを挙げて検討し、Xによる看板等の撤去請求は権利の濫用に当たるとして、原判決中Y敗訴部分を破棄し、同部分に係るXの控訴を棄却した（この結果、第一審判決中看板等に係る撤去請求を棄却した部分も確定した。）。

(4) XとYのその後の法律関係

本件看板等の設置が本件建物部分の賃貸借契約の内容に含まれていると認められる場合には、Yは、Xによる撤去請求を退けることができるだけでなく、Xにおいて本件看板等の設置も含めて建物賃貸借関係を法律上当然に承継していることになるので、Xに対し賃貸人としての義務の履行を求めることもできる。

これに対し、本件看板等の設置が本件建物部分の賃貸借契約の内容に含まれていると認めることはできないが、XにおいてYに対し本件看板等の撤去を求めることが権利の濫用により許されないとされる場合には、Yは、Xに対し賃貸人としての地位の承継を主張することはできず、Yによる本件看板等の設置場所の占有が権原に基づくものになるわけでもないため、Yの法的地位につき問題を残している。

これを解消するためには、例えば、新所有者であるXの側から本件看板等の設置も含めた賃貸借関係を承認して、賃貸人としての義務を引き受けることとしつつ、必要に応じて賃料の増額を求めることなどが考えられ、訴訟の係属中であれば、和解による解決が強く期待される場面である。

3 補論―権利の行使が権利の濫用に当たるか否かの判断方法について―

権利の濫用の有無は、当該事案に表れた諸般の事情を総合的に判断されるべきものであるが、これまでにその行使が権利の濫用に当たるとされた事例

---

12 本件看板等の撤去となると、「通行人らに対し本件建物部分で本件店舗を営業していることを示す手段はほぼ失われることになり、その営業の継続は著しく困難となる」と判示されている。

の中から、権利の濫用とされる場合をある程度類型化してとらえることは可能であろう。

　商標法4条1項10号に違反して商標登録がされた場合に、その登録商標と同一又は類似の商標につき自己の業務に係る商品等を表示するものとしての同号の周知性を有している者に対して商標権を行使することにつき、原則的には商標法の目的の1つである客観的に公正な競争秩序の維持を害するものであり、特段の事情がない限り権利の濫用に当たると解すること[13]などは、その例である。

　本稿において取り上げた前掲平成9年最判〔28021390〕では、①複数の土地が社会通念上相互に密接に関連する一体として利用されている場合であることを前提として、②双方における土地の利用の必要性ないし土地を利用することができないことによる損失の程度、③土地の利用状況に関する買主の認識の有無や買主が明渡しの請求をするに至った経緯、④借地権者が借地権につき対抗要件を具備していなかったことがやむを得ないというべき事情の有無等が考慮されているが、このような手法は前掲平成25年最判〔28211163〕でも踏襲され、対抗力を欠く賃借人の保護を権利濫用法理によって図る場合の検討の手がかりが示されている。

　権利の濫用の有無の判断においては、当該事案に表れた諸般の事情に幅広く目配りをすることが求められるが、ある程度の類型化、「特段の事情」を用いた解釈テクニックや、重要な考慮要素の整理といった試みは、法の安定的な解釈適用という観点から望ましいものといえる。

（小林　康彦）

---

[13] 最三小判平成29・2・28民集71巻2号221頁〔28250741〕、最二小判平成2・7・20民集44巻5号876頁〔27806722〕参照。

第1　民法（財産法）と権利の濫用

◆参考文献

1　本稿のテーマ全体に関するもの
・谷口知平＝石田喜久夫編『新版注釈民法(1)総則(1)〈改訂版〉』有斐閣（2002年）148頁以下

2　前掲平成25年最判〔28211163〕の評釈
・「判例紹介プロジェクト」NBL1011号（2013年）78頁
・高橋眞「判批」平成25年度重要判例解説69頁

3 隣家の日照・通風を妨害する建物建築と不法行為

設例3　隣接居宅の日照・通風を妨害する建物の建築につき不法行為の成立が認められることがあるか。

所有者は自由にその所有物の使用、収益及び処分をする権利を有する（民法206条）のであるから、どのような建物を建築するのも自由であって、不法行為は成立しないのではないか。

Basic Information

1　土地及び建物は不動産であり（民法86条1項）、所有権の対象たる「物」である（民法85条）。

所有者は、法令の制限内において、自由にその所有物の使用、収益及び処分をする権利を有する（民法206条）。

今日では所有権は、公共の福祉（憲法29条2、3項）、信義則・権利濫用（民法1条2、3項）、各種利用権・担保権の設定等により、内容が規定されており、民法206条の規定にいう権利を、抽象的な「絶対権」ととらえ、前記各種制限、土地基本法、土地収用法、都市計画法、建築基準法、大気汚染防止法、水質汚濁防止法、騒音規制法、農地法、国土利用計画法、土地区画整理法等がこれを制限しているというよりも、所有権がこれら法令によって、その内容を規定充填されていると考えるべきであろう。

前記諸法令によって内容を規定充填された所有権に基づく権利を行使する際にも、当然、全くの無制限ではなく、行使の程度態様いかんによっては権利の濫用であるとの評価を受ける場合があり得る。

2　自己の所有地その他利用権限を有する土地上に建物を建築することは、建築物の敷地、構造、設備及び用途に関する最低の基準を定めた建築基準法、

都市計画法等の規制に従う限り自由であるし、仮に、これら法規に違反する建物を建築し、その結果、隣接居宅の日照・通風を妨害しても、それだけで、直ちに不法行為が成立するものではない[1]。

3 「故意又は過失によって他人の権利又は法律上保護される利益を侵害した者は、これによって生じた損害を賠償する責任を負う。」（民法709条）

不法行為は、故意又は過失、違法性、権利又は法的に保護されるべき利益の侵害、因果関係の存在を要件として、損害賠償請求権を発生させる制度であり、不法行為の制度の存在によって、社会生活に必要不可欠な権利や法的に保護されるべき利益の保護実現を図っているともいい得る。

民法の一部を改正する法律（平成16年法律第147号）による改正以前、民法709条は「故意又ハ過失ニ因リテ他人ノ権利ヲ侵害シタル者ハ之ニ因リテ生シタル損害ヲ賠償スル責ニ任ス」と規定されていた。社会生活を営む際、「他人ノ権利ヲ侵害」することはままあることなので、当該要件によって不法行為が成立する場合を限定しようとしたわけである。判例においても、いわゆる桃中軒雲右衛門事件（大判大正3・7・4刑録20輯1360頁〔27535093〕）の「斯かる瞬間創作に対し……著作権を認むるがごときは、断じて著作権法の精神なりとするを得ず」として不法行為の成立を否定する立場から、大学湯事件と呼ばれる判決（大判大正14・11・28民集4巻670頁〔27510908〕）によって、社会生活の変化によって拡大する法的に保護されるべき社会的利益を「権利」と解する方向に進んだ（「所謂一の具体的権利なることあるべく、或いは之と同一程度の厳密なる意味においては未だ目するに権利を持ってすべからざるも、而も法律上保護せらるる一の利益なることあるべく、否詳く云はば、吾人の法律観念上その侵害に対し不法行為に基づく救済を必要とすと思惟する一の利益なることあるべし。」）。また、学説においては、「権利侵害」要件は「違法性」要件の一徴表にすぎないとする見解、また、「権利侵害」要件は「被侵害利益」と「侵害行為の態様」との相関関係によって

---

1 最三小判昭和47・6・27民集26巻5号1067頁〔27000552〕。

決まるとする「違法性」要件に代わるとする学説も現れた。さらには、公害を契機に、「違法性」要件の検討には、「被侵害利益」及び「侵害行為」のほかに、被侵害利益の性質及び程度、地域性、被害者があらかじめ有した知識、土地利用の先後関係、最善の実際的方法又は相当な防止措置、その他の社会的価値及び必要性、被害者側の特殊事情、官庁の許認可、法令で定められた基準の遵守といった事由が、「違法性」判断に当たって考慮されるべきであると説く見解が現れたことは不法行為法の教科書で論じられているところである[2]。

4 　日照・通風を受けることが、健康で快適な生活の一要素であることを否定する者は少ないであろう。日照・通風の享受を妨害することは、健康で快適な生活を阻害し、法的な保護の対象になる物権や人格権の侵害になり、行為者に故意又は過失があれば、不法行為が成立する可能性がある。他方、人が土地を利用して建物を建築するなどの社会生活を営むとき、特に住宅密集地においては、前記のような日照の妨害や通風の阻害が発生することも少なくない。そのような場合すべてを違法であると評価して不法行為の成立を認めていては円満な社会生活が維持できないおそれがある。

　そこで、土地利用の過程で不可避的に生じる一定程度の法益侵害は相互に受忍していくことが必要であり、そのような社会的受忍の限度を超えた侵害のみが違法なものになると解するのが相当であろう。

◆設例に対する回答

1 　日照・通風は快適で健康な生活に必要な生活利益であって、土地の所有者その他の者が地上に建築した建物によって、隣接居宅の日照・通風を妨害する場合には、日照・通風を享受できなくなった者の法的な保護の対象になる物権や人格権の侵害として不法行為が成立することもあり得る。

2 　当該建物の建築によって発生した、日照・通風の妨害が社会的受忍の限

---

[2] 潮見佳男『基本講義　債権各論(2)不法行為法』新世社（2005 年）。

度を超えたものであると評価されるような場合には、被害者のために、不法行為に基づく損害賠償の請求を認めるのが相当である。

◆解　説

1　不法行為制度
(1)　意　義

社会公共生活の過程では、利害の対立その他を原因として他人に損害を与えることがままあるが、その社会に生ずる損害の公平妥当な負担分配を図る制度として不法行為制度を位置付ける考えがある[3]。

(2)　機　能

不法行為制度は、その成立要件に当たる事実の存在が認められるときに発生する金銭請求権としての損害賠償請求権によって、発生した損害の金銭によるてん補機能を果たすものである（名誉回復措置を例外とする。）。

不法行為によっては、権利侵害行為の差止めや予防措置請求はできない。妨害排除の請求は、所有権や人格権等の権利に基づいて行われることが多い。

2　日照妨害・通風阻害が生じている場合、その不法行為制度における位置付け

(1)　最三小判昭和47・6・27民集26巻5号1067頁〔27000552〕は、「居宅の日照、通風は、快適で健康な生活に必要な生活利益であり、それが他人の土地の上方空間を横切ってもたらされるものであっても、法的な保護の対象にならないものではなく、加害者が権利の濫用にわたる行為により日照、通風を妨害したような場合には、被害者のために、不法行為に基づく損害賠償の請求を認めるのが相当である。」と判示し、原審の東京高判昭和42・10・26高裁民集20巻5号458頁〔27201108〕も「およそ住宅における日照・通風の確保は、快適で健康な生活の享受のために必要にして欠くことのできな

3　我妻榮『事務管理・不当所得・不法行為』日本評論社（1989年）。

い生活利益であって、これは自然から与えられる万人共有の資源ともいうべきであるから、かかる生活利益としての日照・通風の確保は、これと衝突する他の諸般の法益との適切な調和を顧慮しつつ、可能なかぎり法的な保護を与えられなければならない。」と判示している。

(2) 日照妨害、通風阻害については、①比較の問題ではあるが、他の典型的公害と異なり、「相当範囲にわた」る「著しい」被害で、「その影響による疾病が多発する」といった、その保護の絶対性・緊急性が要請されるものではなく、通常の場合「快適な生活利益」の侵害という程度の、時代的にも地域的にも相対的・流動的評価のなされうる被害に留まること、②被害の発生原因からみても、典型的公害は、相当範囲にわたってその地域住民全体に被害を及ぼす産業公害であるのに対し、日照妨害は、隣接する私人間の小規模な相隣関係的紛争として現れ、又、大都市では低層住宅地域を高層化して広い空間をとり欧米並みの都市機能の回復を図る都市再開発も時代の趨勢であり、そのような計画的な再開発への都市行政の行われていないのが最も問題だが、長期的に見れば、日照紛争は、地域によってはこのような移行期の過度的なひずみと捉えることもできること、③侵害の態様から見ると、大気汚染、水質汚濁、騒音、振動などの典型的公害は、加害行為によって有害物を被害者の生活領域に積極的に侵入させ、これを破壊するのに対し、日照妨害・通風阻害は、積極的に有害物が侵入してくるわけではないと、その特異性を指摘する見解がある[4]。

なお、前掲昭和47年最判〔27000552〕中の「それが他人の土地の上方空間を横切ってもたらされるもの」との表現は、上告理由中の、「Yの2階増築によって阻害されたというXの日照、通風なるものは、Y所有地の上を横切ってもたらされ、Y所有地の情報空間によってXが享受していた日照であり通風である。Yは境界を越えX所有の土地家屋の上方に建築をしたわけではないのであるから、Xがその所有の上方空間によって享受する日照、

---

[4] 好美清光「日照権の法的構造（上）」ジュリスト490号（1971年）16頁。

通風という生活利益には、Yの右増築によって何らの侵害も影響も影響も生じていない」、「Yの2階増築によりXが失ったものは、それまでXが自己の権利ないし利益を超過して、本来享受し得べからざる他人の権利の客体を無断、無権限で利用、享受していた利益にほかならない」との主張に対するものであろう。

(3) 不法行為の成立要件は、前記のとおり、故意又は過失、違法性、権利又は法的に保護されるべき利益の侵害、因果関係の存在であると解することができるところ、違法性要件を、以下の諸要素、すなわち、①被侵害利益の性質及び程度、②地域性、③被害者があらかじめ有した知識、④土地利用の先後関係、⑤最善の実際的方法又は相当な防止措置、⑥その他の社会的必要性、⑦被害者側の特殊事情、⑧官庁の許認可、⑨法令で定められた基準の遵守といった事由が、損害賠償請求権を発生させる違法性の判断の要素であるといういわゆる受忍限度論がある。

(4) 前掲昭和47年最判〔27000552〕は、違法性の判断について、日照・通風を妨害する建物を建築した上告人（Y）の建築基準法違反が直ちに被上告人（X）に対し違法なものとなるといえないが、Yの前示行為は、社会観念上妥当な権利行使としての範囲を逸脱し、権利の濫用として違法性を帯びるとして、次のような諸要素を考慮し、違法性の程度を検討している。

ア　日照・通風の妨害は、従来与えられていた日光や風をYの土地利用の結果さえぎったという消極的な性質のものであるから、騒音、煤煙、臭気等の放散、流入による積極的な生活妨害とはその性質を異にするものである。

イ　土地利用権の行使が隣人に生活妨害を与えるという点においては、騒音の放散等と大差がなく、被害者の保護に差異を認める理由はない。

ウ　居室内及び庭面への日照が、季節により若干の変化はあるが、朝夕の一時期を除いては、おおむね遮断されるに至ったほか、通風も悪くなった。

エ　Xの日常万般に種々影響を及ぼしたであろうことは容易に推認することができる。

オ　建築基準法に違反したのみならず、Yは、東京都知事から工事施行停止

命令や違反建築物の除却命令が発せられたにもかかわらず、これを無視して建築工事を強行した。

カ　Xは、住宅地域にありながら、日照・通風を大巾に奪われて不快な生活を余儀なくされ、これを回避するため、ついに他に転居するのやむなきに至った。

(5)　前記(4)の諸要素を検討したうえで、最高裁は、「南側家屋の建築が北側家屋の日照、通風を妨げた場合は、もとより、それだけでただちに不法行為が成立するものではない。しかし、すべて権利の行使は、その態様ないし結果において、社会観念上妥当と認められる範囲内でのみこれをなすことを要するのであって、権利者の行為が社会的妥当性を欠き、これによって生じた損害が、社会生活上一般的に被害者において忍容するを相当とする程度を越えたと認められるときは、その権利の行使は、社会観念上妥当な範囲を逸脱したものというべく、いわゆる権利の濫用にわたるものであって、違法性を帯び不法行為の責任を生ぜしめるものといわなければならない。……上告人の前示行為は、社会観念上妥当な権利行使としての範囲を逸脱し、権利の濫用として違法性を帯びるに至ったものと解するのが相当である。かくて、上告人は、不法行為の責任を免れず、被上告人に対し、よって生じた損害を賠償すべき義務があるものといわなければならない。」と判断した。

　要するに、日照・通風を妨げただけで直ちに不法行為が成立するものではないが、権利者の行為が社会的妥当性を欠き、これによって生じた損害が、社会生活上一般的に被害者において忍容するを相当とする程度を越えたと認められるときは、その権利の行使は、社会観念上妥当な範囲を逸脱したものというべく、いわゆる権利の濫用にわたるものであって、違法性を帯び不法行為の責任を生ぜしめるものといわなければならないと判断している。

3　不法行為制度と「権利の濫用」概念

(1)　いわゆる信玄公旗掛松事件（大判大正8・3・3民録25輯356頁〔27522799〕）は、「その行為が社会観念上被害者において認容すべからざるものと一般に

認めらるる程度を越えたるときは権利行使の適当なる範囲にあるものということを得ざるを以て不法行為となるものと解する。」とした。

　その後、判例の中には、建物等の建築による隣家の日照・通風等を妨害による不法行為の成立を認めた事例において建築行為（加害者側の所有権の行使）の側面について権利濫用の判断を介在させているものがある。

　この点、前掲昭和47年最判〔27000552〕も、「他人の土地の上方空間を横切ってもたらされるものであっても、法的な保護の対象にならないものではなく、加害者が権利の濫用にわたる行為により日照、通風を妨害したような場合」という表現を採用している。なお、この「権利濫用」の文言をもって、権利行使の範囲を超えた場合にのみ例外的に違法となる、すなわち、我が国で日照利益が保護されるのはいわば例外的な事例になるということが本判決によって立てられたとする見解もある[5]。

(2)　他方で、前掲昭和47年最判〔27000552〕の事例のように、従来享受していた日光や風を妨害者の土地利用の結果さえぎったという消極的な性質のものであっても被害者の保護は、不法行為による損害賠償ないし所有権・人格権等による妨害排除であって、権利の濫用法理自体が重視されるべき機能を果たしているものではなく、権利濫用を持ち出す必要はないという見解があり[6]、さらには、権利濫用論は公害紛争の解決のために独立の解決能力を有するものではなく、その不用意な適用は法的安定性の見地から抑制されるべきであるとの見解もある[7]。

4　日照妨害について

　日照妨害については、これまでに判例の蓄積もあるところであるので、日照妨害の違法性の判断基準として整理された受忍限度の要素を概観してみる[8]。

---

[5]　伊藤高義「判批」判例評論166号（判例時報682号）（1972年）111頁。
[6]　谷口知平ほか編『新版注釈民法(1)総則(1)』有斐閣（1988年）〔安永正昭〕143頁、沢井裕＝潮海一雄「日照権確立への道程」判例タイムズ279号（1972年）2頁。
[7]　東孝行「公害と権利濫用論」判例タイムズ294号（1973年）2頁。

3　隣家の日照・通風を妨害する建物建築と不法行為【設例3】

ア　被害の程度
(ｱ)　日照阻害の被害時間の確定
・基準日は、冬至日とし（被害が1年間で最も大きくなる日）、二次的な基準日として春分、秋分の日を採用することがある。
(ｲ)　有効日照時間帯
・午前8時から午後4時まで（北海道内は別）
イ　地域性
(ｱ)　公法上の地域性
・都市計画法上の用途地域
・指定容積率
・高度地区指定の有無
・公法上の地域性を検討する際の注意点
(ｲ)　具体的地域性
・現実の当該場所の近隣の土地利用状況
(ｳ)　当該地域の招来発展の予測
・高層化の進展状況など具体的な状況
・公共的規制の施行の予定
(ｴ)　加害回避の可能性
・将来の増改築による被害回避の可能性
・過去の被害建物建築の差異における被害回避の可能性
・被害者が借家人である場合
・具体的には、回復・軽減のため、加害建物の移動、配置変更、低層化
(ｵ)　被害回避の将来の増改築による被害回避、過去における現被害回避の可能性
ウ　被害建物の用途

8　関澤潤「日照の法的保護」塩崎勤＝安藤一郎編『裁判実務大系(24)相隣関係訴訟法』青林書院（1995年）、山本博「日照阻害を理由とする建築禁止仮処分」丹野達＝青山善充編『裁判実務大系(4)民事保全法』青林書院（1999年）。

・居宅と事業所との日照の必要性の差異
・居宅における老人、病人、発育期の子供の存在
・被害建物が学校の場合

エ　加害建物の用途
・争いのあるところであるが、公共建築物（保育園、学校、病院、庁舎等）である場合

オ　被害者と加害者の先住関係
・被害者の先住は当然のことで、受忍限度判断の決定的なものとはなり得ない。逆に被害への接近のように消極的要素になり得るとの見解もある。

カ　加害建物の建築基準法違反の有無
・日影規制に関する建築基準法56条の2違反
・規制地域内の規定の対象となる建物であるか否か
・規制地域外の建物
・日影規制以外の、例えば建ぺい率、容積率違反など、直截には日影確保を目的としていない規制に違反している建物

キ　交渉の経緯

ク　その他
・建築協定の存在
・被害者自ら第三者に日影被害を与えているような場合

5　設例の検討

(1)　前掲昭和47年最判〔27000552〕及び原審（前掲昭和42年東京高判〔27201108〕）を参考にしながら、設例の検討をする。

(2)　日照・通風の妨害は、典型的公害や騒音、煤煙、臭気等の放散、流入による積極的な生活妨害のように加害行為によって有害物を被害者の生活領域に積極的に侵入させるものとは異なり、その従来享受していた日光や通風を妨害者の土地利用によって、新たに遮るに至ったという、いわば消極的な性質のものである。

しかし、隣接居宅の隣人がそれまでに享受していた日照・通風が阻害されていることには違いがなく、被害者の保護そのものに差異を認める理由はないというべきである。

(3) 前掲昭和47年最判〔27000552〕の原審（前掲昭和42年東京高判〔27201108〕）は、

ア　Yの2階増築部分がX家屋及び敷地への日照を著しくさえぎるようになり、その程度は、日中における太陽の高度が年間を通じて最も低く、屋内深く日の射し込む12月22日（昭和37年）の南中高度30度56分の時点において、右2階増築部分が存在しなければY家屋の日影線は図面……線で、この線より南側のみが日蔭となるべきところ……季節により幾分の変動はあるにせよ、朝夕の一時期を除いてはおおむね遮断されるに至ったほか、これに伴い2階増築前に比して控訴人家屋への南方からの通風も悪くなった事実を認定したうえで、

イ　このような日照・通風の妨害が社会生活上の受忍限度を超え違法と評価できるかどうかにつき、①加害行為には3つの著しい建築基準法違反があり、②地域の場所的性質、③増改築築による回復可能性を検討し、受忍限度を超えたものと判断した。

建築基準法違反の点については、①用途地域として住居地域かつ第2種空き地地区に指定されていたこと、②容積率制限違反、③建築主事の建築確認を受けず、都知事から昭和35年11月30日付けで工事停止命令、昭和36年4月3日付けで違反建築物の除却命令が発せられたが、これを無視したことについて、「所有権行使が甚だしく社会的妥当性を欠いていることを示すものと評価できるのであって、それ故にこそ違反建築に対しては強い社会的非難が浴びせられるのである。」と強い批判を加えている。また、④事件の発生した地域が建築基準法上の住居地域でかつ第二種空地地区に指定され、純然たる住宅地で、平家若しくは2階建の閑静な家並みが続いていて、その間にはYの南方などになお若干の空地すら存在する現状であったこと、⑤X方ではその後冬期の光熱費が幾分かさむようになり、また家族が若干健康を

害したり、庭木の生育も妨げられたりするなどの影響を受けるようになり売却転居したことを認定し、Yの行為は、社会生活上一般に受忍すべき限度を超え、賠償責任を生ぜしめるに十分な違法性を備えるに至ったと認めるべきであるとしている。

(4)　そして、前掲昭和47年最判〔27000552〕は、前記のとおり、少なくともYの過失により、前述のようにXの居宅の日照・通風を妨害するに至ったのであり、一方、Xとしては、Yの増築が建築基準法の基準内である限りにおいて、かつ、建築主事の確認手続を経ることにより、通常一定範囲の日照、通風を期待することができ、その範囲の日照・通風が被上告人に保障される結果となるわけであったにかかわらず、Yの本件2階増築行為により、住宅地域にありながら、日照・通風を大幅に奪われて不快な生活を余儀なくされ、これを回避するため、ついに他に転居するのやむなきに至ったというのである。したがって、Yの本件建築基準法違反が直ちにXに対し違法なものとなるといえないが、Yの前示行為は、社会観念上妥当な権利行使としての範囲を逸脱し、権利の濫用として違法性を帯びるに至ったものと判断したのである。

(5)　前掲昭和47年最判〔27000552〕は、侵害された日照・通風の妨害をして「生活利益の侵害」とし、いかなる法的権利の侵害であるかは明言しなかったが、「生活妨害は平穏快適な生活を破壊する一種の人格権侵害の実質をもつもの」とした原審を維持したものである。

(6)　その他、前掲昭和47年最判〔27000552〕が明言しているように、建築基準法違反の事実は、同法56条の2の日影に係る中高層建物の高さ規制の規定も含め、行政法規の基準であるから、規制に違反しているからといって論理的に受忍限度を超える違法なものとなるといえないが、逆に、規制適合建物が受忍限度を超えると判断された事例はほとんどないようである。

　当該行為が社会観念上妥当な権利行使としての範囲を逸脱しているか否か受忍限度の範囲を超えていないかを考慮する際の重要な要素として機能し、建築基準法上適法でも、受忍限度の判断を介し不法行為の違法性要素として

機能することは重要であろう。

　前掲昭和47年最判〔27000552〕の原審が、著しい建築基準法違反の事実の存すると判示した建築基準法55条は、建築物の延べ面積の敷地面積に対する割合（容積率）を制限し、建物の高度制限、ひいては、日照の保護に結びつくものであるし、また、同法56条は、建物の外壁から境界線までの距離を制限し、建物の間隔が確保されることにより、日照・通風の確保に結びつくものであり、さらに、現行同法56条の2は、日影による中高層建物の高さ制限を定めるもので、日照の保護に結びつくものであるから、受忍限度を判断する際の指標となる。また、地方公共団体によっては、日影に関する条例を定めているものがある。

　なお、当事者の先住関係は、Xが昭和32年8月、Yは同じ頃居住を開始し、Yは、昭和33年春頃、浴室兼台所の増築をし、昭和35年10月上旬頃、2階居室などの増築工事に着手し、昭和36年中に工事を終えている。

　また、当事者双方の敷地の境界線からYの家屋の外壁までの距離は、本件増築の前後を通じ1.5メートルに満たないが、この点はYがこの土地家屋を買ったときから既にそのような状況にあったのであって、増築により違反を生じたのではないとしている。

6　日照妨害・通風阻害のほか、自己所有地内の建物建築によって不法行為が成立し得る場合について

　本設例は、建物の日照妨害・通風阻害が発生した場合を取り上げているが、典型的な公害、例えば、騒音（空港、道路交通、工場）、大気汚染、水質汚濁に限らず、都市部の生活においては、各住民の住生活に起因する生活騒音（学校騒音、ペットの鳴き声、カラオケ、音楽教室）、風害（ビル風）、振動（低周波音）、臭気などのように、加害行為によって即時的に被害者の生活領域に積極的に害悪を侵入させ、これを破壊するタイプのものもあれば、建築物の存在それ自体による電波障害や、反射光、色彩、大きさに起因する「不安感」「圧迫感」「不快感」をもたらすような、当該地域にふさわしくない建

築物の存在等そのものの「平穏快適な生活」に対する加害性が問われることもあろう。

　紛争解決のために受忍限度の判断に迫られた場合には、当該事例に類似した過去の事例に関する判例、前記の諸法令、諸制度の直接間接の効果をはじめ、諸般の事情を視野に入れつつ、判断することになろう。

（石原　寿記）

◆参考文献

1　本稿のテーマ全体に関するもの
・潮見佳男『基本講義　債権各論(2)不法行為法』新世社（2005年）
・潮見佳男『法律学の森　不法行為法(1)〈第2版〉』信山社出版（2009年）
・四宮和夫『現代法律学全集 10 ii　不法行為』青林書院（1987年）
・井上繁規編著『受忍限度の理論と実務』新日本法規出版（2004年）

2　前掲昭和47年最判〔27000552〕の評釈
・日置雅晴「判批」環境法判例百選〈第2版〉（2011年）164-165頁
・日置雅晴「判批」環境法判例百選（2004年）142-143頁
・甲斐道太郎「判批」公害・環境判例百選（1994年）146-147頁
・甲斐道太郎「判批」公害・環境判例〈第2版〉（1979年）127-130頁
・楠本安雄「判批」民法判例百選Ⅱ債権（1975年）170-171頁
・甲斐道太郎「判批」公害・環境判例（1974年）155-158頁
・能見善久「最高裁判所民事判例研究」法学協会雑誌91巻2号（1974年）141頁
・好美清光「判批」民商法雑誌68巻6号（1973年）117頁
・玉田弘毅「日照・通風の妨害による不法行為」昭和47年度重要判例解説58頁
・井田友吉「判批」法曹時報25巻11号（1973年）267頁
・好美清光「判批」ジュリスト511号（1972年）76頁
・好美清光「判批」時の法令792号（1972年）45頁
・伊藤高義「判批」判例評論166号（判例時報682号）（1972年）111頁
・沢井裕＝潮海一雄「判批」判例タイムズ279号（1972年）2-14頁
・森田三男「判批」創価法学2巻2号（1972年）237頁

4　景観利益の侵害による不法行為

> **設例4**　建物を建築することが、近隣住民の良好な景観の恵沢を享受する利益を違法に侵害するものとして不法行為を構成することはあるか。

Basic Information

1　不法行為の成立要件は、伝統的には、①故意又は過失があること、②他人の権利又は法律上保護される利益を違法に侵害したこと、③その行為によって損害が発生したこととされており、建物の建築が良好な景観の恵沢を享受する利益を侵害するかどうかは、主に②の要件に関わる問題である。

2　良好な景観の恵沢を享受する利益が「法律上保護される利益」に当たるかどうか、その利益の享有主体をどの範囲で認めるべきかについては、個々の具体的事案に即して検討することになる。

3　建物の建築が良好な景観の恵沢を享受する利益を違法に侵害するものかどうかは、その利益の性質、内容と侵害行為の態様との相関関係において判断するのが相当である。

◆設例に対する回答

　建物を建築することが、近隣住民の良好な景観の恵沢を享受する利益を違法に侵害するものとして不法行為を構成することはあり得る。

　不法行為の成立が認められるためには、当該地域周辺の景観が、良好な風景として、人々の歴史的又は文化的環境を形作り、豊かな生活環境を構成するものであること、この景観に近接する地域内に居住し、景観の恵沢を日常的に享受していることのほか、少なくとも、良好な景観の恵沢を享受する利益に対する侵害行為が刑罰法規や行政法規の規制に違反し、公序良俗違反や

権利の濫用に該当するものであるなど、侵害行為の態様や程度の面において社会的に容認された行為としての相当性を欠くことが必要である。

◆解　説

1　不法行為の成立要件

　不法行為（民法709条）の成立要件については、今日まで様々な議論がされてきたが、伝統的には、①故意又は過失によって（故意・過失）、②他人の権利又は法律上保護される利益を違法に侵害し（違法性）、③その行為によって損害が発生したこと（損害の発生、加害行為と損害の発生との間の因果関係）とされている。

(1)　故意、過失

　故意とは、自己の行為によって他人の権利又は法律上保護される利益が侵害されることを認識しながら、あえてその行為をする心理状態をいい、過失とは、自己の行為によって他人の権利又は法律上保護される利益が侵害されることを不注意のために認識しないまま、その行為をする心理状態をいうとされる。

(2)　違法性

ア　他人の権利又は法律上保護される利益が違法に侵害されたことが必要である。

　判例は、古くは、旧民法の「他人ノ権利ヲ侵害シ」の文言に忠実に、加害者の行為が被害者の何らかの権利を侵害したことを必要とする立場をとっていたと解されているが、いわゆる大学湯事件（大判大正14・11・28民集4巻670頁〔27510908〕）において、具体的権利の侵害がなくても、法規違反の行為によって他人の法律上保護される利益を侵害したときは不法行為が成立すると判示した。

　平成16年の民法改正により、「他人ノ権利」に「又は法律上保護される利益」という文言が追加され、不法行為の被侵害利益に他人の法律上保護される利益が含まれることが立法上も明らかとなった。

イ　違法性の存否を判断する基準については、被侵害利益の性質や内容、侵害行為の態様の両面から相関的に判断するという、いわゆる相関関係説が有力である。これによれば、被侵害利益の権利性が強固なものである場合は、それを侵害する行為自体の不法性が小さくても加害行為の違法性が認められるが、被侵害利益の権利性が弱いときは、侵害行為の態様がある程度不法性の大きな場合でなければ加害行為の違法性が認められないとされる。

　最高裁判所は、「民法上の不法行為は、私法上の権利が侵害された場合だけではなく、法律上保護される利益が侵害された場合にも成立し得るものである（民法709条）が、本件におけるように建物の建築が第三者に対する関係において景観利益の違法な侵害となるかどうかは、被侵害利益である景観利益の性質と内容、当該景観の所在地の地域環境、侵害行為の態様、程度、侵害の経過等を総合的に考察して判断すべきである。」（最一小判平成18・3・30民集60巻3号948頁〔28110839〕。以下、「平成18年最判」という。）と判示して、相関関係説の考え方に沿って違法性の存否を判断することを明らかにしている。

ウ　侵害行為の態様としては、違法性が強い順に、次のものが挙げられる。

㈦　刑罰法規違反

　刑罰法規に違反し、犯罪を構成する行為によって他人に損害を被らせた場合に、その刑罰法規が個人の法益を保護することを目的とするものであれば、その違反行為は不法行為としても違法性を有する。

㈠　行政法規違反

　行政法規に違反する行為によって他人に損害を被らせたときは、その行為は不法行為としての違法性を有する。ただし、その法規が個人の利益を保護することを目的とするものでなければならない。

㈣　公序良俗違反

　個人の特定の権利を侵害するものではなく、刑罰法規又は行政法規に違反しているともいえない場合であっても、その行為が著しく社会の倫理観念に反するものである場合は違法性を有する。

(エ) 権利濫用

　権利といえども公共の福祉に従うべきであり、権利を濫用して他人に損害を生じさせた場合には不法行為として違法性を有する。

(3) **損害の発生及び因果関係**

　損害の発生、加害行為と損害の発生との間の因果関係が必要である。一般に、加害行為がなければ損害が生じなかったと経験則上認められ、その損害が通常生ずべき損害といえる場合には、加害行為と損害の発生との間に相当因果関係があるとして損害の賠償が認められる。

2　良好な景観の恵沢を享受する利益の法的位置付け

(1) **概　観**

ア　良好な景観の恵沢を享受する利益（以下、「景観利益」という。）については、まず、これが個人の権利又は法律上保護される利益に当たるかどうかについて説の対立があり、景観利益が個人の権利又は法律上保護される利益であることを肯定する説においても、保護される主体、権利又は利益の内容、保護されるための要件等をめぐって、様々な説が唱えられてきた。

　下級審の裁判例においても、景観利益が法律上保護されるべき利益であるかどうかについて判断が分かれていた状況にあり、①景観は見る人によって評価が分かれる主観的なものであって客観的なものとはいえないこと、②景観利益は個人に帰属する法的利益ではなく、公益に属するものであることを理由に、景観利益が法律上保護されるべき利益に当たらないとする立場も有力であった（平成18年最判〔28110839〕の原審は、良好な環境は国民と地域住民全体に対して多大な恩恵を与える共通の資産であって、適切な行政施策によって十分に保護されなければならないが、個々の国民・地域住民が独自に私法上の個別具体的な権利・利益としてこのような良好な景観を享受するものと解することはできないと判示し、否定説に立つ。）。景観利益に積極的な判示をする裁判例でも、景観利益の根拠を景観が地域の地権者らの互換的利害関係と相互制約の中で形成、維持されてきたことに求め、地権者らの

みに景観利益を認めるものがあった(平成18年最判〔28110839〕の第1審は、当該地域内の地権者らによる土地利用の自己規制の継続により、相当の期間、ある特定の人工的な景観が保持され、社会通念上もその特定の景観が良好なものと認められ、地権者らの所有する土地に付加価値を生み出した場合には、地権者らは、その土地所有権から派生するものとして、形成された良好な景観を自ら維持する義務を負うとともに、その維持を相互に求める利益を有するに至ったと解すべきであり、この景観利益は法的保護に値し、これを侵害する行為は不法行為に該当し得ると判示し、景観利益の享有主体を地権者ら土地所有者に限定している。)。

イ　平成18年最判〔28110839〕は、次のとおり判示して、景観利益が法律上保護に値する利益となり得ることを認め(ただし、後記のとおり、景観利益について「景観権」という権利性のあるものとは認めなかった。)、その享有主体を、良好な景観に近接する地域内に居住し、その恵沢を日常的に享受している者としている。

「都市の景観は、良好な風景として、人々の歴史的又は文化的環境を形作り、豊かな生活環境を構成する場合には、客観的価値を有するものというべきである。……都心の良好な景観を形成し、保全することを目的とする条例を制定している地方公共団体は少なくない……。景観法は、『良好な景観は、美しく風格のある国土の形成と潤いのある豊かな生活環境の創造に不可欠なものであることにかんがみ、国民共通の資産として、現在及び将来の国民がその恵沢を享受できるよう、その整備及び保全が図られなければならない。』と規定(2条1項)した上、国、地方公共団体、事業者及び住民の有する責務(3条から6条まで)、景観行政団体がとり得る行政上の施策(8条以下)……等を規定しているが、これも、良好な景観が有する価値を保護することを目的とするものである。……良好な景観に近接する地域内に居住し、その恵沢を日常的に享受している者は、良好な景観が有する客観的な価値の侵害に対して密接な利害関係を有するものというべきであり、これらの者が有する良好な景観の恵沢を享受する利益(以下、「景観利益」という。)は、法律

上保護に値するものと解するのが相当である。」

(2) **保護されるための要件等**

ア　平成18年最判〔28110839〕は、景観利益が保護される根拠について、その景観が良好な風景として客観的価値を有することを挙げている。したがって、景観利益として保護されるものであるためには、その景観が、良好な風景として、人々の歴史的又は文化的環境を形作り、豊かな生活環境を構成することにより客観的価値を有するものであることが必要である。

　どのような景観であれば「良好な景観」と認められるかについては、個別の事案ごとの具体的事情に即して総合的に判断するしかない。平成18年最判〔28110839〕は、「大学通り周辺においては、教育施設を中心とした閑静な住宅地を目指して地域の整備が行われたとの歴史的経緯があり、環境や景観の保護に対する当該地域住民の意識も高く、文教都市にふさわしい美しい都市景観を守り、育て、作ることを目的とする行政活動も行われてきたこと、現に大学通りに沿って一橋大学以南の距離約750mの範囲では、大学通りの南端に位置する本件建物を除き、街路樹と周囲の建物とが高さにおいて連続性を有し、調和がとれた景観を呈していることが認められる。」との認定事実を前提として、「大学通り周辺の景観は、良好な風景として、人々の歴史的又は文化的環境を形作り、豊かな生活環境を構成するものであって、少なくともこの景観に近接する地域内の居住者は、上記景観の恵沢を日常的に享受しており、上記景観について景観利益を有するものというべきである」と判示した。

イ　平成18年最判〔28110839〕は、景観利益の享受主体について、良好な景観が有する客観的な価値の侵害に対して密接な利害関係を有しなければならず、「良好な景観に近接する地域内に居住し、その恵沢を日常的に享受している者」であることが必要であると判示した。

　これによれば、景観利益の享有主体となるためには、ある程度の期間、景観利益を享受してきた事実が必要であり、単なる通行人や引っ越しをしたばかりの賃借人には景観利益は認められないが、良好な景観に近接する地域内

に居住する者であれば、これまで良好な景観の形成、維持に関わってこなかった者や、居住場所から直接的に良好な景観を享受することができない者であっても、景観利益の享受主体であることは否定されないと解される。

なお、平成18年最判〔28110839〕は、景観利益について、良好な景観に近接する地域内に居住する者が有するその景観の恵沢を享受する利益と表現し、景観の客観的価値を享受していることから直接的に景観利益の法的保護を導いており、景観利益を人格的利益と位置付けていると解される。

ウ　平成18年最判〔28110839〕は、「この景観利益の内容は、景観の性質、態様等によって異なり得るものであるし、社会の変化に伴って変化する可能性のあるものでもあるところ、現時点においては、私法上の権利といい得るような明確な実体を有するものとは認められず、景観利益を超えて『景観権』という権利性を有するものを認めることはできない。」と判示して、景観利益の権利性を否定している。

土地の所有者は本来その土地を自由に利用できるはずであり、土地所有権を制約するものとしての景観利益が、近隣土地の所有権から派生する権利として客観的に認知されているといえる状況にはないこと、景観利益の内容や効力が及ぶ範囲、発生の根拠、権利主体等が権利性を承認できる程度に明確になっているものとは言い難いことから、少なくとも本件において景観利益の権利性を肯定することは困難であったと思われる。

3　不法行為の成否と権利の濫用との関係

(1)　平成18年最判〔28110839〕

ア　景観利益が不法行為法上保護に値する利益であるとすると、景観利益の保護とこれに伴う土地所有権等の財産権の規制との調整をどのように考えるべきかが問題となる。この点、平成18年最判〔28110839〕は、次のとおり判示した。

「景観利益は、これが侵害された場合に被侵害者の生活妨害や健康被害を生じさせるという性質のものではないこと、景観利益の保護は、一方におい

て当該地域における土地・建物の財産権に制限を加えることとなり、その範囲・内容等をめぐって周辺の住民相互間や財産権者との間で意見の対立が生ずることも予想されるのであるから、景観利益の保護とこれに伴う財産権等の規制は、第一次的には、民主的手続により定められた行政法規や当該地域の条例等によってなされることが予定されているものということができることなどからすれば、ある行為が景観利益に対する違法な侵害に当たるといえるためには、少なくとも、その侵害行為が刑罰法規や行政法規の規制に違反するものであったり、公序良俗違反や権利の濫用に該当するものであるなど、侵害行為の態様や程度の面において社会的に容認された行為としての相当性を欠くことが求められると解するのが相当である。」

イ　平成18年最判〔28110839〕は、建物の建築が景観利益の違法な侵害となるかどうかについて、不法行為の違法性は被侵害利益の性質、内容と侵害行為の態様との相関関係において決定されるといういわゆる相関関係説の考え方に沿って判断すべきものとしつつ（前記1(2)イ）、景観利益が侵害されても生活妨害や健康被害は生じないという景観利益の特殊性等を踏まえ、侵害行為の態様や程度の面において社会的に容認された行為としての相当性を欠くことを求めたものと解される。

(2)　不法行為の成否と権利濫用との関係

ア　平成18年最判〔28110839〕は、景観利益に対する違法な侵害に当たることの条件として、少なくとも「その侵害行為が刑罰法規や行政法規の規制に違反するもの」、「公序良俗違反や権利の濫用に該当するもの」であることを例示した。これは、景観利益が権利性を有せず、これが侵害された場合に被侵害者の生活妨害や健康被害を生じさせるという性質のものではなく、現時点において被侵害利益としてそれほど強固なものとは認め難いことから、侵害行為の態様においてより大きく相当性が欠如することを要するとしたものと解される。

イ　平成18年最判〔28110839〕は、社会的に容認された行為としての相当性を欠き、不法行為の違法性が認められる例として、刑罰法規違反、行政法

規違反、公序良俗違反のほかに権利の濫用を挙げている。

　この点に関連して、建築行為により近隣の日照・通風の妨害が問題となる場面についてみると、不法行為の要件判断が重要であり、権利濫用を持ち出す必要はないとの指摘がある[1]。

　しかし、景観利益は、前記のとおり、保護法益として確立されている度合いが高くないことからすると、平成18年最判〔28110839〕のように、不法行為の成立要件である違法性の有無の判断に権利濫用の検討を取り込み、そこで具体的な事情をきめ細かく考慮しようとすることには、相応の根拠があると考えられる。

ウ　平成18年最判〔28110839〕の事案において、被告である事業者に権利の濫用が認められるか。この点については、被告が行政の再三の指導を非難することに終始し、行政上の規制さえ遵守していれば不法行為が成立することはないとの態度で臨み、一方で自らは本件景観の美しさを最大限にアピールし、景観を前面に押し出してマンションを販売したという事情を踏まえると、「権利濫用」の認定の余地があったとみる立場もある。しかし、被侵害利益として強固なものとは認められない景観利益と土地所有権という強固な権利との相関関係を考慮した場合、行政上の規制に違反したとは認められない平成18年最判〔28110839〕の事案において、前記の事情だけで建物の建築が権利の濫用に当たるといえるかどうかは、より慎重に判断する必要があるように思われる。最高裁も、同事案の事実関係の下において、事業者の権利濫用を認めていない。

（瀬田　浩久）

---

[1]　谷口知平＝石田喜久夫編『新版注釈民法(1)総則(1)〈改訂版〉』有斐閣（2010年）〔安永正昭〕173頁。別項の設例3も参照。

◆参考文献

- 我妻榮ほか『コンメンタール民法　総則・物権・債権〈第4版〉』日本評論社（2016年）
- 遠藤浩編『基本法コンメンタール債権各論(2)〈第4版〉』日本評論社（2005年）
- 『最高裁判所判例解説民事篇〈平成18年度（上）〉』法曹会〔高橋譲〕425頁
- 高橋譲「判批」ジュリスト1345頁（2007年）74頁
- 富井利安「判批」環境法判例百選〈第2版〉（2011年）172頁
- 吉田克己「判批」民法判例百選Ⅱ債権〈第6版〉（2009年）156頁
- 吉田克己「判批」平成18年度重要判例解説83頁
- 上田哲「判批」平成18年度主要民事判例解説79頁
- 大塚直「判批」判例セレクト2006（月刊法学教室318別冊付録）25頁
- 大塚直「判批」ジュリスト1323頁（2006年）70頁

5　継続的契約の解約

設例 5　継続的契約を解約することが権利の濫用に当たり許されないとされることがあるか。あるとすればそれはどのような場合か。

例えば、化粧品の卸売業者と小売業者が、特約店契約を締結して化粧品の売買取引を続けていたところ、小売業者が、同契約によって、顧客に化粧品を対面販売するよう義務付けられていたにもかかわらず、顧客へのカタログ販売をするようになり、卸売業者からの度重なる是正の勧告にも従わなかったため、卸売業者が、前記契約中の中途解約条項に基づいて、前記契約を解約した場合は、その解約が権利の濫用に当たるか否かについて、どのように考えられるべきか。

Basic Information

1　継続的契約とは、継続的供給契約、代理店・特約店契約、フランチャイズ契約のように、取引が長期にわたる契約のことである。

2　継続的契約関係の安定の保護が要請される場合には、契約期間の満了や、相手方の債務不履行などにより、継続的契約を終了させることが可能になったときであっても、契約の更新拒絶、解除などの契約を終了させるための意思表示が、権利の濫用の法理により制限されることがある。ただし、現在では、信頼関係破壊の法理など、継続的契約に独自の判例法理が形成されつつあることから、権利の濫用の法理ではなく、継続的契約に独自の判例法理に従って処理されるのが通常である。

◆設例に対する回答

1　継続的契約の解約が権利の濫用に当たり許されないとされることはある

が、権利の濫用の法理を用いるのではなく、信頼関係破壊の法理など、継続的契約に関する独自の判例法理によって処理されるのが通常である。

2 化粧品の卸売業者と小売業者が、特約店契約を締結して化粧品の売買取引をしていたところ、小売業者が、同契約によって、顧客に化粧品を対面販売するよう義務付けられていたにもかかわらず、顧客へのカタログ販売をするようになり、卸売業者からの度重なる是正の勧告にも従わなかったため、卸売業者が、前記契約中の中途解約条項に基づいて、前記契約を解約したという場合は、前記の事情から当事者間の信頼関係が破壊されたと評価し得るのであれば、継続的契約の終了に関する判例法理にいう「やむを得ない場合」に該当するため、解約は権利の濫用には当たらず有効とされる。

◆解　説

1　継続的契約の意義

(1)　継続的契約とは、継続的供給契約、代理店・特約店契約、フランチャイズ契約のように、取引が長期にわたる契約のことであり、「時間の経過に伴って債権債務関係を発生させる契約」などと定義されることもある[1]。

なお、継続的契約関係ではない契約関係のことを、一時的契約関係という。

(2)　典型契約でいえば、使用貸借、賃貸借、雇用、組合などが継続的契約に含まれるが、継続的契約に関する一般的な規定は民法その他の法令にはない。今般の民法改正において、この規定を置くことの検討がされ、条文の案まで作成されたが、結局、規定は置かれないこととなった。

(3)　継続的契約の具体例としては、継続的売買契約（新聞・雑誌の定期購読、電気・ガス・水道等の供給契約等）、フランチャイズ契約（コンビニエンスストア等）、代理店・特約店・販売店契約（新聞販売店、輸入代理店等）、販売・運送・業務委託契約、役務提供契約（経営コンサルト契約、税理士顧問

---

[1]　平井宜雄「いわゆる継続的契約に関する一考察―「『市場と組織』の法理論」の観点から」中川良延ほか編『日本民法学の形成と課題　星野英一先生古稀祝賀論文集（下）』有斐閣（1996 年）701 頁。

契約、ゴルフ等の会員制クラブ契約等）などがある。なお、商人間の取引は、そのほとんどが継続的契約である。

2 継続的契約の特色

(1) 継続的契約は、基本契約と個別契約とで構成・規律される。基本契約は、その契約関係の大枠を定めたものであり、個々の個別契約の締結を予定して締結される総括的なものである。基本的契約で定めた合意内容は、新たに別個の合意をしない限り、個別契約の内容にもなる。

(2) 継続的契約の特色としては、①一定期間の状態の存続・維持が契約の目的となること、②当事者間の信頼関係が重要な実質的要素となること、③契約関係の安定性の保護が要請されること、④契約を解消させるための意思表示（解約又は告知）は将来に向かってのみ効果を持つことが挙げられる。

3 継続的契約の解約

継続的契約の債務不履行によらない解約告知については、これをなし得る旨の規定が基本契約中にある場合であっても、各当事者が自由にこれをなし得るとする見解は少数であり、多くの裁判例は、①一方当事者による解約を原則として可能とするが、その際、予告期間や損失のてん補を必要とする見解、又は、②一方当事者による解約は原則として許されず、やむを得ない場合に限りこれが許されるとする見解に立っている。このうち、②のやむを得ない場合とは、信頼関係が破壊された場合[2]、契約当事者の信用不安があった場合、背後の事情が変化した場合に類型化することができるとされている。

4 期間の定めのある継続的契約の終了

(1) 期間の定めのある継続的契約であっても、期間満了前に中途解約する場合は前記3の規律に従うことになる。

---

[2] 例えば、大阪地判平成16・2・18平成15年(ワ)3396号公刊物未登載〔28140001〕。

(2) 期間の定めのある継続的契約の期間が満了した場合、それにより契約が終了するようにも思われるが、継続的契約においては、形式的に期間の定めがある場合であっても、契約が更新されることにより期間満了後も契約が継続することへの期待が存することから、期間の満了により契約が直ちに終了すると解する見解は少数にとどまっており、裁判例の多くは、①期間の満了により原則として契約は終了するが、特段の事情があれば、信義則又は権利の濫用の法理の適用により、更新の拒絶が制限され、契約が存続すると解する見解、又は、②期間が満了しても、原則として契約は更新され、更新を拒絶するには、やむを得ない事由（信頼関係の破壊等）が必要であると解する見解に立っている。

このうち、①は、期間の満了による終了を原則としつつ、解約をすることの合理性がない場合や、投下資本の回収の点で問題がある場合などに、信義則又は権利濫用の法理を用いて、契約の終了を制限するものであり、また、②は、やむを得ない事由として、いわゆる信頼関係の破壊等を問題とするものであり、賃貸借における信頼関係破壊ないしは背信性の不存在の理論のアナロジーともいえるものも見受けられる。

5 民法改正における議論

(1) 今般の民法改正に当たり、継続的契約の一般的な規律を設けるか否かについて、かなり具体的な議論がされたが、結果的に明文化は見送られた。

もっとも、民法改正の中間試案において、これまでの学説・裁判例の傾向に沿う具体的な定めが提案されており、条文化が実現しなかったとはいえ、従来の裁判例の傾向を知るうえで参考になる。

そして、この具体的な定めの提案において特徴的なのは、後記のとおり、継続的契約を終了させるための要件として、正当な事由の不存在を要求したことである。

(2) 中間試案では、期間の定めのない継続的契約の終了について、次のような定めが提案された（「民法（債権関係）の改正に関する中間試案」第34・2）。

ア　期間の定めのない契約の当事者の一方は、相手方に対し、いつでも解約の申入れをすることができるものとする。

イ　前記アの解約の申入れがされたときは、当該契約は、解約の申入れの日から相当な期間を経過することによって終了するものとする。この場合において、解約の申入れに相当な予告期間が付されていたときは、当該契約は、その予告期間を経過することによって終了するものとする。

ウ　前記ア及びイにかかわらず、当事者の一方が解約の申入れをした場合において、当該契約の趣旨、契約の締結から解約の申入れまでの期間の長短、予告期間の有無その他の事情に照らし、当該契約を存続させることにつき正当な事由があると認められるときは、当該契約は、その解約の申入れによっては終了しないものとする。

(3)　また、中間試案では、期間の定めのある継続的契約の終了について、次のような定めが提案された（同中間試案第34・1）。

ア　期間の定めのある契約は、その期間満了によって終了するものとする。

イ　前記アにかかわらず、当事者の一方が契約の更新を申し入れた場合において、当該契約の趣旨、契約に定めた期間の長短、従前の更新の有無その他の事情に照らし、当該契約を存続させることにつき正当な事由があると認められるときは、当該契約は、従前と同一の条件で更新されたものとみなすものとする。ただし、その期間は、定めがないものとする。

6　特約店契約の解約

(1)　特約店とは、著名なメーカー又はそのメーカーの商品を取り扱う卸売業者との間で、特約店契約と呼ばれる基本契約を締結し、その契約に基づいて買い取った商品を転売する（仕切り）ものであり、代理店、販売店などとも呼ばれる。経済的には商品供給者に従属し、その法的地位は代理商に類似する点が多い。

(2)　特約店契約は、フランチャイズ契約と並んで、継続的契約の典型の1つであるが、特約店が、その経済的基盤として、特約店契約に大きく依存して

いる場合などでは、特約店契約の継続の保護が求められ、特約店契約を解約等により終了させるためには、正当な事由として、信頼関係が破壊されたこと等を要求する裁判例がみられる[3]。とりわけ、零細な特約店の場合である。メーカーごとに販売網が系列化されているような場合、他の同種業者の特約店は既に存在しているため、自己の顧客を用いた他の同種業者の特約店への切替えが困難という事情もある。また、既に特約店がした設備投資に対する補償の問題もある。

　もっとも、特約店の保護を過度に強調することに対しては異論もある。特約店の初期投資は必ずしも高くはなく、販売の状況をみながら、それが伸びそうであれば、それに応じた設備や人的組織への投資をすることもある。将来予測は難しいことから、特約店としても、長期に関係を固定することを望むとは限らず、短めの契約期間とし、その更新を継続する方が、特約店にとって有利であることもある。

　さらに、特約店契約の終了を容易に認めないということは、社会経済全体にとってもマイナスになりかねない。供給者側は、市場を開拓している間は、特約店の人脈を利用したり、市場に合わせた販売促進策をとるなど、特約店契約を締結するメリットがあるが、市場が成熟し飽和状態になると、特約店を用いず、供給者が自ら流通をコントロールした方が、社会経済的にも効率的だからである。

　特約店契約を終了させたうえで、投下した資本を回収することができるだけの金銭補償をしたり、契約終了に先立ち一定の予告期間を置くことによっても、特約店の保護を図ることが可能な場合もある。

　そのためか、裁判例も、信頼関係破壊の理論により継続的契約の終了を制限的に解するものがある一方で、正当な事由を要求することなく継続的契約の終了を認めたもの、合理的予告期間を置けば継続的契約の終了が認められ

---

[3] 須田晟雄＝辻伸行編『民法解釈学の展望－品川孝次先生古稀記念』信山社（2002年）309頁。

るとするもの、解約の合理性又は投下資本の回収可能性が認められれば継続的契約の終了を認めるものもある。

　例えば、東京高判平成9・7・31判時1624号55頁〔28030347〕は、継続的契約を解約する際に「やむを得ない事由を必要とするとの見解は、採用しない」と明示的に判示しており、それを維持した上告審においても、「やむを得ない」要件は不要であるとの前提での判断が行われている[4]。

　また、東京地判平成16・4・15判時1872号69頁〔28092109〕は、供給者が解約申入れをした理由に合理性があれば解約を認めるという見解を採用している。すなわち、供給者が、商品の販売の促進やブランドイメージを維持するために、一定の販売方針に従うことを求めたにもかかわらず、特約店側がこれに応じなかったため、特約店との取引を停止したという事例で、その新たな販売方針やそれに伴う新たな制約について合理性を検討し、これに一応の合理性が認められるとして、猶予期間を置いたうえでの解約を認めたものである。他方、この判決は、このような合理性がなければ、当該特約店契約の解約は許されないと解し、その理由として、①長期間にわたって取引関係が反復継続される結果、当事者間では、将来にわたっても取引関係が維持されるであろう期待が生じるものであり、その期待自体は信義則に照らしても法的に保護に値するものであること、②特約店の営業に当たっては供給者の製品のブランドイメージに依存しているところが大きく、相当程度の資本投下をしており、一般的には取引の停止自体が当該特約店の死活問題となる可能性が否定できないことを挙げている。

(3)　特約店保護の見地から、特約店契約を解約するためには、信頼関係の破壊などの正当な事由の存在が必要であるとした裁判例をみてみると、例えば、福岡高判平成19・6・19判タ1265号253頁〔28131576〕は、新聞販売店契約について、契約期間満了時の更新拒絶には、正当な事由、すなわち、新聞販売店契約を締結した趣旨に著しく反し、信頼関係を破壊したことにより、

---

[4]　小野憲一「判批」ジュリスト1153号（1999年）119頁。

同契約を維持していくことが困難と認められるような事情が存在することが必要であると判示したうえで、供給者側が、新聞販売店に対し、ひたすらの増紙を求める一方、減紙を極端に嫌うという態度がみられたり、新聞販売店が区域分割を断ったことに対する意趣返しとして供給者が新聞販売店契約の更新を拒絶した面もあることも考慮すると、新聞店が予備紙の売上げについて虚偽報告をしたことは認められるものの、それだけでは更新拒絶の正当な事由があるとはいえないとして、新聞販売店契約の更新拒絶を認めなかったものである。同じく新聞販売店の事例である、札幌高判平成 23・7・29 判時 2133 号 13 頁〔28180213〕や、札幌地決昭和 63・4・4 判時 1288 号 123 頁〔27802425〕でも、同様の判断がされている。

　他方、信頼関係が破壊されているとして解約に正当な事由があるとした裁判例も少なくないが、事例をみると、これはさすがに「やむを得ない」と思われるものも多い。

　例えば、東京地判平成 21・2・23 公刊物未登載は、医療用製品の販売代理店契約に係るものであるが、同契約で扱っている医療用製品が、発ガン性の疑いがあったため、製品供給者側は、これを発ガン性の問題がない製品に切り替える意向がある旨を販売代理店に伝えていたにもかかわらず、販売代理店が顧客に対してその旨の情報を提供しなかったことなどから、製品供給者が、当該製品の製造再開の決定を遅らせざるを得なくなったのみならず、販売代理店は、顧客に対し、競合他社の製品を紹介し、競合他社の代理店として、競合他社の商品の販売を継続するようになったことから、製品供給者側が販売代理店契約を解約したという事例で、信頼関係の破壊を認め、この解約を認めるべき正当な事由があるとしたものである。

　また、東京地判昭和 58・9・8 判時 1105 号 70 頁〔27406020〕は、化粧品の販売代理店契約に係るものであるが、販売代理店が、当該販売代理店契約に基づく化粧品以外の、他の化粧品メーカーの化粧品を売りさばくために、傘下の特約店に対し、当該販売代理店契約に基づく化粧品について虚構の事実を述べるなどして、他の化粧品メーカーの化粧品を購入するよう強く勧め、

一方、当該販売代理店契約に基づく化粧品については、傘下の特約店から注文があっても、円滑な供給をせず、3度にわたり是正を求められたにもかかわらず、これに応じなかったという事例で、信頼関係の破壊を認め、販売代理店契約の期間満了前の解除の意思表示を有効としたものである。

さらに、東京地判昭和59・3・29判時1110号13頁〔27490788〕は、レコードの販売特約店契約に係るものであるが、販売特約店が、買い受けたレコード等を貸レコード業者に大量に供給し、しかも、そのことについて再三是正を求められたにもかかわらず、これに応じなかったという事例で、信頼関係の破壊を認め、販売特約店契約の解除の意思表示を有効としたものである。

他に、信頼関係の破壊を認めたものとして、東京地判平成17・7・6判タ1214号226頁〔28111812〕、東京地判平成18・5・11公刊物未登載、大阪高判平成12・12・8公刊物未登載、東京地判平成11・2・5判時1690号87頁〔28050048〕、東京高判平成6・9・14判時1507号43頁〔27825941〕があるほか、やや毛色が異なるものとして、継続的販売契約において、被供給者の信用不安が生じた場合に、供給者による期間満了前の解約（取引停止通告）を認めた例[5]がある。もっとも、この最後の例については、継続的契約の終了の法理を適用するのではなく、不安の抗弁として処理した方が、合理的に解決することができたのではないかとの疑問も呈されている[6]。

(4)　なお、代理店とはいっても、保険代理店は、商法上の代理商に当たることから、商法上の代理商に関する規定（商法27条以下）が適用される。そのため、継続的契約に関する判例法理は適用されず、代理店契約の解約について信頼関係の破壊等の正当な事由が要件として要求されることもないことに注意されたい[7]。

5　東京高判昭和57・8・25判時1054号92頁〔27405809〕、東京地判昭和52・2・22判時865号71頁〔27404663〕。
6　新堂幸司＝内田貴編『継続的契約と商事法務』商事法務（2006年）72頁。
7　例えば、東京地判平成10・10・30判時1690号153頁〔28050051〕。

7　設例の検討

(1)　設例は、化粧品の卸売業者と小売業者が、特約店契約を締結して化粧品の売買取引を続けていたところ、小売業者が、同契約によって、顧客に化粧品を対面販売することが義務付けられていたにもかかわらず、顧客へのカタログ販売をするようになり、卸売業者からの度重なる是正の勧告にも従わなかったため、卸売業者が特約店契約を中途解約したという事案である。

(2)　最三小判平成 10・12・18 民集 52 巻 9 号 1866 頁〔28033493〕

最高裁判所の判決に、設例の類似の事例において、特約店契約の解約が権利の濫用には当たらず有効としたものがある[8]。

この事例は、資生堂化粧品の卸売販売をしている業者と、化粧品の小売業者が、期間の定めのある特約店契約（「資生堂チェインストア契約」）を締結して売買取引を続けていたというものであり、この特約店契約には、小売店が資生堂化粧品の専門コーナーを設置すること、小売店が化粧品を販売するときは、顧客に対して化粧品の使用方法等を説明したり、化粧品について顧客からの相談に応ずること（いわゆる対面販売）が義務付けられていた。当該特約店契約において、対面販売が小売業者に義務付けられていたのは、当該化粧品の使用によって発生するおそれのある皮膚に関するトラブルの発生を未然に防止する必要及び顧客に当該化粧品の上手な使用方法を教える必要があると考えられていたためである。

ところが、小売業者は、これに反し、職域販売と称して、単に商品名、価格、商品コードを記載しただけのカタログを、事業所等の職場に配付して、電話やファクシミリでまとめて注文を受けて配達するという方法で、価格を 2 割引とする販売を始めたのみならず、これを知った卸売業者が、このカタログから資生堂化粧品を削除するよう申し入れたにもかかわらず、これに従わず、さらに、卸売業者が、是正勧告書と題する書面により、この販売方法が特約店契約の対面販売等を定めた条項に違反するので是正するよう勧告し、

8　前掲平成 10 年最判〔28033493〕（いわゆる資生堂東京販売事件）。

双方の弁護士が折衝し、今後は、資生堂化粧品についてカタログに基づく販売をしないこと、今後は前記条項に従うことなどを取り決め、その旨の合意書を取り交したにもかかわらず、小売業者が、その後も、前記のカタログ販売を継続したことから、卸売業者は、小売業者が従来の販売方法を改める意思がないものと判断し、契約期間の中途ではあったが、特約店契約に定められた解約条項（「当事者は、30日前の予告をもって特約店契約を中途解約することができる。」）に基づいて、この特約店契約を解約し、出荷を停止したというものである。

　この事件では、主に、対面販売の約定やそれに違反したことを理由とする解約が、独占禁止法19条が禁ずる不公正な取引方法に当たるか、具体的には、同法2条9項6号ニにいう「相手方の事業活動を不当に拘束する条件をもって取引すること」のうち、公正取引委員会告示（昭和57年公正取引委員会告示第15号（不公正な取引方法））の13の「拘束条件付取引」又は12の「再販売価格の拘束」に該当するか否かが争点となったものであるが、これとともに、卸売業者が継続的契約である特約店契約を解約したことが権利の濫用に当たるか否かも争われたものである。

　最高裁は、前記争点について、前記約定等が独占禁止法19条が禁ずる不公正な取引方法に当たらないとし、また、本件解約が、信義則に違反せず、権利の濫用に当たらないとした原審の判断は是認することができるとして、原審の判断を維持したものである。なお、原審において、小売業者は、本件解約が権利の濫用に当たるとの主張をしており、その理由として、対面販売に係る合意が独占禁止法に違反することや、値引き販売を原因とする解約を認めるのでは同法の法意にもとることなどを主張していたが、原審裁判所は、本件の対面販売が独占禁止法の趣旨に反するとはいえないし、本件解約が値引き販売を原因とするものと認めるに足る証拠もないなどとして、この主張を排斥していたものである。

(3)　このように、前掲平成10年最判〔28033493〕は、対面販売の約定及びこれに違反したことを理由とする解約が独占禁止法に違反するか否かという

点について中心的に判断し、権利濫用の点については、単に、本件解約が、信義則に違反せず、権利の濫用に当たらないとした原審の判断は是認することができると判示したにすぎないが、これは、原審において、小売業者がした権利濫用の主張自体が、専ら、独占禁止法に関する内容であったため、独占禁止法違反についての判示のほかに、権利の濫用について独立に判断する必要がなかったからである。

　もっとも、この事例では、独占禁止法違反の有無の問題と別に、権利の濫用の問題が独立に生じ得るものではある。卸売業者は、いまだ特約店契約の期間が満了していなかったにもかからわず、解約条項に基づいて、特約店契約を中途解約したのであるから、かかる中途解約は、解約条項に基づくものとはいえ、特約店契約関係の継続に対する当事者の期待の保護の見地から、権利の濫用に当たるか否かが問題になり得るからである。

　そして、この問題は、権利の濫用という一般法理によって処理するのではなく、継続的契約に係る独自の判例法理に当てはめて解決すべきであるところ、小売業者は、特約店契約に違反して、対面販売ではなく、カタログ販売をするようになり、卸売業者から是正勧告を受けたもののこれを止めず、また、書面による勧告を受けた後、双方の弁護士が折衝し、カタログ販売をしないなどの内容の合意書を取り交したにもかかわらず、さらに、カタログ販売を継続したというのであるから、卸売業者との信頼関係が破壊されたと評価し得るものであり、そうすると、継続的契約に係る独自の判例法理に照らしても、信頼関係破壊ケースとして、解約に正当な事由があると認められ得るものである。

　以上によると、この事例では、解約が権利の濫用に当たるか否かという点が独立の争点になっていないが、仮にこれが独立の争点になっていたとしても、当事者間の信頼関係が破壊されたことで、卸売業者による特約店契約の中途解約に正当な事由があると判断されるべき事例であったということができよう。

（岡口　基一）

◆参考文献

1 本稿のテーマ全体に関するもの
- 中田裕康『継続的売買の解消』有斐閣（1994年）
- 加藤新太郎『継続的契約の解除・解約〈改訂版〉』新日本法規出版（2014年）
- 新堂幸司＝内田貴編『継続的契約と商事法務』商事法務（2006年）
- 升田純『現代取引社会における継続的契約の法理と判例』日本加除出版（2013年）

2 前掲平成10年最判〔28033493〕の評釈
- 大軒敬子「判批」実務に効く公正取引審決判例精選（2014年）166頁
- 小畑徳彦「判批」消費者判例百選（2010年）250頁
- 栗田誠「判批」経済法判例・審決百選（2010年）158頁
- 中田裕康「判批」商法（総則・商行為）判例百選〈第5版〉（2008年）122頁
- 白石忠志「判批」法学教室310号（2006年）98頁
- 白石忠志「判批」法学協会雑誌120巻4号（2003年）866頁
- 小野憲一「判批」法曹時報53巻3号（1981年）214頁
- 厚谷襄兒「判批」ジュリスト1160号（1999年）121頁
- 村上政博「判批」法学教室225号（1999年）126頁
- 小野憲一「判批」ジュリスト1153号（1999年）117号
- 中川寛子「判批」ジュリスト1154号（1999年）92頁
- 伊従寛「判批」NBL658号（1999年）8頁
- 内田耕作「判批」判例評論488号（判例時報1682号）（1999年）197頁
- 吉田和彦「判批」NBL675号（1999年）57頁

6 消滅時効の援用

設例6 消滅時効を援用することが権利の濫用に当たり許されないとされることがあるか。あるとすればどのような場合か。例えば、次の事例については、どのように考えられるか。

父の死亡に伴い、長男が遺産である農地全部の所有権をいったん取得したが、その帰属をめぐって親族間に争いがあり、家庭裁判所における調停により、長男から母に対し、その老後の生活保障と妹らの扶養及び婚姻費用等に充てる目的で一部の農地を贈与し、引き渡した。

母においては、二十数年これを耕作し、妹らの扶養及び婚姻等の諸費用を負担した。

長男は、母から農地法3条の許可申請に協力するよう求められたのに対し、許可申請協力請求権の消滅時効を援用した。

Basic Information

1　時効（民法第1編第7章）は、真実の権利状態と異なった事実状態が永続した場合に、その事実状態をそのまま権利状態として認めて、これに適応するように権利の得喪を生じさせる制度であり、社会の一般的な立場から制度が設けられている。

2　他方、時効によって権利を取得し、又は義務を免れる者が、そのような効果を受けることを潔しとしないこともあり得るが、そのような場合にまで時効の効果を受けることを強いるのは妥当でない。そこで、民法は、時効の効力につき、時効により権利を取得し又は義務を免れる者が、そのような効果を受けようと望む場合にだけ、確定的に発生するものとしている（時効の援用・民法145条、時効の利益の放棄・民法146条）。

3　消滅時効を援用することが権利の濫用に当たり許されない（民法1条3

項）と解される場合には、その者は時効により義務を免れることはできない。

4　なお、「民法の一部を改正する法律」（平成29年法律第44号）が、「民法の一部を改正する法律の施行に伴う関係法律の整備等に関する法律」（同年法律第45号）とともに、第193回国会において、平成29年5月26日に成立し、同年6月2日に公布され、時効についても少なくない改正が行われているが、時効制度の意義及び存在理由について従前の解釈を変更するような改正は行われていない（後記「5　補論」参照）。

◆設例に対する回答

1　消滅時効を援用した結果が妥当でなく、また、そのような結果を時効の起算点等の解釈によっても回避することができない場合において、債権者に権利行使の機会が与えられたことの趣旨を没却するような特段の事情があるときは、時効を援用することは権利の濫用に当たり許されない。

2　設例の事案においては、時効が完成した経緯において、債務者である長男が債権者である母の権利行使を強迫や詐術を用いて故意に妨げたというまでの事情は認められないとしても、親子間のことであり、また年齢等による力関係の格差もあって、母には具体的な権利行使を期待することが困難であったとみる余地もが考えられる。こうした本件に固有の事情を踏まえると、この間権利を行使しなかったことにつき母に特段の具体的な落ち度があったのでなければ、長男による消滅時効の援用は、権利の濫用に当たり許されないものと解される。

◆解　説

1　時効制度の意義及び存在理由

(1)　時効制度の意義

時効は、真実の権利状態と異なった事実状態が永続した場合に、その事実状態をそのまま権利状態として認めて、これに適応するように権利の得喪を生じさせる制度である[1]。

民法の規定に則していうと、20年間所有の意思をもって平穏かつ公然に他人の土地を占有した者は、たとえその占有が正当な権原に基づかないで開始された場合であっても、その土地の所有権を取得する（取得時効・民法162条1項）。また、債権は、10年間これを行使しなければ、たとえ有効な弁済がされなくても、消滅する（消滅時効・民法167条）。

(2) 時効制度の存在理由

　時効制度は実定法上の制度として採用されており、また、民法の前記各規定の意味するところもその文理から明らかである。

　もっとも、事実状態と真実の権利状態とが合致しないことが明らかな場合でもその効果が発生することから、制度の存在理由については議論がある。通説によれば、次のとおり説明されている[2]。

　すなわち、一定の事実状態が永続し、誰もこれを争わないときは、その事実関係を基礎として、そのうえに種々の取引関係が築かれるところ、後になってそれを覆すとすれば、取引関係を混乱させ、取引秩序を乱すことになる。時効制度の根本的な存在理由は、このような事態を避け、取引の安定を保ち、秩序を維持することにある。

　また、付随的な存在理由として、①権利が長く行使されないと、証拠が失われて権利の存否が不明になり、裁判によって決することも困難になるので、そのような事態を避ける必要がある一方、長く続いた事実状態を正しいものとみることはかえって真実に適することが多く、大局的にみても適当であるという理由や、②権利を有し、それを行使することが可能でありながら、これを行使しないで長期間放置する、いわば「権利の上に眠った者」は、保護するに値しないという理由が説かれる。これらの理由は、消滅時効についてより適切に妥当する。

　このように、時効は、社会の一般的な立場から、権利の得喪を生じさせる

1　我妻榮ほか『コンメンタール民法　総則・物権・債権〈第4版〉』日本評論社（2016年）296頁。

2　前掲我妻ほか296頁。

制度であるものの、これによって権利を取得し、又は義務を免れる者が時効によってそのような効果を受けることを潔しとしないことがあり得るが、その場合にもこれを強いることは妥当でない。そこで、時効の効力は、その権利を取得し又は義務を免れる者が、そのような効果を受けようと望む場合にだけ、確定的に発生するものとされ、時効の援用（民法145条）及び時効の利益の放棄（民法146条）は、このような趣旨による。

　時効制度の存在理由に関しては、以上のような説明（権利得喪説）のほかに、所有権取得の事実を証明できない所有者や、債務消滅の事実を証明できない（元）債務者を保護するための制度だとする説明（推定説）がある。推定説の根拠としては、永続した事実状態は、真実の権利関係に合致している蓋然性が高いので、この事実状態を正当な権利関係と擬制し又は推定することにより、証明の困難を救済することが挙げられている。しかしながら、前記のとおり、時効制度は既に実定法上の制度として採用されているところ、民法の規定の文言も「所有権を取得する」（民法162条）、「債権は……消滅する」（民法167条）というように、実体法上の権利の得喪が生じることを定めていることからすると、解釈論として推定説を採ることは困難であり、そうすると、基本的には、権利得喪説のように解するのが相当ということになろう。

2　消滅時効

(1)　消滅時効の機能

　時効制度のあるべき存在理由をどのように考えるかはともかく、その現に有している機能に着目すれば、消滅時効は次のような機能を有しているとの指摘がある[3]。

ア　証拠保存解放機能

　債務の弁済者は、消滅時効が完成すると、その証拠を保存する必要がなく

---

[3]　松久三四彦「消滅時効の機能」ジュリスト増刊　民法の争点（2007年）83頁。

イ　義務解放機能・権利行使促進機能

　消滅時効は、債務者を債務から、より広くは、義務者を義務から解放する機能を果たしており、また、このことは権利者が権利を失うことでもあるから、義務解放機能と対応するものとして権利行使促進機能がある。

ウ　裁判所の負担軽減機能

　消滅時効が完成した事案では、訴えの提起が事前に回避されるか（提訴の抑止）、提訴されても、当事者が時効を援用すれば、裁判所は、権利の存否の判断に立ち入ることなく迅速に原告敗訴の判決の言渡しをすることができる（判決の迅速化）[4]。

(2)　消滅時効の適用範囲

　消滅時効にかかる権利は、「債権」（民法167条1項）及び「債権又は所有権以外の財産権」（同条2項）である。2項の「財産権」の例としては、地上権、永小作権、地役権等の他物権がある。

　所有権に消滅時効の適用がないことは、規定の文理からして疑問の余地がない。他人が取得時効によって所有権を取得すると、そのことの結果として、それまでの所有者は所有権を失う（その法的性質は、承継取得ではなく、原始取得である。）が、この所有権の喪失は、消滅時効によるものではない。

　所有権から派生する権利、例えば、所有権に基づく物権的請求権、共有物分割請求権（民法256条）、相隣関係による各種請求権（民法209条以下）や、所有権に基づく登記請求権も、消滅時効にかかることはないと解されている。

　ところで、農地の権利移転については、都道府県知事の許可を要し（農地

---

[4]　控訴審で審理をした際の経験に照らすと、実際には、債権の成否を判断したうえで併せて消滅時効についても言及する判決が少なくないように思われる。消滅時効の主張に対しては、さらに起算点、中断の有無等が争われることが通常であり、一審の裁判所としては、控訴審で維持されると見込まれる事案でないと、時効だけを判断し債権の成否の判断を省略することは容易でないであろう。

法3条)、この許可は、農地の所有権の移転に係る効力発生要件とされていることから、農地については売買や贈与がされても、知事の許可を受けなければ所有権移転の効力は生じない。このような場合においても、売主又は贈与者は、買主又は受贈者に対し、所有権移転のために協力して上記許可申請をすべき契約上の義務を負い、買主又は受贈者は、売主又は贈与者に対し、契約上の許可申請協力請求権を有するところ、この許可申請協力請求権は、売買契約に基づく債権的請求権であり、民法167条1項の債権として消滅時効にかかるものとされている（最二小判昭和50・4・11民集29巻4号417頁〔27000378〕）。

以上のほかに、他の権利のための担保であることなどその性質からして、当該他の権利と独立して時効にかかるか否かが論じられている権利がある。そのような権利としては、差し当たり、抵当権のような担保物権を挙げることができる（抵当権の消滅時効は、債務者及び抵当権設定者に対しては、被担保債権と同時でなければ、時効によって消滅しないとされている。民法396条。）。裁判例には、受託保証人が有する事前求償権につき、受託事務である保証債務の履行責任が存在する限り、これとは別個に時効により消滅することはないとの判示をしたものがある[5]。

(3)　消滅時効における原則的な時効期間と起算点及び消滅時効の効果

ア　消滅時効にかかるのは、前記のとおり、「債権」及び「債権又は所有権以外の財産権」であるところ、消滅時効は、権利を行使することができる時から進行し（民法166条1項）、債権については、原則として10年、債権又は所有権以外の財産権については20年間、これを行使しないことによりその権利が消滅する（民法167条）とされている。消滅時効の効力は、時効の起算日に遡る（民法144条）。

消滅時効の起算点である「権利を行使することができる時」とは、権利行使について法律上の障害がないことを意味し、権利者が権利を行使すること

---

[5]　東京高判平成19・12・5判時1989号21頁〔28140301〕。

ができることを知る必要はないと解されている（大判昭和12・9・17民集16巻1435頁〔27500537〕）。

　もっとも、個別にみていくと、事案によっては、権利行使の現実的な期待可能性が全く考慮されていないというわけではないこともみてとれる。例えば、雇用契約における雇用者の安全配慮義務違反によってじん肺に罹患したことを理由とする損害賠償請求権の消滅時効は、症状に関する最終の行政上の決定を受けた時から進行するものと判断したものがある（最三小判平成6・2・22民集48巻2号441頁〔27817983〕）。消滅時効にかかる権利のうち、不法行為による損害賠償請求権の消滅時効については、その消滅時効の起算点につき、「被害者又はその法定代理人が損害及び加害者を知った時」とされ（民法724条前段）、また、安全配慮義務違反の実質が不法行為に近いものであることを考慮して、消滅時効の起算点についても不法行為に近づけた解釈をしたものとも解される。

　時効期間についても初日不算入の原則（民法140条）の適用がある。

　なお、債権の消滅時効における原則的な時効期間と起算点については、後に補論で述べるとおり、改正される。

イ　時効の中断

　時効の進行中に時効を覆すような事情が生じたことを理由として、それまでの時効期間の経過を全く無意味にすることを時効の中断といい、民法は、請求、差押え・仮差押え・仮処分、承認の3つを中断事由として規定している（民法147条）。

　なお、時効の中断については、後に補論で述べるとおり、改正される。

ウ　消滅時効の効果の発生

　時効は、当事者が援用しなければ、裁判所がこれによって裁判をすることができない（民法145条）とされており、このことと、民法が167条において「債権は……消滅する。」として、専ら時効期間の経過によって債権の消滅の効果が生じると読み得る規定を設けていることとを、どのように整合的に説明するかについて学説は分かれている。主に、①時効期間の経過により

確定的に債権は消滅し、援用は訴訟における攻撃防御方法にすぎないとする見解（確定効果説）と、②時効完成によっては、債権の消滅という効果はまだ確定的には生じず、停止条件的に生じているだけであって、援用があったときに初めて効果が確定的に生じるとする見解（不確定効果説のうちの停止条件説）が有力に主張されている。

この点につき、最二小判昭和61・3・17民集40巻2号420頁〔27100036〕は、不確定効果説のうちの停止条件説を採用したものと解されている[6]。

エ　消滅時効の援用権者

民法145条は時効の援用権者を「当事者」と規定しているところ、判例（最二小判昭和48・12・14民集27巻11号1586頁〔27000457〕）は、この当事者の意味を「権利の消滅により直接利益を受ける者」であるとし、具体的には、保証人（大判昭和8・10・13民集12巻2520頁〔27510238〕）や物上保証人（最一小判昭和43・9・26民集22巻9号2002頁〔27000918〕）、抵当不動産の第三取得者（最二小判昭和48・12・14民集27巻11号1586頁〔27000457〕）、詐害行為の受益者（最二小判平成10・6・22民集52巻4号1195頁〔28031544〕）などがこれに該当し、一般債権者（大判大正8・7・4民録25輯1215頁〔27522883〕）や後順位抵当権者（最一小判平成11・10・21民集53巻7号1190頁〔28042450〕）などはこれに該当しないとしている。

物上保証人や抵当不動産の第三取得者は、被担保債権に係る債務を弁済する義務こそないが、弁済がされなければ担保権の実行により目的不動産が処分されることになる点において、直接の利害関係があるものと解することができるのに対し、後順位抵当権者が先順位抵当権の被担保債権の消滅時効を援用する場合は、先順位抵当権の被担保債権が消滅して後順位抵当権者の順位が上昇し、不動産の換価がされる場合の配当の増加が期待できるとしても、そのような利益は「反射的な利益」にすぎないとされている。

6　山地修「判批」法曹時報66巻10号（1994年）190頁、『最高裁判所判例解説民事篇〈昭和61年度〉』法曹会〔柴田保幸〕167頁。

3 消滅時効の援用と権利の濫用

(1) 権利の濫用

　民法は、権利の濫用は、これを許さない（民法1条3項）と定めている。

　権利の内容又は法律的な力は、それぞれの権利について形式的・画一的に定められるから、それを行使する具体的な場合をとってみると、それが権利の行使でありながら、権利が認められる本来の目的を逸脱し、社会の倫理観念に反する不当な結果となることがあるが、このようなことは許されるべきでなく、権利の行使にどのような要件が備わった場合に権利濫用が成立するかは、具体的事案に即して決定すべきものとされている[7]。

　消滅時効の援用も法律上認められた権利を行使するものであるが、具体的事案との関係において、その結果が不当と感じられる場合があり得る。実務においては、相手方から主張されている時効の起算点や期間を争い、中断（時効障害）を主張するなど、まずは消滅時効の完成を争うことが通常であるし、相手方がその時効の援用権者に当たるか否か、そもそも当該権利が消滅時効にかかるものであるかどうかを論じるべき事案も少なくない。それらによってもその結果を回避できないときには、当該時効の援用をもって権利の濫用に当たり許されないとの主張がされることになる。

(2) 消滅時効の援用と権利の濫用

ア　例えば、債務者が債務を弁済するような態度を装い、そのために債権者をして適時に訴えを提起するなどの時効を中断するための措置をとることを怠らせた場合において、時効期間の経過後にその態度を変え、消滅時効の援用をした場合において、その援用が権利の濫用として許されないとすることに異論は少ないと思われる。

　ところで、時効とは、前記のとおり、真実の権利状態と異なった事実状態が永続した場合に、社会の一般的な立場から、その事実状態をそのまま権利状態として認めて、これに適応するように権利の得喪を生じさせる制度であ

---

[7] 前掲我妻ほか54頁。

り、事実状態と真実の権利状態とが合致しないことが明らかな場合も排除することはせず、ただ、時効の効果を受けるか否かがその権利を取得し又は義務を免れる者の意思に委ねられているというのである。消滅時効の援用が権利の濫用に当たるかどうかを検討するに当たっては、このような時効制度の理解を踏まえ、その援用が時効制度の趣旨を逸脱するものかどうかを検討すべきであり、これをやや具体的にいえば、債務者において債権者が権利を行使することを妨害するなど、債権者が期間内に権利を行使しなかったことについて債務者に責めるべき事由があり、債権者に権利行使を保障した趣旨を没却するような特段の事情があるような場合に、その時効の援用は、権利の濫用に当たり許されないものと解するのが相当である。

　もっとも、さらに権利者と義務者の関係に着目すると、例えば、夫婦、親子等の親族間にあってはことさらに法律上の権利を行使しなくても不都合な事態は生じないものと安心している場合も少なくないものと考えられ、権利者において適時に法律上の権利を行使することを要求することが期待しにくいとも思われることから、前記「特段の事情」の有無をより丁寧に検討することが多くなるものと考えられる。

イ　特に不法行為や債務不履行による損害賠償請求権との関係で論じられるところであるが、時効により消滅すべき債権の発生原因事実が悪質であったことや被害が深刻であることが、時効援用の可否を左右する事情となるかという問題が論じられることがある。

　権利の濫用の成否という事柄の性質上、具体的事案に則して決定すべきものであるが、裁判例の中には、中国人である原告らが、第二次世界大戦中の強制連行・強制労働について、企業である被告に対して謝罪広告の掲載並びに慰謝料を請求した場合において、被告が安全配慮義務違反に基づく損害賠償債権の消滅時効を援用することが権利の濫用とはいえないと判断し、その理由において、時効により消滅すべき債権の発生原因事実が悪質であったことや被害が深刻であることは、発生する請求権の内容にかかわる事情であって、その権利が行使されないことに関する事情ではないから、そのことによっ

て時効援用の可否が左右されるものではないとの説示をしたものがある[8]。

4 設例の検討

(1) 農地の権利移転については、前記のとおり、都道府県知事の許可を要し（農地法3条）、この許可は、農地の所有権の移転に係る効力発生要件とされていることから、農地については売買や贈与がされても、知事の許可を受けなければ所有権移転の効力は生じないが、売主又は贈与者は、買主又は受贈者に対し、所有権移転のために協力して前記許可申請をすべき契約上の義務を負い、買主又は受贈者は、売主又は贈与者に対し、許可申請協力請求権を有することになる（この許可申請協力請求権が売買等の契約が成立した日を起算点とする消滅時効にかかることについては、前掲昭和50年最判〔27000378〕参照。）。

設例の事案は、土地（農地）の所有者である原告（母）が、同土地の前の所有者である被告（子）に対し、農地法3条の許可の申請に係る協力請求権に基づき、必要な協力を求めたというものであり、訴訟物は、農地法3条による許可申請協力請求権であるところ、訴訟において、被告は、前記許可申請協力請求権について消滅時効を援用した（抗弁）というのである。

(2) そこで、被告による消滅時効の援用が権利の濫用に当たるか否かに留意しながら、設例に現れている事情をみていくこととする。

ア 債権者が権利を取得した経緯は、次のとおりである。

すなわち、原告の夫（被告の父）は農地を所有し、その死亡に伴い、長男が遺産である農地全部の所有権をいったん取得したが、その帰属をめぐって親族間に争いがあり、家庭裁判所における調停により、被告（長男）から原告（母）に対し、その老後の生活保障と妹らの扶養及び婚姻費用等に充てる目的で一部の農地（本件農地）を贈与し、引き渡した。

イ その後の事実経過は、次のとおりである。

---

[8] 東京高判平成19・3・14訟務月報54巻6号1292頁〔28141909〕。

すなわち、原告は、被告から本件農地の贈与を受け、その引渡しを受けた後、調停において定められたところに従い、二十数年間これを耕作し、妹らの扶養及び婚姻等の諸費用を負担した。

ウ　債権者が権利を行使しなかった理由、本件に即していえば、原告が長期間にわたり農地法所定の許可申請につき被告に協力を求めなかった事情については、設例に現れているところからは明らかでない。

　この間の事情につき、例えば、原告が老齢であり、かつ、被告との間柄が母子であることから、あえて農地法所定の許可申請をしてまで、所有権移転登記を具備しようとまでしなかったとの事実が確定されれば、時効制度の存在理由の１つである「権利の上に眠る者は保護しない」という評価は妥当し難いものといえるから、消滅時効の援用を権利の濫用と評価する方向に判断は傾く。農地について公法上の規律が及んでいることは、そうでない場合よりも法律関係を複雑にするから、原告の早期の権利行使を躊躇させる事情と評価することもできる。

エ　債務者の対応については、次のようにいうことができる。

　すなわち、被告が、長年にわたり、原告から農地法所定の許可申請につき協力を求められなかったとしても、今になって消滅時効を援用することは、それ自体としては、被告に特段の利益をもたらすものとは考えられない一方、前記許可申請に協力しないことは、被告も当事者として成立させた調停において決められた内容に沿わないといわざるを得ない。

オ　小　括

　以上によれば、少なくとも、原告が長期間にわたり農地法所定の許可申請につき被告に協力を求めなかった事情について、前記ウのような事情のあったことが確定されれば、債権者に権利行使を保障した趣旨を没却するような特段の事情があるものとして、被告がした前記許可申請協力請求権に係る消滅時効の援用は、権利の濫用に当たり許されないものと評価することができる。

(3) 裁判例等

　最高裁判所の裁判例にも、設例と類似の事案において、時効の援用が権利の濫用に当たるとした原審の判断を是認したものがある[9]。

　上告理由では、時効の援用が信義則に反し権利の濫用に当たるといえるのは、援用者が権利者の権利行使を強迫や詐術を用いて故意に妨げた結果時効期間を徒過した場合のようなものをいい、耕作の事実と母子関係のみから権利濫用を肯定するのは、時効制度の否定であるなどの主張がされていた。

　これを退ける旨の最高裁の判断は、事例判断ではあるものの、どのような場合において時効の援用が権利の濫用に当たるかにつき、少なくとも、援用者が権利者の権利行使を強迫や詐術を用いて故意に妨げた結果時効期間を徒過した場合に尽きるとの見解に立っていないことは明らかである。

5　補論─平成29年民法（債権法）改正─

　第193回国会において、「民法の一部を改正する法律」（平成29年法律第44号）が、「民法の一部を改正する法律の施行に伴う関係法律の整備等に関する法律」（同年法律第45号）とともに、平成29年5月26日に成立し、同年6月2日に公布された。新法（改正法）の施行期日は、政令で、一部の規定を除き、平成32年（2020年）4月1日と定められている。

　時効についても少なくない改正が行われているが、時効制度の意義及び存在理由について従前の解釈を変更するような改正は行われていない。

　なお、改正附則によれば、時効に関しては、①施行日である前記日（平成32年（2020年）4月1日）の前に債権が生じた場合（同日以後に債権が生じた場合であって、原因である法律行為が同日前にされたときを含む。以下同じ。）におけるその債権の消滅時効の援用、②同日前に旧法（現行法）147条に規定する時効の中断の事由又は旧法158条から161条までに規定する時効の停止の事由が生じた場合におけるこれらの事由の効力、③同日前に債権

9　最三小判昭和51・5・25民集30巻4号554頁〔27000322〕。

が生じた場合におけるその債権の消滅時効の期間については、それぞれなお従前の例による、すなわち、旧法と同様の規律に従うこととするなどの経過措置が定められている（附則10条）。

(1) 職業別の短期消滅時効の廃止

消滅時効の期間については、債権については10年、債権又は所有権以外の財産権については20年とする原則的な期間（民法167条）に加えて、職業別の細かい区分に基づき3年、2年又は1年という短期の時効期間が定められている（民法170～174条）。この制度に対しては、対象となる債権の選別を合理的に説明することが困難であるうえ、実務的にもどの区分の時効期間が適用されるのかをめぐって煩雑な判断を強いられている等の問題点が指摘されてきた。新法では、170条から174条までを廃止し、時効期間を単純化し統一を図っている。

(2) 債権の消滅時効における原則的な時効期間と起算点

債権の消滅時効は、権利を行使することができる時から進行し（民法166条1項）、その期間は、前記のとおり、原則として10年（民法167条1項）とされている。

新法では、①現行の「権利を行使することができる時」という起算点から10年間という時効期間を維持したうえで、②「債権者が権利を行使することができる時」という起算点から5年間という時効期間を新たに設け、いずれかの時効期間が満了した時に消滅時効が完成するものとし（新法166条1項）、定期金債権の消滅時効についても、同様の改正をしている（新法168条）。このような長短2種類の時効期間を組み合わせるという取扱いは、不法行為による損害賠償請求権の期間の制限と同様のものである。

なお、債権又は所有権以外の財産権の消滅時効については、実質的な改正はされていない（新法166条2項）。

ところで、商法522条は、商行為によって生じた債権の消滅時効期間が原則として5年であることを定めている（商事消滅時効）が、「民法の一部を改正する法律の施行に伴う関係法律の整備等に関する法律」により、同規定

は廃止されている。

(3) **不法行為による損害賠償請求権の消滅時効**

不法行為による損害賠償の請求権は、被害者又はその法定代理人が損害及び加害者を知った時から3年間行使しないときは、時効によって消滅し（民法724条前段）、不法行為の時から20年を経過したときも同様とする（同条後段）とされている。

改正法においては、引き続き長短2種類の期間を組み合わせるという仕組みを採用することとしたうえ、後段の期間について、中断や停止の認められない除斥期間（最一小判平成元・12・21民集43巻12号2209頁〔27805392〕はそのように解していた。）ではなく、同条前段と同様に時効期間についての規律であることを明らかにしている。後段の期間を除斥期間であるとする上記判例のような立場に対しては、被害者救済の観点から問題があるとの指摘があり、停止に関する規定の法意を援用して被害者の救済を図った例[10]も現れていたところであり、改正後の民法724条後段の期間制限については、同条前段と同様に時効期間についての規律であることが明らかにされている。

不法行為のうち、特に人の生命又は身体を害するもの損害賠償請求権の消滅時効に係る時効期間については、前記アの原則的な期間を修正し、被害者又はその法定代理人が損害及び加害者を知った時から「3年間」とあるのを「5年間」として、被害者の保護を重視する考えを示している。

(4) **時効の完成猶予及び更新**

時効の停止及び中断に係る規律（民法147条ほか）は、時効の完成猶予及び更新という概念によって整理された。

現行法の下では、裁判上の請求等の手続が途中で終了すると時効の中断の効力は生じないとされている（民法149条等）が、他方で、これらの手続が進行している間は催告（同法153条）が継続してされているものとみて（い

---

10 最二小判平成10・6・12民集52巻4号1087頁〔28031250〕、最三小判平成21・4・28民集63巻4号853頁〔28151361〕。

わゆる裁判上の催告)、その終了時から6か月間は時効が完成しないと解されており[11]、このような裁判上の催告に関する現行法下の判例法理を踏まえたものである。

また、民法153条の「催告」は、現行法の下では時効の中断事由として掲げられているが、時効の完成間際に時効の完成を阻止する効力しか有していないことから、このことを踏まえた規律を設けている。

ア　裁判上の請求等による時効の完成猶予及び更新（新法147条）

裁判上の請求、支払督促の申立て、即決和解の申立て、民事調停法・家事事件手続法による調停の申立て、破産手続参加、再生手続参加又は更生手続参加の各事由があるときは、その事由が終了するまでの間は、時効は完成しない（時効の完成猶予・新法147条1項）。

これらの場合において、確定判決又は確定判決と同一の効力を有するものによって権利が確定したときは、時効は、各事由が終了した時から新たにその進行を始める（時効の更新・新法147条2項）。

イ　強制執行等による時効の完成猶予及び更新（新法148条）

強制執行、担保権の実行としての競売その他の民事執行の申立ての各事由があるときは、その事由が終了するまでの間は、時効は完成しない（時効の完成猶予・新法148条1項）。

これらの場合には、時効は、各事由が終了した時から新たにその進行を始める（時効の更新・新法148条2項）。

ウ　仮差押え等による時効の完成猶予（新法149条）

仮差押命令その他の保全命令の申立てがあるときは、その事由が終了した時から6か月を経過するまでの間は、時効は完成しない。

エ　催告による時効の完成猶予（新法150条）

催告があったときは、その時から6か月を経過するまでの間は、時効は完成しない（新法150条1項）。なお、催告によって時効の完成が猶予されて

---

[11] 最一小判昭和45・9・10民集24巻10号1389頁〔27000691〕等。

いる間にされた再度の催告は、時効の完成猶予の効力を有しない（同条2項）。

オ　協議を行う旨の合意による時効の完成猶予（新法151条）

当事者間で権利に関する協議が継続している間に時効の完成を阻止するためだけに訴えを提起する事態を回避できるようにすることは、当事者双方の利益に適う。

そこで、権利についての協議を行う旨の合意が書面でされたときは、①その合意があった時から1年を経過した時、②その合意において1年に満たない協議期間が定められたときは、その期間を経過した時、又は③当事者の一方から相手方に対し協議の続行を拒絶する旨の通知が書面でされたときは、その通知の時から6か月を経過したとき、のいずれか早い時までの間は、時効は完成しない（新法151条1項）とされた。

カ　承認による時効の更新（新法152条）

時効は、権利の承認があったときは、その時から新たにその進行を始める（同条1項）。

キ　天災等による時効の完成猶予（新法161条）

時効の停止を完成猶予に改めるとともに、事由の終了から2週間という現行法の規律を緩和し、事由の終了から3か月間に改めている。

(5)　時効の効果

時効の効力は、その起算日に遡り（民法144条）、時効は、当事者が援用しなければ、裁判所がこれによって裁判をすることができない（同法145条）とされている。

新法においても、時効の効力がその起算日に遡ることを定めた144条の規定に変更はないが、145条の規定中「当事者」を「当事者（消滅時効にあっては、保証人、物上保証人、第三取得者その他権利の消滅について正当な利益を有する者を含む。）」に改めた。

このようにして、従前の判例法理（最二小判昭和48・12・14民集27巻11号1586頁〔27000457〕等）を踏まえ、また、判例上、消滅時効の援用権

者として認められてきた保証人(大判昭和8・10・13民集12巻2520頁〔27510238〕)や物上保証人(最一小判昭和43・9・26民集22巻9号2002頁〔27000918〕)などを明文で列挙することにより、消滅時効の援用権者を規定上も可能な限り具体的に明らかにしようとしている。

(小林　康彦)

◆参考文献

1　本稿のテーマ全体に関するもの
・我妻榮ほか『コンメンタール民法　総則・物権・債権〈第4版〉』日本評論社(2016年)
・能見善久＝加藤新太郎編『論点体系　判例民法1総則〈第2版〉』第一法規(2013年)(特に399頁以下)

2　前掲昭和51年最判〔27000322〕の評釈
・内池慶四郎「判批」判例評論217号(判例時報838号)(1977年)128頁
・川井健「判批」法学協会雑誌95巻3号(1978年)136頁
・幾代通「判批」民商法雑誌76巻2号(1977年)136頁
・牧山市治「判批」法曹時報30巻4号(1978年)113頁
・石田喜久夫「判批」判例タイムズ344号(1977年)112頁
・山田卓生「判批」民法の基本判例(1999年)6頁
・菅野耕毅「判批」民法判例百選Ⅰ総則・物権〈第5版　新法対応補正版〉(2005年)14頁

民法（家族法）と権利の濫用

1 内縁の夫の相続人による、内縁の妻に対する明渡請求

> **設例 7** 内縁の夫死亡後その所有家屋に居住する寡婦に対して亡夫の相続人から家屋明渡請求がされた場合において、前記寡婦はどのような主張をすることができるか。

Basic Information

1 内縁の妻には相続権はない。

2 内縁の夫所有の家屋は、相続人に承継されるから、法律上の権利関係からいえば、内縁の妻は、権原なく他人の所有する建物を占有していることになり、相続人からの明渡請求に応じ、明渡しまでの賃料相当額を損害金又は不当利得として支払わなければならない。

3 しかし、事実関係によっては、前記明渡請求や金銭支払請求が権利濫用として許されないことはある。

また、近時は、権利濫用論によって相続人の明渡請求を排斥するだけでなく、内縁の妻に無償使用権を認めようという見解も現れ、これに沿った下級審裁判例もある。

◆設例に対する回答

1 内縁の妻は、事実関係によっては、相続人からの明渡請求が権利濫用であると主張し、家屋への居住を継続することができる。

明渡請求が権利濫用になるかどうかの判断は、内縁の妻が当該家屋に居住していた期間、内縁の妻と相続人それぞれが当該建物を使用する切実性などを総合して判断される。

2 また、事実関係によっては、相続人の明渡請求のみならず、賃料相当の

損害金や不当利得の返還請求が権利濫用として許されないこともある。

3　権利濫用論が適用される場合、内縁の妻には、積極的に使用権原が認められるわけではない。このような事態を解決するために、内縁の妻に無償使用権を認めようという議論も有力化しつつあり、その旨の下級審裁判例も出ている。

◆解　説

1　内縁の配偶者が死亡した場合の原則的権利関係

(1)　内縁とは、婚姻届を出さずに夫婦同様の生活を送っている男女関係をいう。

内縁の配偶者には相続権はない。民法890条で相続人となると規定されている「配偶者」は、法律婚の配偶者である。

(2)　内縁の夫が死亡した場合、その所有家屋は亡夫の相続人が承継することになるから、法律上の権利関係からいえば、内縁の妻は、権原なく他人の所有する建物を占有していることになり、相続人の明渡請求に応じざるを得ないのが原則である。

2　内縁の配偶者の保護のための解釈論的努力

しかし、この結論は、内縁の妻の生活の本拠を突然奪うことになり、過酷であるので、裁判例・学説は、内縁の妻の生活の維持と、相続人の財産権の適切な調和点を見いだすために努力を重ねてきた。なお、以下の議論は、賃借権を相続した相続人が内縁の配偶者に明渡請求をした場合の関係として論じられているものを含むものである（この議論の背景には、第二次世界大戦後の極端に劣悪な住宅事情があり、それらが現在も通用性を有するかについては、慎重な検討を要する。）。

学説では、生存する内縁配偶者と相続人の間に法定の賃借権（借家法1条の2〔借地借家法36条1項〕の類推適用）を認める見解[1]、準配偶者として有した居住権の余後効として一定の期間（服喪期間中又は遺産分割終了ま

で)の居住を主張し得るという見解[2]などが提唱されたが、実定法上の根拠を欠き、前記1の権利関係からみて無理があるのは否めなかった。我妻榮『親族法』有斐閣(1961年)205頁が、生存配偶者の居住権は、内縁の夫婦の居住権と同様に保護されなければならないとしながら、具体策としては「準親族間の共助の精神によって解決されるべきである。」とするにとどまっている(208頁)のも、そこでいう「居住権」に具体的な中身を与えることができなかったことを意味し、この問題の難しさを示すものである。

3 リーディングケース(権利濫用論の採用)とその問題点

(1) 前記2のような学説の状況の下で、結局、内縁の配偶者は権利としての居住権を取得しないが、諸般の事情を考慮し、死亡配偶者の相続人による明渡請求を権利濫用とする場合を認めることで、その居住を保護するという見解[3]が判例(最三小判昭和39・10・13民集18巻8号1578頁〔27001366〕。以下、「昭和39年最判」という。)の採るところとなった。

昭和39年最判〔27001366〕の事案では、相続人は死亡した内縁の夫の養子であり、家庭内の不和のために離縁することになっており、そのための金銭の授受も終了していたが、戸籍上の手続をしないうちに内縁の夫が死亡したもので、相続人の側には家屋を使用しなければならない差し迫った必要もなく、他方、寡婦は子女(内縁の夫との間の子ではなく、連れ子である。)が独立して生計を営むに至らず、同家屋を明け渡すときは家計上大きな打撃を被るおそれがあるというものである。死亡した内縁配偶者と相続人の間には養子という人為的な親子関係しかなく、しかもそれが解消寸前であり、他方で、内縁の妻の側には家屋を使用する切実な必要性があったというのであるから、相続人の明渡請求が権利濫用となるという点について、まず異論はないものと思われる。

---

1 鈴木禄弥『居住権論 借家法序説〈新版〉』有斐閣(1981年)78頁。
2 太田武男「民事判例研究(第33回)」法律時報35巻6号(1963年)84頁。
3 加藤一郎「家屋賃借権の相続」小野清一郎等編『総合判例研究叢書(1)』有斐閣(1956年)236頁。

(2) 権利濫用論は、その後の裁判例でも採用されている[4]。そこでは、従前の生活関係、内縁配偶者の居住期間、内縁の配偶者と相続人のそれぞれが家屋を使用する切実性、それぞれの財産状態等（平成9年東京地判〔28033091〕の事案では、相続人は相当な資産家である。）が総合的に判断されることになる。

また、その柔軟性から、学説からも一定の支持を受けている[5]。余後効説を採っていた太田武男教授も、後にこれに近い見解に転じるに至っている[6]。

(3) しかしながら、権利濫用の抗弁は、あくまで具体的な事実関係のもとで、権利者の権利行使を制約するものであり、その妥当する範囲（成立要件）は不明確とならざるを得ない。昭和39年最判〔27001366〕も、「内縁の夫の死亡時にこれと同居していた内縁の妻に対する、内縁の夫の相続人の明渡請求は、権利濫用となる」とまで一般化できるものではない。

また、効果面でみても、権利濫用論は、非権利者に居住権を与えるものではないから[7]、どの程度の期間明渡請求が許されないのか、生存する内縁配偶者は使用料相当額の支払を要するのかなど、不明な要素が多い[8]。

(4) そして、内縁の妻の使用の必要性が高く、特に使用が長期に及んでいた場合に、明渡請求が権利濫用とされずに認容されることは実際上少ないであろうという指摘がある[9]。

---

[4] 東京地判平成9・10・3判タ980号176頁〔28033091〕等。
[5] 中井美雄「判批」家族法判例百選〈第3版〉(1980年) 16頁、水本浩「判批」家族法判例百選〈第3版〉(1980年) 18頁等。
[6] 太田武男『内縁の研究』有斐閣 (1965年) 289頁。
[7] 昭和39年最判〔27001366〕も、「本訴請求を権利の濫用として許されない旨判断したからといって、被上告人が本件建物に居住しうる権利を容認したものとはいえない。」と明言する。
[8] 昭和39年最判〔27001366〕では、明渡請求のみがされており、賃料相当損害金等の請求はされていない。
[9] 岡本詔治『不動産無償利用権の理論と裁判』信山社出版 (2001年) 158-161頁、谷口知平＝石田喜久夫編『新版注釈民法(1)総則(1)〈改訂版〉』有斐閣 (2002年)〔安永正昭〕189頁。

4 学説・裁判例の新たな展開

(1) 前記3(3)のように権利濫用論の要件・効果が不明確であること、また、前記3(4)のように、内縁の妻に対する明渡請求が権利濫用とされずに認められることは実際上まれなのではないかという認識、他方で、前記2のとおり昭和39年最判〔27001366〕以前の学説には実定法上の根拠に問題があることなどを踏まえ、最近は、内縁の妻の居住権を、正面から認めるべきであるとの見解も有力となっている。

このような見解は、既に昭和39年最判〔27001366〕の前後から唱えられてきたが[10]、さらに支持者を増やすきっかけとなったのが最一小判平成10・2・26民集52巻1号255頁〔28030544〕（以下、「平成10年最判」という。）である。

平成10年最判〔28030544〕の事案では、内縁の夫婦は共同で事業を営んでおり、共同事業の収益から自宅及び共同事業のための作業場である対象不動産を取得し、共同で占有使用していた。他方、内縁の夫には、妻と3人の子がおり（したがって、前記内縁関係は、重婚的内縁であったことになる。）、昭和57年9月1日の内縁の夫死亡後、遺産分割により子の1人（以下、単に「相続人」という。）が対象不動産を相続した。

(2) 平成10年最判〔28030544〕の前提として、これに先行する訴訟（以下、「先行訴訟」という。）の結果が重要である[11]。相続人が昭和61年に内縁の妻に対し、主位的には対象不動産は相続人の単独所有であるとして、賃料及び賃料相当損害金の支払と対象不動産の引渡しを選択的に求め、予備的には、内縁の夫の死亡から昭和61年4月30日までの賃料相当額の2分の1の不当

---

10 玉田弘毅「被相続人の内縁の妻の居住権－相続人の承継家屋をめぐって－」法律論叢38巻4号（1964年）29頁、四宮和夫「判例研究」法学協会雑誌91巻7号（1974年）134頁。いずれも、内縁の妻の使用借権を認める。
11 先行訴訟の事実関係については、平成10年判例やその原審、原々審判決からは必ずしも明らかでなく、『最高裁判所判例解説民事篇〈平成10年度（上）〉』法曹会〔山下郁夫〕186頁によった。

利得返還請求をし、他方、内縁の妻が、対象不動産が内縁の夫と内縁の妻の共有であるとして、2分の1の所有権確認と所有権一部移転登記を求めた。先行訴訟では、平成2年3月27日、内縁の妻の請求を認容し、他方、相続人の予備的請求の一部を認容する控訴審判決がされ、確定している。

相続人は、平成2年、内縁の妻に対し、先行訴訟で認められた後の昭和61年5月1日以降平成4年10月31日までの賃料相当額の2分の1を不当利得として返還するよう求めて、訴えを提起した。

原審は、共有者の1人が不動産を排他的独占的に使用している場合、その共有者は、その不動産の適正賃料額のうち自己の持分割合を超える利益を不当に得ていることになるとし、内縁の妻は、内縁の夫の生前には、共有者として対象不動産を使用収益していたから、使用貸借契約を締結する必要はないとして、使用貸借契約の成立も否定した。

しかし、最高裁判所は、「共有者間の合意により共有者の1人が共有物を単独で使用する旨を定めた場合には、右合意により単独使用を認められた共有者は、右合意が変更され、又は共有関係が解消されるまでの間は、共有物を単独で使用することができ、右使用による利益について他の共有者に対して不当利得返還義務を負わないものと解される。そして、内縁の夫婦がその共有する不動産を居住又は共同事業のために共同で使用してきたときは、特段の事情のない限り、両者の間において、その一方が死亡した後は他方が右不動産を単独で使用する旨の合意が成立していたものと推認するのが相当である。けだし、右のような両者の関係及び共有不動産の使用状況からすると、一方が死亡した場合に残された内縁の配偶者に共有不動産の全面的な使用権を与えて従前と同一の目的、態様の不動産の無償使用を継続させることが両者の通常の意思に合致するといえるからである。」とし、特段の事情の有無について審理を尽くさせるため、原審に差し戻した。

そして、平成10年最判〔28030544〕の調査官解説[12]が「当事者の意思に

---

[12] 『最高裁判所判例解説民事篇〈平成10年度（上）〉』法曹会〔山下郁夫〕193頁。

合致することを理由として共有物の単独占有の合意を推認した本判決の考え方は、内縁の配偶者の居住の保護につき使用貸借の法律構成をとる見解と相通ずるものがあるものといえよう。」としたことも、内縁の妻の無償使用権を認める見解の支えとなっている。

(3) 内縁の妻の無償使用権を認める見解は、使用貸借契約とするもの[13]、婚姻関係（内縁関係を含む）から生じる無償使用の合意から生ずる、単なる使用借権にとどまらない生涯無償利用権とするもの[14]等がある。

(4) そして、裁判例の中にも、内縁の妻に住居の無償使用権を認めるものもみられるようになっている。重婚的内縁の妻が共有持分権を有してはいないが、内縁の夫と協力して土地建物を取得した事案で、建物の取得について「共有持分に相応する程度の寄与」をしたとし、亡夫は自己の死亡後寡婦が住居を立ち退くとは考えていなかったとして、無償使用の合意を認めた名古屋地判平成23・2・25判時2118号66頁〔28173993〕、さらに、原審が権利濫用論によって相続人の内縁の妻に対する明渡請求を排斥したのに、あえて使用貸借契約の成立を認めた大阪高判平成22・10・21判時2108号72頁〔28172535〕がある。そして、相続人の明渡請求に対し、権利濫用と並んで、使用貸借契約を含む無償使用権の合意を抗弁として主張することは、一般的になりつつあるようである[15]。

---

13 前掲玉田67頁、前掲四宮143頁、前掲新版注釈民法(1)190頁。ただし、前掲玉田67、70-71頁は、典型契約としての使用貸借上の権利ではないが、なお、一種の使用貸借上の権利とみて、夫婦共同生活の特殊性を考慮した民法760条の趣旨に反しない限り、財産法上の使用貸借規定をそのまま当てはめてしかるべきであるとし、内縁の夫死亡後は、夫婦共同生活が消滅しているから、全面的に使用貸借契約の規定によって規制されるとする。前掲四宮143頁は、玉田説に共感を示すものの、その細部の理論構成は必ずしも明らかではない。

14 前掲岡本404頁。

15 東京地判平成28・1・13平成26年(ワ)28229号公刊物未登載〔29016575〕。結論としては内縁関係の成立自体を否定。

5　権利濫用構成の当否について

　このように、現在は、内縁の夫死亡後、内縁の妻の無償使用権を認める見解が有力化しつつあり、裁判例もいくつか現れているが、権利濫用論が「過渡的なものとしてその果たすべき役割を終える運命にあるといえよう。」（前掲新版注釈民法(1) 190 頁）とまでいえるかは、検討の余地があるように思われる。

(1)　確かに、権利濫用の成否は個別的なものであり、どのような場合に、相続人の内縁の妻に対する明渡請求が権利濫用となるのかが明らかではないという難点はある。そして、近時の学説は、意思解釈の問題として無償使用権を導いており、実定法の規定に正面から反するものではない。

(2)　しかしながら、使用貸借契約を認める見解にせよ、婚姻関係から生じる無償使用の合意を主張する見解にせよ、無償使用権の成立要件、存続期間、終了原因などが一義的に明確なわけではない。

　前掲玉田 67、70-71 頁、前掲岡本 337 頁は、内縁の妻に終身の使用権を認める。

　しかし、前掲玉田 67、70-71 頁は、亡夫と先妻の実子又は養子、亡夫の実親などは、事実上の拡大された親子関係ないし親族関係にあり、無償使用を認めるに足りる「緊密な特殊関係」があるというのを妨げないとする反面、内縁の妻と相続人の関係が離れるに従い、無償使用でなく、有償合意とする場合もあり、また、諸般の事情を慎重に考慮することを前提としてであるが、両者の間の関係が決定的に破壊された場合は、「緊密な特殊関係」が失われたものとして使用貸借関係が消滅する余地を認めている。

　一方、前掲岡本 313-314、337 頁は、婚姻という身分関係・権利義務関係にある夫婦相互が、その義務を具現するためになさざるを得ない財産的処分行為（合意）がされたとみるべきであり、そのような合意に基づく利用行為は身分関係に起因するとしても、それと運命をともにはせず、婚姻住居が他の共同相続人の所有に帰したとしても、生涯にわたって無償使用権が存続するとし、このように解することが所有配偶者の意思に沿う所以であるとする。

そして、両説とも、無償使用権の成立について、内縁関係の場合と法律婚の場合を区別しない点に特徴がある。

(3)　個別の事実関係に基づく意思解釈として、使用貸借契約や無償使用の合意の成立を認定し得ることはともかく[16]、内縁の夫婦間に一般にそのような合意が成立しているとみるのは、困難である。平成10年判例については、内縁の妻が建物について共有持分権を有していた事案についての判断であり、共有者の内部関係として、被相続人と内縁の妻の間の合意がどのようなものであったかを解釈したものであるから、被相続人単独所有の家屋に内縁の配偶者が居住していた場合についてまで一般化できない[17]。前掲平成23年名古屋地判〔28173993〕も、念のため、無償使用の合意が認められなかった場合に備え、権利濫用の抗弁を認定している。

　亡夫と先妻の実子又は養子、亡夫の実親などと内縁の妻との間の関係を、事実上の拡大された親子関係ないし親族関係と表現するとしても、それを使用貸借契約の成立の基盤となるものとまで評価できるかも問題である。実際に訴訟にまでなる案件においては、玉田説のいう「両者の関係が決定的に破壊」されている場合の方が多いのではないかと思われる。前掲平成22年大阪高判〔28172535〕では、相続人が、内縁の妻に対し、自分の母や自分から内縁の夫を奪った存在として、強い敵意や反感を抱いていたことが認定されている。

(4)　また、内縁の夫婦間に一般に終身の使用貸借契約や無償使用の合意の成立を認めるのは、現在の法体系や判例との整合性にも問題がある。借家人である内縁の配偶者が死亡したときに、生存配偶者が借家権を承継するのは、

16　前掲平成22年大阪高判〔28172535〕では、内縁の夫が相続人をわざわざ呼び出し、内縁の妻もいる前で、自分にもしものことがあれば内縁の妻を自己所有家屋に死ぬまで住まわせるよう申し渡した事実が認定されている。

17　以上につき、長屋文裕「借家権の承継」渋川満ほか編著『現代裁判法大系(3)借地借家』新日本法規出版（1999年）304頁、金亮完「判批」速報判例解説〈11〉（2012年）107頁。

死亡配偶者に法定相続人がいない場合に限られている（借地借家法36条1項）。最三小判平成8・12・17民集50巻10号2778頁〔28020118〕は、相続人の1人が被相続人の許諾を得て被相続人所有の建物に同居していた場合には、特段の事情のない限り、被相続人とその相続人との間で、相続開始時を始期とし、遺産分割時を終期とする使用貸借契約が成立したものと推認されると判示しているところ、内縁の配偶者に終身の無償使用権を認めることは、内縁の配偶者を法定相続人より優遇することにならないかという疑問もある[18]。平成28年7月に発表された民法（相続関係）等の改正に関する中間試案では、立法的課題として、生存配偶者（法律婚の配偶者）が遺産である建物に居住していた場合、短期使用権及び長期使用権を認めることの可否が挙げられているが、その要件、長期居住権を認めた場合の遺産分割手続上の財産的評価、対抗要件の内容、必要費・有益費の負担関係等が詳細に検討されており、内縁の夫死亡後に、寡婦に一般的に使用権を認めるとすれば、このような多様な利害関係の調整を経た立法的解決によることが不可欠ではないかと思われる。

　権利濫用論による判断は、契約関係の成立を前提とした解約ないし解除に相当する事由の存否の判断と基本的に異ならないとの指摘[19]は傾聴すべきものがあるが、それは、無償使用権を認めることによる解決が、権利濫用論に比べ、明確性においても妥当性においても決定的な優位を有するものではないことも意味するのであって、そうであるとすれば、現行法の体系により整合的な権利濫用の抗弁による解決が図られるべき場合は、なお多いものと思われる。

18　常岡史子「判批」判例評論633号（判例時報2123号）（2011年）164頁。
19　前掲岡本161頁。

6 権利濫用論により明渡請求が排斥された場合、内縁の配偶者は賃料相当の損害金ないし不当利得金を支払わなければならないか

相続人からの明渡請求が権利濫用として許されない場合でも、内縁の配偶者は占有権原を有するわけではないので、当然には賃料相当の損害金ないし不当利得金の支払を免れないことは争いがない[20]。実質的にみても、内縁の配偶者が対象建物を無償で使用できるとすれば、相続人は、建物を相続しながら、これを使用することもできず、公租公課を負担し続けるということになり、公平を欠く。内縁の配偶者は、原則として、前記支払義務を負うと解すべきである[21]。

もっとも、賃料相当額が高額になる場合は、内縁の妻に対する保護とはならないという批判があり、また、下級審裁判例において、明渡請求を権利濫用で排斥する場合、所有者が併せて請求する賃料相当の損害金請求や不当利得返還請求も（必ずしも明確に理由付けもせずに）排斥する傾向があることも指摘されている[22]。

この点、明渡請求を権利濫用として棄却する場合も、賃料相当の損害賠償請求ないしは不当利得返還請求の成否については別個に審理・判断されるべきものと思われる。もちろん、その結果、事案によっては、これらの金銭請求の一部又は全部が権利濫用とされることはあり得よう。賃料相当額の一部の請求を認容するにとどめる場合に、妥当な損害金ないし不当利得の額を定

---

20 前掲平成22年大阪高判〔28172535〕の判例時報のコメントは、この点が、同判決が権利濫用構成でなく使用貸借契約構成を採った理由であると指摘する。
21 前掲加藤237頁、前掲長屋316頁、和根崎直樹「居住用建物の賃貸借の承継」塩崎勤＝中野哲弘編『新・裁判実務大系(6)借地借家訴訟法』青林書院（2000年）226頁。
22 前掲岡本163頁。同164頁が、原告の請求が明渡時までの損害金にとどまっているケースについては、予備的に損害金のみの請求をすると、明渡請求が権利濫用になることを前提とすることになり、明渡請求の根拠を薄弱にするおそれがあるからではないかと分析しているのは、鋭い指摘である。4(2)の平成10年判例の先行訴訟における原告の請求は、事実関係が必ずしも明らかではないものの、明渡請求が権利濫用論により排斥されても、賃料相当額の損害金請求や不当利得返還請求が許されることがあり得ることを意識したとみられる珍しい事案である。

めるについては、居住権における賃料の算定について、法定地上権の地代の定め方に関する民法388条後段の趣旨を参酌する前掲鈴木79頁の考え方も参考となろう。

(本吉　弘行)

◆参考文献

本文中に掲げたもののほか

・吉田欣子「内縁関係と居住権」篠田省二編『現代民事裁判の課題(6)借地・借家区分所有』新日本法規出版（1990年）127頁
・二宮周平「内縁」星野英一ほか編『民法講座(7)親族・相続』有斐閣（1984年）55頁
・中川忠晃「判批」月報司法書士477号（2012年）61頁

2　子の監護費用の分担の求め

設例 8　離婚後の子の監護費用の分担を妻から夫に対して求めることが、権利の濫用に当たり許されないことがあるか。あるとすればどのような場合か。

　例えば、その子は、夫との間に法律上の親子関係はあるが、妻において婚姻中に夫以外の男性との間にもうけた子であったという事実の下、①妻が、そのことを知ったのに、夫に告げなかったため、夫は、当該子との親子関係を否定する法的手段を失った、②夫は、婚姻中、相当に高額な生活費を妻に交付するなどして、当該子の養育・監護のための費用を十分に分担してきたといった事情がある一方、③離婚後の当該子の監護費用を専ら妻において分担することができないような事情はうかがわれない場合については、どのように考えられるか。

Basic Information

1　民法は、子が嫡出子であることを証明するために、772条に推定規定を置く一方、その推定については、夫のみが、嫡出否認の訴えにより争うことができ、嫡出否認の訴えは、夫が子の出生を知った時から1年以内に提起しなければならないとされる（民法774、777条）。

　その結果、子との間に自然的親子関係（以下、「生物学上の親子関係」、「生物学的親子関係」ということがある。）が存在しない場合において、夫からその子との親子関係を否定する法的手段がなくなる事態が生じ得る。

2　父母は親権の有無にかかわらず子（未成年者）に対して生活保持義務を負う。両親の離婚後、子の監護親は、非監護親に対して、子の監護に関する処分として監護費用を請求することができ、また、子は、非監護親に対して、自ら扶養請求をすることもできる。設例は前者の場合である。

3 判例においては、一定の事実関係の下では、監護親から非監護親への離婚後の監護費用の分担請求が、権利の濫用として許されないことがある。

◆設例に対する回答

1 判例で展開されてきた権利濫用の法理は、客観的要素（当事者間の利益状況の比較）と主観的要素（害意）の両方の視点から行われ、戦後の判例は、権利の行使によって生ずる権利者個人の利益と相手方又は社会全体に及ぼす害悪との比較衡量という客観的な判断基準を重視する傾向を示しているとする指摘があり、客観的利益衡量を重視することについては批判があるところである。

2 判例上、離婚後の監護費用の分担を求めることが、権利の濫用に当たり許されないとされることがある。最二小判平成23・3・18判時2115号55頁〔28170957〕は、一定の事実関係のもので、元妻からの監護費用の分担請求については、権利の濫用に該当し許されないとした。事実関係については、「◆解説　3　養育費分担請求の権利濫用該当性」を参照。

3 判例の考え方に照らすと、設例の①～③の各事情がいずれも認められるような事案であれば、監護費用の分担請求は権利の濫用として許されないことになると解される。

◆解　説

1　嫡出子と生物学上の親子関係の有無

(1) 嫡出推定制度

民法772条1項は、妻が婚姻中に懐胎した子は、夫の子と推定するとし、同条2項は、婚姻の成立の日から200日を経過した後又は婚姻の解消若しくは取消しの日から300日以内に生まれた子は、婚姻中に懐胎したものと推定する。他方、民法774条は、夫だけが、嫡出否認の訴えにより、前記の子の嫡出推定を覆して父子関係を否定できるとし（なお、夫が死亡した場合の提訴権者については、人事訴訟法41条1項参照）、嫡出否認の訴えの出訴期間

についても、夫が子の出生を知った時から1年以内として、厳格に限定している（民法777条）。

　提訴期間については、夫が子の出生を知ったときから1年以上が経過した後にその子が別の男性の子であることが判明したような場合、夫が嫡出否認の訴えを提起できないのは不都合であるとして、「子の出生を知った時」を「子が自分の子ではないことを知った時」あるいは「否認すべき子の出生を知った時」とする解釈論も主張されているが、多数説は文言どおり「子の出生を知った時」と解している。

　以上のような内容を持つ嫡出推定制度の趣旨は、夫婦間の秘事の公開を避け、家庭の平和を維持し、また、父子関係を早期に安定させようとするものであると説明されている。

(2)　**嫡出推定の及ばない子**

　嫡出推定制度は、前記のとおり提訴権者及び提訴期間が厳格に制限されており、その結果、不都合な事態が生ずることがある。

　そこで、形式的には民法772条2項の期間内に出生した場合について、一定の要件の下に、嫡出推定が及ばないとして親子関係不存在確認の訴えにより父子関係の存否を争うことが認められている。

　どのような場合に嫡出推定が及ばないかについては、次のように見解が分かれている。

ア　外観説

　夫の不在や事実上の離婚など、懐胎時に同棲が欠如しており、外観上、懐胎が不可能であることが明らかな場合に限り、嫡出推定が及ばないとする見解であり、判例はこの見解に立つとされている[1]。

　この点について、前掲平成12年最判〔28050541〕は、民法772条2項所定の期間内に妻が出産した子であっても、妻がその子を懐胎すべき時期に既に夫婦が事実上の離婚をして夫婦の実体が失われ、又は遠隔地に居住して、

1　最二小判平成10・8・31判時1655号112頁〔28032473〕、最三小判平成12・3・14判時1708号106頁〔28050541〕。

夫婦間に性的関係を持つ機会がなかったことが明らかであるなどの事情が存在する場合には、その子は実質的に同条の推定を受けない旨判示している。
イ　血縁説
　科学的、客観的に父子関係の不存在が証明された場合には、広く嫡出推定が及ばないとする見解である。
ウ　家庭破壊説
　夫婦関係が継続している間は嫡出推定が及ぶが、家庭が破壊された後は血縁説に立って推定が及ばなくなるとする見解である。
エ　新家庭形成説
　家庭の平和が失われていることに加え、子について既に新家庭が形成されていることなどを要件とする見解である。
オ　合意説
　子と母とその夫がその旨の合意した場合には、嫡出推定が及ばないとする見解である。家庭裁判所においては、父子関係がないことについて当事者が合意した場合に、合意に相当する審判がされることがある（家事事件手続法277条）。この運用は合意説と親和的である。

(3) **生物学的親子関係が存在しない場合**
　DNA鑑定で生物学的親子関係が存在しないことが科学的に証明されたケースにおいて、懐胎時には事実上の離婚にまでは至っていないような場合については、前記の外観説に立てば嫡出推定が及び、他方、血縁説に立てば、嫡出推定は及ばないという帰結になる。
　最一小判平成26・7・17判時2235号21頁〔28223054〕は、妻Aその夫Yの婚姻中に懐胎した子Xが原告となって、Yを被告として提起した親子関係不存在確認訴訟において（なお、訴訟提起時において、既にAとYは、Xの親権者をYとして協議離婚し、AはXの生物学上の父親であるBと婚姻し、XはBと養子縁組をし、A及びBとともに生活をしている。）、次のように判断して、本件訴えを却下した。
　「夫と民法722条により嫡出の推定を受ける子との間に生物学上の父子関

係が認められないことが科学的証拠により明らかであり、かつ、夫と妻が既に離婚して別居し、子が親権者である妻の下で監護されているという事情があっても、親子関係不存在確認の訴えをもって父子関係の存否を争うことはできない。」

この判決は、生物学上の父子関係が科学的証拠により明白に認められない場合についても、前掲平成12年最判〔28050541〕の判断枠組みにより、嫡出推定が及ぶと判断し、血縁説を採用しないことを明示するとともに、新家庭形成説的な考え方も採らないことを示したものとされる。

(4) 検　討

後に検討するように、監護費用の分担請求の権利濫用該当性の判断に当たり、生物学的親子関係の不存在という事実は、重要な判断要素になると解する余地がある。その点についての判断における対立利益の状況は、嫡出推定の及ばない子の範囲を確定する際のそれと類似する。

外観説は、父子関係の早期安定による子の利益の保護という観点からすると、妥当な見解であるといえ、多くの事案において、適切な解決がもたらされる。しかしながら、生物学的親子関係が存在しない場合のうち一定の範囲のケースについて、親子関係を否定すべきであるとする、血縁説、家庭破壊説及び新家庭形成説の基礎にある考え方にも相応の合理性が認められる。

2　養育費分担の構造

(1)　婚姻関係が存続している場合

ア　婚姻費用の請求

(ア)　婚姻費用の分担

養育費（監護費用）とは子（未成熟子）の養育に関する費用である（なお、未成熟子とは、経済的に独立して自己の生活費を獲得することが期待できない子をいう。）。

民法760条は、夫婦は、その資産、収入その他一切の事情を考慮して、婚姻から生ずる費用を分担する旨規定する。ここで「婚姻から生ずる費用（婚

姻費用）」とは、夫婦及び未成熟子を含む婚姻共同生活を営むうえで必要な一切の費用を指し、未成熟子の養育費などを含むとされる。

したがって、婚姻関係にある夫婦においては、養育費は、婚姻費用のうちの一内容として位置付けられることになる。

夫婦が同居して未成熟子と生活している場合や、夫婦が別居していても、夫婦関係の円満が維持されている場合は、日常の家計の中から婚姻費用（養育費をその中に含む。）がやりくりされることが通常であり、養育費の分担方法が問題となることは少ない。

しかしながら、夫婦が別居し、円満な夫婦関係が維持されていないような場合には、この問題が顕在化する。

婚姻費用の分担については、当事者の協議により定められるのが原則であるが、協議が調わない場合には、家庭裁判所による審判又は調停により決められることになる（家事事件手続法別表第二の二の項）。

(イ) 婚姻費用の算定

婚姻費用の算定については、生活保持義務（自己と同一水準の生活を相手に保障すべき義務）を負うことを前提にする簡易な算定方法[2]により具体的な金額が算定される場合が多い。

(ウ) 有責性の評価

婚姻費用の分担義務者（婚姻費用算定の結果、一方当事者に対して支払義務を負う者）に別居についての責任がある場合、婚姻関係が事実上破綻していたとしても、分担義務者は、婚姻費用分担義務を負う。

それでは、分担権利者に別居についての責任がある場合はどうか。

東京高決昭和58・12・16判時1102号66頁〔27490499〕は、婚姻が事実上破綻して別居生活に入ったとしても、離婚しない限りは夫婦は互いに婚姻費用分担の義務があるとしつつ、分担権利者が別居を強行し、同居生活回復の努力を全く行わなかったような事案において、自分自身の生活費にあたる

---

2 東京・大阪養育費等研究会「簡易迅速な養育費等の算定を目指して―養育費・婚姻費用の算定方式と算定表の提案」判例タイムズ1111号（2003年）285頁参照。

分についての婚姻費用分担請求は、権利の濫用として許されないとした。もっとも、分担権利者と同居する子の監護費用（養育費）を婚姻費用の分担として請求することは許されるとした。この点については、子の養育等に向けた費用は、親によって負担されるべきものであり、両親の相互の関係によって、それが制約されたり、否定されるようなものではないと指摘されている。

イ　子による扶養請求

　子は、自らが当事者となって親に対して扶養請求をすることも可能であり、この請求と、前記アの監護費用の請求は併立するものと解されている[3]。

(2)　婚姻関係が終了している場合

ア　子の監護に関する処分としての養育費（監護費用）の請求

　民法766条1項は、父母が協議上の離婚をするときは、子の監護に要する費用の分担を協議で定める旨規定し、同条2項は、協議が調わないとき又は協議をすることができないときは、家庭裁判所がこれを定める旨規定する、また、同条3項は、家庭裁判所は、必要があると認めるときは、その定めを変更することができるとする（家事事件手続法別表第二の三の項）。

　父母は親権の有無にかかわらず未成熟子に対して、扶養義務（生活保持義務）を負う。

　子は、民法766条2項、3項の子の監護に関する処分事件の申立て（家事事件手続法別表第二の三の項）により、非監護親に対して、養育費（監護費用）の分担を請求することができる。

　養育費の算定は、前記の婚姻費用と同様に簡易な算定方法（前記「(1)婚姻関係が存続している場合　ア(イ)婚姻費用の算定」参照）により具体的な金額が算定される場合が多い。

　有責性の評価については、「3　養育費分担請求の権利濫用該当性」において検討する。

3　沼邊愛一「未成熟子の養育費の請求の方法」沼邊愛一ほか編『家事審判事件の研究(1)』一粒社（1988年）243頁。

イ　子による扶養請求

　子は、自らが当事者となって親に対して扶養請求をすることも可能であり、この請求と、前記アの子の監護に関する処分としての養育費（監護費用）の請求は併立するものと解されている。

3　養育費分担請求の権利濫用該当性
(1)　前掲平成23年最判〔28170957〕
ア　事実関係

　Xは、Yとの婚姻期間中に、Y以外の男性と関係を持ち、Aを出産した。Xは、その約2か月後に、YとAとの間に自然的血縁関係がないことを知ったにもかかわらず、Yにこれを告げず、Yはこれを出産から約7年後に知った。なお、XとYの間には、他に子B、Cがあり、XはA、B、Cを監護している。

　Yは、Xに対して、Yの口座から生活費を支出することを許容し、婚姻関係破綻前の約4年間、Xに対して、月額約150万円の生活費を交付してその生活費を負担し、婚姻関係破綻後は、Yに対し、離婚までの婚姻費用として月額55万円のXへの支払を命ずる審判が確定した。Yが提起したAとの親子関係不存在確認の訴えは却下された。

　Yは、離婚及び離婚慰謝料を求める本訴を提起し、Xは、離婚及び養育費の支払等を求める反訴を提起し、これらの訴訟の上告審判決が前掲平成23年最判〔28170957〕である。XはYとの離婚に伴い、相当多額の財産分与を受けることになり、離婚後のAの監護費用を専らYにおいて分担することができないような事情はうかがわれない。

イ　判　断

　前記アの事実関係のもと、前掲平成23年最判〔28170957〕は、次のとおり判断示した。

　「以上の事情を総合考慮すると、XがYに対し離婚後のAの監護費用の分担を求めることは、監護費用の分担につき判断するに当たっては子の福祉

に十分配慮すべきであることを考慮してもなお、権利の濫用に当たるというべきである。」

(2) 判断要素の検討

　Xの監護費用分担請求が権利の濫用であると判断された際に、その判断に重要な意味を持ったと考えられる事情の位置付けについて以下検討する。

ア　生物学的親子関係の不存在

　これは、XがYとの婚姻期間中にY以外の男性と関係を持ったことに起因する法律状態である。これは権利濫用該当性を肯定する場合において、前提となる事情というべきである。

イ　Yによる親子関係否定の方法の途絶

　Yが親子関係を否定するための法的手段に訴えることができるのであれば、Yとしては、それを利用すべきであり、利用可能であったのに利用を怠ったなら、利用できなくなったことによる不利益についてYが甘受すべきであるし、一方、やむを得ない事情により利用できなくなったのであれば、その点を斟酌する余地はある。したがって、親子関係否定の法的手段の途絶は、前記アの生物学的（自然的）親子関係の不存在と並んで、権利濫用該当性を肯定する場合において前提となる事情というべきであり、法的手段を利用できなくなった経緯については、Xに何らかの与因が認められるような場合においては、その点を考慮すべきである。

(ア)　嫡出否認訴訟（提訴期間経過の事情）

　Xは、Aを分娩して約2か月後に、自然的親子関係不存在の事実を知ったが、それをYに伝えず、Xは、嫡出否認の訴えの提訴期間を徒過したために、嫡出否認訴訟を提起できなくなっている。

　Xが、自然的親子関係不存在の事実をYに伝えなかった点は、Yが嫡出否認訴訟の手段に訴えるのを困難にした点において、Xにとって不利な事情として考慮され得る。

(イ)　親子関係不存在確認訴訟

　仮に、XがYと事実上の離婚状態にある場合において他の男性と関係を

持ったようなケースであれば、後日、Yが親子関係不存在確認訴訟を提起した際に、Aが嫡出推定の及ばない子であると判断され、請求が認容される可能性がある。しかしながら、前記のとおり、本件においては離婚状態という事情はなく、正常な婚姻期間中にXは他の男性と関係を持っているから、外観説に立つ限り、親子関係不存在確認訴訟による親子関係否定の途は閉ざされている。Xが、事実上の離婚状態等ではなく、婚姻関係存続中に関係を持った点については、Xにとって不利な事情として考慮され得る。

以上のとおり、Yが法的手段を利用できなくなったことについて、Xには与因が認められ、この点は、婚姻費用分担請求に際し、少なくともXとの関係においては考慮要素となると解される。子との関係においてどう考えるべきかについては、後に検討する。

ウ　Yによる子の養育費の給付（離婚前の給付）

(ア)　本件における給付の状況

Yは通帳等をXに預けて口座から生活費を支出することを許容し、婚姻関係破綻前の約4年間は、Xに対して月額約150万円の生活費を交付し、また、婚姻関係破綻後は月額55万円の婚姻費用の支払を命ずる審判が確定している。

最判は、これらの給付状況を踏まえて、YはこれまでにAの養育・監護のために費用を十分に分担してきたと認め、そのうえで、YがAとの親子関係を否定できなくなった経緯に照らせば、Yに離婚後もAの監護費用を分担させることは、過大な負担を課するものであると判示した。

A及びその兄弟の就学状況及び成育状況、X及びAらの居住状況等の詳細は明らかではないが、Aが平成10年生まれ、Aの兄が平成8年生まれ、Aの弟が平成11年生まれであることを考慮すると、前記の月額150万円の生活費及び月額55万円の婚姻費用の各給付は、同種の多くの事案に比べるとかなり高額である。

(イ)　離婚前の給付の離婚後の監護費用への影響（配偶者との関係）

離婚前の給付が離婚後の監護費用の分担に影響を及ぼし得るか、及ぼすと

するとどのような態様で影響を及ぼすかは、検討を要する問題である。

一般的に、婚姻費用（その中に養育費も含まれる。）の算定は、夫と妻の収入状況を基礎として、子の年齢を考慮しつつ、特別な事情がある場合はそれを斟酌しながら算定されることが多い。そして、算定の基礎となる事情の変動が審判時に予想される場合には、それを織り込んで審判がされることが多いし、審判後に当初想定していない基礎事情の変動があったような場合は、事情の変更があったとして婚姻費用を増減する内容の変更の審判がされる。

以上のような婚姻費用算定の仕組みを考慮すると、離婚前の婚姻費用のうちの養育費部分の交付が離婚後の養育費の算定に影響を及ぼす事態は、一般論としては想定しにくい。

しかしながら、婚姻費用は、一般的には、夫と妻の収入から必要費等を控除した後の金額について、夫、妻、その子らについて定型化された指数（生活算定指数）を用いて割り付けるという方法により算定されるものであり、その金額が高額になってくると、必要費の控除において一定の調整はされるものの、そこで算定される金額と実際の生活に必要な金額との乖離は大きくなってくるという構造を有している。これは、自己と同一水準の生活を相手に保障すべき生活保持義務を前提に婚姻費用が算定されることからくる帰結である。

夫婦の一方が、相手方に関し自己と同一水準の生活を保障すべき義務について、相手方において帰責性（義務者がその義務から全面的に解放される利益を侵害されることについての帰責性）がある場合において、同義務が一定程度緩和されると考えることは、立場によっては（例えば、生活保持義務について疑問を呈する立場[4]）、扶養義務や婚姻費用の本質に反するとまではいえず、夫婦間の公平を図る観点から是認されるものである。

以上は、家事審判において定められる婚姻費用について妥当するものであるが、夫婦の間で任意に交付された金員（前記の最判の事案に即していえば

4　石井健吾「判批」ジュリスト302号（1964年）59頁。

月額150万円の交付）についても、当てはまるものということができる。
(ウ)　離婚前の給付の離婚後の監護費用への影響（子との関係）
　相手方配偶者の帰責性を子との間の関係において考慮することは正当化されるか。
　前記の「2　養育費分担の構造　(1)婚姻関係が存続している場合　ア(ウ)有責性の評価」において言及したように、この点については、子の養育等に向けた費用は、両親の相互の関係によって、制約、否定されるようなものではないという指摘がされており、基本的にこの指摘は正当である。前掲昭和58年東京高決〔27490499〕は、別居について有責な配偶者の自分自身の生活費に相当する部分の婚姻費用分担請求は否定しつつ、子の養育費相当分の請求を認めたのは、同様の発想に立つものであると解される。
　夫婦の関係の態様（一方配偶者の帰責性）が子の養育に必要な給付（養育費の支払額）に影響を及ぼすべきではないという命題は、その給付額が実際の養育に必要な金額を大きく超えるようなものでない場合にあっては、維持されるべきである。
　もっとも、給付額が子の養育に必要な金額を大きく超える場合に、常にそういえるかについては、検討を要する。
　まず、給付額の高額化に伴う算定額と実際の必要額との乖離の問題がある。この点については、前記のとおり、現在多く用いられている算定方法を用いる限り必然的に乖離が生ずると考えられる。
　しかし、婚姻費用、養育費の算定が、この乖離を構造的に孕んでいるからといって、一方配偶者の帰責性を子との関係において考慮することが正当化されるとは考えにくい。もっとも、乖離の程度が大きい場合に、義務負担の過酷性を考慮して、実際に必要な金額に向けシフトするという発想は許容される余地がある。
　次いで、子の養育費の目的外使用の排除の困難性が指摘され得る。婚姻費用は、一応、子の養育費とそれ以外の費用を区別して考えることができる（子の生活算定指数に対する算定金額が前者となる。）。もっとも、実際の生

活における必要費の内訳や支出の態様は、両者が混然としているわけであるし、給付を受ける配偶者において、子の養育費分を確実に子のために支出するという保障もない。前記「2　養育費分担の構造　(1)婚姻関係が存続している場合　ア(ウ)有責性の評価」の事例において、同配偶者の生活費相当分についての請求が否定されたとしても、その配偶者において子の養育費相当分の金額を自己のための支出に当てれば、結局のところ、しわ寄せが子に行くだけのことである。この点は、配偶者の生活費相当分についての請求を認めた場合も同じことである。要するに現実の支出態様の決定権を当該配偶者が握っている限り、その危険性は常につきまとうものであり、具体的な金額の算定に当たっては、正当に算定された金額は正当に支出されるはずであるという期待の下に、その算定作業を行わざるを得ない。したがって、目的外使用の排除の困難性も、また一方配偶者の帰責性を子との関係において考慮することを正当化しない。

　最後に、より根本的な事情として、子は、自然的親子関係が存在しない場合には、養育（費）を請求し得る立場（子であること）を否定される状況（嫡出否認訴訟等により親子関係が否定される状況）にあったことが指摘され得る。

　自然的親子関係が存在しない関係については、嫡出否認訴訟が適法に提起された場合、請求は認容され、親子関係は否定されることになる。この親子関係否定に至る過程において、子の帰責性の有無が問われることはない。

　このような子のもともとの立場を踏まえた場合、一方配偶者の帰責性（他方配偶者が親子関係を否定する法的手段を喪失することについての帰責性）を子との関係において考慮することの当否の判断は、嫡出推定制度のとらえ方に大きく規定される。

　前記のとおり、子は、その態度又は帰責性いかんにかかわらず（そもそも態度や帰責性を観念できない場合が多い。）、子としての地位を否定されかねない不安定な立場にある。だからこそ、早期に父子関係の安定を図り子の利益を保護しようとしたものが嫡出推定制度であり、一方で、早期安定の反面

として生ずる夫の利益（親子関係から解放される利益）の喪失は、夫において甘受すべきであるという理解に立つならば、一方配偶者の帰責性を子との関係において考慮することは許されないという結論につながりやすい。

一方、早期の父子関係の安定により子の利益保護を図るという嫡出推定制度の正当性は是認しつつも、その厳格な制度設計により損なわれる前記の夫の利益について、状況によっては回復が図られるべきであるという理解もあり得るところであり、その立場は、一方配偶者の帰責性（それは夫にとって酷な事態を惹起する。）を子との関係において考慮することを可能とする結論と結びつきやすい。

この点についての態度決定は、嫡出推定制度全般についての評価に関わるところである。

エ　Yによる子の養育費の給付（離婚時の給付）

Xは、Yとの離婚に伴い、相当多額の財産分与を受けることになる（第一審は財産分与として、Xが約1270万円相当の積極財産を取得する旨の判決をしている。）。

最判は、離婚後のAの監護費用を専らXにおいて分担することができないような事情はうかがわれないとしたうえで、離婚後の監護費用を専らXに負担させたとしても、子の福祉に反するとはいえないと判示した。

財産分与の法的性質については議論があり、少なくとも夫婦の財産関係の清算と一方配偶者の扶養の要素を有すると解されるが、本件において、裁判所が財産分与を命じた際に、扶養としての要素をどのように考慮したのかは明らかでない。

オ　婚姻関係破綻の原因

最判の事案において、婚姻関係の破綻は、YがX以外の女性と関係を持ったことなどが原因となっている。

監護費用分担請求の権利濫用該当性の判断において、婚姻関係破綻の有責性及びその前段階としての別居についての有責性は、重要な判断要素になると解される。

4 まとめ

　監護費用分担請求の権利濫用該当性の判断においては、嫡出推定制度のとらえ方が重要な意味を有しており、嫡出推定制度の基本構造を理解することが重要である。そして、同制度の厳格性を批判する意見やその厳格性を緩和するための解釈論の中には、権利濫用該当性を肯定する方法のヒントが多く含まれている。権利濫用の主張を構成するに当たっては、それらの意見や解釈論を踏まえたうえで、事実関係を丹念に追うことが有効である。

（古谷　恭一郎）

◆参考文献

- 石井健吾「身分法研究〔第15回〕」ジュリスト302号（1964年）58頁
- 深谷松男「未成熟子扶養請求の準拠規定と法的方式」判例タイムズ550号（1985年）60頁
- 沼邊愛一「未成熟子の養育費の請求の方法」沼邊愛一ほか編『家事審判事件の研究(1)』一粒社（1988年）243頁
- 棚村政行・私法判例リマークスno.45（2012年）54頁
- 犬伏由子「妻が、法律上の親子関係はあるが自然血縁関係はない夫に対し、離婚後の子の監護費用分担を求めることは権利の濫用に当たるとされた事例」速報判例解説(10)（2012年）95頁
- 常岡史子「法律上の父に対する子の監護費用分担請求と権利の濫用」民商法雑誌145巻2号（2011年）115頁
- 竹村壮太郎「監護親からの監護費用請求が権利濫用にあたるとされた事例」上智法学論集57巻1・2号（2013年）207頁
- 梅澤彩「法律上の父に対する監護費用の分担請求と権利の濫用」法律時報85巻2号（2013年）126頁
- 村重慶一「判批」戸籍時報681号（2012年）62頁
- 中川淳「判批」戸籍時報690号（2012年）90頁
- 高橋朋子「判批」ジュリスト1440号（2012年）86頁
- 幡野弘樹「判批」法学教室判例セレクト2011(1)（2012年）23頁
- 窪田充見『家族法〈第2版〉』有斐閣（2013年）69頁
- 飛澤知行「時の判例」ジュリスト1474号（2014年）112頁

3 親子関係不存在の主張

設例9 戸籍上の父母とその嫡出子として記載されている者との間の実親子関係について父母の子が不存在確認請求をすることが権利の濫用に当たり許されないとされることがあるか。あるとすればそれはどのような場合か。

例えば、戸籍上 AB 夫婦の嫡出子として記載されている Y が同夫婦の実子ではない場合において、Y と同夫婦との間に約 55 年間にわたり実親子と同様の生活の実体がある一方、同夫婦の長女 X において、Y が同夫婦の実子であることを否定し、実親子関係不存在確認を求める本件訴訟を提起したのは、同夫婦の遺産を承継した二女 C が死亡しその相続が問題となってからであること、判決をもって実親子関係の不存在が確定されると Y が軽視し得ない精神的苦痛及び経済的不利益を受ける可能性が高いこと、同夫婦は Y との間で嫡出子としての関係を維持したいと望んでいたことが推認されるのに、同夫婦は死亡しており、Y が養子縁組をして嫡出子としての身分を取得することは不可能であること、X が実親子関係を否定するに至った動機が合理的なものとはいえないことなどの事情があるといった場合につきどのように考えられるか。

Basic Information

1 実親子関係(民法第4編・親族、第3章・親子、第1節・実子)のうち、父子関係は、婚姻中に妻が懐胎した子は夫の子と推定されるが(民法 772 条参照)、推定されない嫡出子や嫡出推定の及ばない子の問題等がある。また、婚姻外の子は、父が認知することによって父子関係が発生する(民法 779 条参照)。実親子関係のうち、母子関係は、婚姻中の子及び婚姻外の子のいずれについても、懐胎、分娩の事実によって発生する[1]。

2　実親子関係の存否の確認の訴えは、実親子関係訴訟の1類型であり（人事訴訟法2条2号参照）、当該実親子関係における親又は子だけでなく、確認の利益を有する第三者も原告となり得る。また、判決には、対世的効力がある（人事訴訟法24条参照）。

3　親子関係を否認することについて、どのような事情が備わったときに、権利の濫用に当たり許されないとされるかについては、親子関係を規律する制度や、実親子関係訴訟の特質等も考慮し、具体的事案に則して検討することになる。

◆設例に対する回答

1　戸籍上の父母とその嫡出子として記載されている者との間の実親子関係の不存在確認を請求することが、権利の濫用に当たり許されないとされることはある。

2　設例の事案に則していえば、設例のような事情（Y と AB 夫婦との間で長期間にわたり実親子と同様の生活の実体があったこと、同夫婦が既に死亡しており Y が同夫婦との間で養子縁組をすることがもはや不可能であること、Y が受ける精神的苦痛・経済的不利益、X が前記実親子関係を否定するに至った動機・目的等）の下においては、X が同夫婦と Y との間の実親子関係不存在確認請求をすることが権利の濫用に当たるとされる可能性がある。

◆解　説

1　実親子関係の意義

(1) 嫡出推定

実親子関係（民法第4編・親族、第3章・親子、第1節・実子）のうち、父子関係については、婚姻中に妻が懐胎した子は夫の子と推定され（民法772条1項）、婚姻の成立の日から200日を経過した後又は婚姻の解消若し

1　最二小判昭和37・4・27民集16巻7号1247頁〔27002141〕参照。

くは取消しの日から 300 日以内に生まれた子は、婚姻中に懐胎したものと推定される（同条 2 項）。

そして、嫡出の推定を受ける子について、嫡出性を否認するには、子又は親権を行う母に対する嫡出否認の訴えを提起する必要があるが（民法 775 条）、この訴えを提起し得るのは、推定を受ける子が懐胎されたときの夫のみであり（民法 774 条）、夫が子の出生を知った時から 1 年以内に提起しなければならないとされる（民法 777 条。なお、夫が成年被後見人であるときの起算点は、民法 778 条。）。この訴えを提起しなければ、嫡出性が確定することになるが、このように、妻の生んだ子と夫との間に法的父子関係を発生させ、それを覆す場合を限定することにより、父子関係を早期に安定的に確立する趣旨[2]、加えて、家庭の平和を維持し家庭内の事情を公にすることを防ぐ趣旨であるとされる[3]。

(2) 推定されない嫡出子

婚姻の成立の日から 200 日以内に生まれた子は、民法 772 条の規定による嫡出推定は適用されない。しかし、判例は、内縁関係の継続中に内縁の妻が内縁の夫によって懐胎し、その内縁の夫妻が適式に法律上の婚姻をした後に出生した子は、特に父母の認知の手続を要することなく、出生と同時に当然に父母の嫡出子たる身分を有するものとしたため[4]、前記の場合も。戸籍実務上、嫡出子として扱われ、「推定されない嫡出子」などと呼ばれる。

そして、前記の場合、婚姻の成立の日から 200 日以内に生まれたために民法 772 条の規定による嫡出推定は適用されないため、その父子関係を否定するには、親子関係不存在確認の訴えによることを要するとされる[5]。

---

2 松川正毅＝窪田充見編『新基本法コンメンタール　親族』日本評論社（2015 年）〔水野紀子〕129 頁。
3 梶村太市ほか『家族法実務講義』有斐閣（2013 年）208 頁。
4 大判昭和 15・1・23 民集 19 巻 54 頁〔27500186〕。
5 大判昭和 15・9・20 民集 19 巻 1596 頁〔27500251〕。

(3) 推定の及ばない子

ア　婚姻の成立の日から200日を経過した後又は婚姻の解消若しくは取消しの日から300日以内に生まれた子は、民法772条の規定による嫡出推定が適用されることとなるが、例えば、懐胎時において既に夫婦が別居し、婚姻の実態が失われているなどの一定の場合には、嫡出の推定を受けないものと解すべきとされ、「推定の及ばない子」などと呼ばれる。そして、前記の場合には、嫡出否認を待つまでもなく、親子関係不存在確認請求によって父子関係を否定することができるとされる[6]。

イ　どのような場合に「推定の及ばない子」となるかについて、学説は、「家庭の平和」と「科学的親子関係」のどちらを重視するかによって、外観説（夫の出征、外国滞在、収監又は事実上の離婚など夫の子を懐胎しないことが外観上明白な場合に推定が及ばないとする見解）、血縁説（科学的に親子関係が存在しないことが明らかとなった場合に推定が及ばないとする見解）、家庭破綻説（血縁上の親子関係が存在せず、かつ家庭が破綻している場合に推定が及ばないなどとする見解）、同意説（子、母及び夫の三者の合意がある場合に推定が及ばないとする見解）などがある[7]。

　判例は、外観説を採用している。判例は、①「母とその夫とが、離婚の届出に先立ち約2年半以前から事実上の離婚をして別居し、全く交渉を絶って、夫婦の実態が失われていた」場合（前掲昭和44年最判〔27000814〕）、②「B女が甲を懐胎した時期にはA男は出征中であってB女がA男の子を懐胎することが不可能であった」場合（最二小判平成10・8・31判時1655号128頁〔28032540〕）などには、民法772条による嫡出推定を受けないとするが、③「夫と妻との婚姻関係が終了してその家庭が崩壊しているとの事情が存在することの一事をもって、夫が、民法772条により嫡出の推定を受ける子に

---

[6] なお、最一小判昭和44・5・29民集23巻6号1064頁〔27000814〕は、嫡出否認を待つまでもなく、認知の請求ができるとしている。

[7] 中川善之助＝米倉明編『新版注釈民法(23)親族(3)親子(1)実子』有斐閣（2004年）173-177頁参照。

対して、親子関係不存在確認の訴えを提起することは許されない」（最三小判平成12・3・14判時1708号106頁〔28050541〕）とする。

そして、近時の判例も、④「生物学上の父子関係が認められないことが科学的証拠により明らかであり、かつ、夫と妻が既に離婚して別居し、子が親権者である妻の下で監護されているという事情」がある場合（最一小判平成26・7・17民集68巻6号547頁〔28223056〕）や、⑤「生物学上の父子関係が認められないことが科学的証拠により明らかであり、かつ、子が、現時点において……妻及び生物学上の父の下で順調に成長しているという事情」がある場合（最一小判平成26・7・17判時2235号21頁〔28223054〕）でも、親子関係不存在確認の訴えをもって父子関係の存否を争うことはできないなどとする。前記のうち、④の平成26年最判〔28223056〕は、戸籍上Yの嫡出子とされているXがYに対して提起した親子関係不存在確認の訴えの事案であるが、前記の事情が存在するからといって、民法772条による嫡出の推定が及ばなくなるものとはいえないとし、「もっとも、……妻がその子を懐胎すべき時期に、既に夫婦が事実上の離婚をして夫婦の実態が失われ、又は遠隔地に居住して、夫婦間に性的関係を持つ機会がなかったことが明らかであるなどの事情が存在する場合には、上記子は実質的には同条の推定を受けない嫡出子に当たるということができるから、同法774条以下の規定にかかわらず、親子関係不存在確認の訴えをもって夫と上記子との間の父子関係の存否を争うことができると解するのが相当である」が、同事案では、前記のような事情は認められず、他に本件訴えの適法性を肯定すべき事情も認められないなどとして、本件訴えを却下すべきものとした。

さらに、判例は、⑥性同一性障害者の性別の取扱いの特例に関する法律の規定に基づき「男性への性別の取扱いの変更の審判を受けた者の妻が婚姻中に懐胎した子は、民法772条の規定により夫の子と推定されるのであり、夫が妻との性的関係の結果もうけた子であり得ないことを理由に実質的に同条の推定を受けないということはできない」（最三小決平成25・12・10民集67巻9号1847頁〔28214169〕）などとしている。

なお、少し観点は異なるが、女性の再婚禁止期間は、前婚と再婚後の嫡出推定の適用が重ならないよう規定されているものであるところ、平成28年法律第71号による改正前の民法733条1項では、女性は、前婚の解消又は取消しの日から起算して「6箇月」経過した後でなければ再婚をすることができないと規定されていた。しかし、判例[8]は、前記規定のうち100日を超えて再婚禁止期間を設ける部分は、平成20年当時において、憲法14条1項、24条2項に違反するに至っていたと判断したことから、前記の法改正がされ、再婚禁止期間は100日とされた。

(4) **婚姻外の子の父子関係**

　実親子関係のうち、婚姻外の子の父子関係は、父が認知することによって発生する（民法779条以下参照）。そして、認知が真実に反する場合などには、認知無効の訴えにより父子関係を否定することができ（民法786条参照）、胎児認知で母の承諾を欠く場合などには（民法782、783条参照）、認知取消しの訴えができるとされる。

(5) **母子関係**

　実親子関係のうち、母子関係は、婚姻中の子及び婚姻外の子のいずれについても、懐胎、分娩の事実によって発生する。そして、母子関係の存否については、親子関係存否確認の訴えを提起することができるとされる。

　判例は、「母とその非嫡出子との間の親子関係は、原則として、母の認知を俟たず、分娩の事実により当然発生する」（最二小判昭和37・4・27民集16巻7号1247頁〔27002141〕）などとしており、女性が自己以外の女性の卵子を用いた生殖補助医療により子を懐胎し出産した場合も、「現行民法の解釈としては、出生した子を懐胎し出産した女性をその子の母と解さざるを得ず、その子を懐胎、出産していない女性との間には、その女性が卵子を提供した場合であっても、母子関係の成立を認めることはできない」（最二小決平成19・3・23民集61巻2号619頁〔28130826〕）と判示している。

8　最大判平成27・12・16民集69巻8号2427頁〔28234449〕。

2　親子関係不存在確認の訴え

　前記のとおり、実親子関係のうち、推定されない嫡出子若しくは嫡出推定の及ばない子の父子関係、又は、母子関係などについては、親子関係不存在確認の訴えを提起することができるとされる。そして、この実親子関係の存否の確認を求める訴えは、人事訴訟法において、実親子関係訴訟の一類型として規定されている（同法2条2号）。

　前記訴えは、当該実親子関係における親又は子が提起するだけでなく、確認の利益を有する第三者でも提起することができるとされる。確認の利益とは、「確定判決による実親子関係の存否の確定が、被告との関係で現に原告に生じている法律上の地位の危険又は不安の除去にとって有効適切であると認められること」を意味する[9]。

　また、親子関係不存在確認訴訟の判決を含め、人事訴訟における身分関係の存否や形成に関する本案判決には、対世的効力があり、当事者以外の第三者に対しても画一的に効力が及ぶ（人事訴訟法24条参照）。

　このように、親子関係不存在確認訴訟は、実親子関係という基本的親族関係の存否について関係者間に紛争がある場合に対世的効力を有する判決をもって画一的確定を図り、これにより実親子関係を公証する戸籍の記載の正確性を確保する機能を有するものとされる。

3　権利の濫用との関係

(1)　以上を前提に、本件設例のような親子関係不存在確認訴訟において、これが権利の濫用に当たり許されないとされる場合があるのか、また、どのような事情が備わったときに許されないとされるかについては、親子関係に関する規律や、実親子関係訴訟の特質等も考慮し、具体的事案に則した諸事情を検討することになるものと考えられる。

(2)　裁判実務は、以前は、親子関係不存在確認訴訟において権利の濫用を認

---

[9]　松本博之『人事訴訟法〈第3版〉』弘文堂（2012年）399頁。

めることには慎重であったとされる。

しかし、①最三小判平成9・3・11裁判集民182号1頁〔28021657〕（以下、「判例①」という。）は、父母（父は死亡）の養子が、戸籍上の嫡出子として記載されている者と父母との親子関係不存在確認請求をした事案において、「戸籍上 AB 夫婦の嫡出子として記載されている Y が真実 AB 夫婦の実子でない場合において、AB 夫婦と Y との間に長年にわたり実親子と同様の生活の実体があり、両者ともその共同生活の解消を望んでおらず、AB 夫婦の養子である X も、AB 夫婦と Y との間の親子関係の不存在を熟知しておりながら、A の生前にはその確認を求める訴訟を提起しなかったなど」の事情があったとしても、X が AB 夫婦と Y との間の親子関係不存在確認請求をすることは、権利の濫用に当たり許されないとはいえないとした。同判例は、当該事案の結論としては、権利の濫用に当たることを否定したが、判断において、「AB 夫婦と Y との間に親子関係不存在確認の判決が確定した後、あらためて B と Y の間で養子縁組の届出をすることにより嫡出母子関係を創設するなどの方策を講ずることも可能」であることを考慮しており、事案によっては権利の濫用に当たる場合もあり得るものと解された。

そして、②最二小判平成18・7・7民集60巻6号2307頁〔28111439〕（以下、「判例②」という。）は、第三者である X が、虚偽の嫡出子出生届に基づき、戸籍上 A 夫婦の嫡出子として記載されている Y と A 夫婦との間の実親子関係不存在の確認を求めた事案において、実親子関係不存在確認訴訟が、対世的効力を有する判決をもって画一的確定を図り、実親子関係を公証する戸籍の記載の正確性を確保する機能を有することや、他方で、民法が一定の場合に、戸籍の記載を真実の実親子関係と合致させることについて制限を設けていることなどを説示したうえ、(ア) A 夫婦と Y との間に実の親子と同様の生活の実体があった期間の長さ、(イ)判決で実親子関係の不存在を確定することにより Y 及びその関係者の被る精神的苦痛、経済的不利益、(ウ)改めて養子縁組の届出をすることにより Y が A 夫婦の嫡出子としての身分を取得する可能性の有無、(エ) X が実親子関係の不存在確認請求をするに至った経

緯及び請求をする動機、目的、(オ)実親子関係の不存在が確定されない場合にX以外に著しい不利益を受ける者の有無等の諸般の事情を考慮し、実親子関係の不存在を確定することが著しく不当な結果をもたらすものといえるときには、当該確認請求は権利の濫用に当たり許されないなどとした。そして、当該事案に関して、YとA夫婦との間で長期間にわたり実親子と同様の生活の実体があったこと、A夫婦が既に死亡しておりYがA夫婦との間で養子縁組をすることがもはや不可能であること、Yが受ける精神的苦痛、経済的不利益や、XがYとA夫婦との実親子関係を否定するに至った動機、目的等を十分検討することなく、XがA夫婦とY間の実親子関係の不存在確認を求めることが権利の濫用に当たらないとした原審の判断には違法があるとした。

さらに、その後も、③最二小判平成18・7・7判時1966号62頁〔28111437〕（以下、「判例③」という。）は、戸籍上Xと亡夫との夫婦の嫡出子として記載されているYがXの実子ではない場合に、XがYとの間の実親子関係不存在の確認を求めた事案において、また、④最三小判平成20・3・18判時2006号77頁〔28140720〕（以下、「判例④」という。）は、渉外事件であるが、大韓民国の国籍を有するAの嫡出子として同国の戸籍に記載されているYがAの実子ではない場合に、Aの子であるXらが、AとYとの間の実親子関係不存在の確認を求めた事案において、いずれも判例②と同様に、各事案の諸事情（後記）を十分検討することなく実親子関係不存在確認請求が権利の濫用に当たらないとした原審の判断には、違法があるとしている。

このように、判例は、親子関係不存在確認訴訟と権利の濫用について、事案ごとに諸事情を考慮し、前記請求が権利の濫用に当たる場合があり得ることを認めている。そして、判例②の評釈によれば、判例は、財産的紛争性の有無等を考慮事情とするのではなく、「親子関係の社会的実態・身分占有的な子の利益を保護するために権利濫用論を肯定する」[10]とか、「戸籍の記載の

10　若林昌子「判批」平成19年度主要民事判例解説51頁。

正確性・真実性の要請と、関係者間に形成された社会的秩序の尊重及び関係者に与える精神的苦痛・経済的不利益との対立・調整をどのように図るかの枠組み」[11]で判断しているなどとされる。

なお、判例④は、渉外事件であり、準拠法は韓国法であるが、韓国では、虚偽の実子出生申告についても、他の養子縁組の実質的要件が備わる場合には、養子縁組としての効力が認められている[12]。判例④の事案でも、養親子関係が成立するような場合には、親子関係不存在確認請求が権利濫用に当たるか否かの問題は生じにくいなどとして訴えを却下すべきであったとする見解もある[13]。しかし、前記の場合でも、養子縁組成立の主張がない以上は、その点の判断には踏み込まないという手続法上の判断がされたとする見解もあり[14]、判例は、後者により、権利の濫用に当たるか否かの実体判断をしたものと解される。

4 設例の検討等

(1) そこで、設例における実親子関係不存在確認請求が、権利の濫用に当たるか否かに関して、判例を参考にしながら、設例に現れている事情をみていくことにする。

ア 実の親子と同様の生活の実体があった期間の長さ

設例及び判例②では、YとAB夫婦との間に約55年間、実の親子と同様の生活実体があったとされる。他の判例も、判例③は実親子関係不存在確認の調停を申し立てるまで約51年間、判例④は30年以上と、それぞれ相当の長期にわたって実親子と同様の生活実体があったとされている。

イ 戸籍上の子及びその関係者の被る精神的苦痛、経済的不利益

---

11 西希代子「判批」家族法判例百選〈第7版〉(2008年) 53頁。
12 韓国大法院1977年7月26日判決（大法院判決集25-2-211）。なお、日本では認められていない。
13 金汶淑「判批」平成20年度重要判例解説338頁。
14 道垣内正人・私法判例リマークスno.39 (2009年〈下〉) 137頁。

設例及び判例②は、判決をもって実親子関係の不存在が確定されると、Yが軽視し得ない精神的苦痛及び経済的不利益を受ける可能性が高いとしている。判例③及び判例④も同様の事情を指摘している。

ウ　改めて養子縁組の届出をすることにより嫡出子の身分を取得する可能性

設例及び判例②は、同夫婦はYとの間で嫡出子としての関係を維持したいと望んでいたことが推認されるのに、同夫婦は死亡しており、Yが養子縁組をして嫡出子としての身分を取得することは不可能であるとされている。判例④も、同様にAはYとの間で実親子としての関係を維持したいと望んでいたことが推認されるのに、Aが死亡した現時点ではYがAとの間で養子縁組をすることが不可能であることを指摘している。そして、同事情は、親が生存し、養子縁組の届出をすることにより嫡出母子関係を創設するなどの方策が可能であるとする判例①（権利の濫用を否定）と状況を異にするものである。なお、判例③は、設例、判例②及び判例④と異なり、当該親子関係における親が訴訟を提起したものであることから、ウの養子縁組による嫡出親子関係の作出の可能性については考慮事情とされていない。

エ　実親子関係の不存在確認請求をするに至った経緯、請求の動機、目的

設例及び判例②は、同夫婦の長女Xにおいて、Yが同夫婦の実子であることを否定し、実親子関係不存在確認訴訟の提起が、同夫婦の遺産を承継した二女Cが死亡しその相続が問題となってからであることや、Xが実親子関係を否定するに至った動機が合理的とはいえないことなどを指摘する。他の判例も、判例③は、Xは、Yと実親子と同様の生活実体がある間は、実子であることを否定したことがなく、実親子関係不存在確認の調停の申立てを取り下げて約10年経過した後に本件訴訟を提起したこと、Xが訴訟提起に至ったことにつき実親子関係を否定しなければならないような合理的な事情はうかがわれないことなどを指摘する。判例④も、Xらは、Aの死亡の約10年後までは実子であることを否定したことがなく、Yとの間でAの遺産分割協議を成立させたことや、Xらは、Yが取得したAの遺産の返還を求める訴訟を提起しており、実親子関係を否定するに至った動機、目的は、経

済的なものとうかがわれるなどとする。いずれも、原告が実親子関係の不存在確認訴訟を提起するに至った経緯や、請求の動機、目的について、合理的なものとはいえないことを挙げるものである。

オ　実親子関係の不存在が確定されない場合に原告以外に著しい不利益を受ける者の有無

　設例及び判例②ないし判例④のいずれにおいても、特段、オに関する事情は挙げられていない。

(2)　以上の検討を踏まえると、本件設例のように、第三者から実親子関係不存在確認請求がされている場合において、実の親子と同様の生活の実体があった期間が、相当の長期間に及んでいること、対世的効力を有する判決をもって実親子関係の不存在が確定されると、戸籍上の子が、軽視し得ない精神的苦痛及び経済的不利益を受ける可能性が高いこと、親が死亡していることにより、改めて養子縁組をして嫡出子の身分を取得することが不可能であること、原告が実親子関係の不存在確認請求をするに至った経緯や、請求の動機、目的が、合理的なものとはいえないこと、実親子関係の不存在が確定されない場合に原告以外に著しい不利益を受ける者がいるなどの事情がうかがわれないことなどの諸事情が認められるときには、当該実親子関係の不存在確認請求は、権利の濫用に当たり許されないものとなり得よう。

（菊池　絵理）

◆参考文献

1　本稿のテーマ全体に関するもの
・梶村太市ほか『家族法実務講義』有斐閣（2013年）205-236、238-239頁
・窪田充見『家族法〈第2版〉』有斐閣（2013年）148-220、252-254頁
・大村敦志『家族法〈第3版〉』有斐閣（2010年）83-100、189、214-229頁
・前田陽一ほか『民法(6)親族・相続』有斐閣（2010年）120-147頁
・中川善之助＝米倉明編『新版注釈民法(23)親族(3)親子(1)実子』有斐閣（2004年）25-30、110-183頁
・松川正毅＝窪田充見編『新基本法コンメンタール　親族』日本評論社（2015年）129-154頁

- 松本博之『人事訴訟法〈第 3 版〉』弘文堂（2012 年）397-408 頁
- 松川正毅ほか編『新基本法コンメンタール　人事訴訟法・家事事件手続法』日本評論社（2013 年）15、61-63 頁

2　前掲平成 18 年最判〔28111439〕の評釈
- 『最高裁判所判例解説民事篇〈平成 18 年度（下）〉』法曹会〔太田晃詳〕762 頁
- 水野紀子「判批」平成 18 年度重要判例解説 87 頁
- 水野紀子・私法判例リマークス no. 36（2008 年〈上〉）75 頁
- 門広乃里子「判批」速報判例解説(1)（2007 年）123 頁
- 村重慶一「判批」戸籍時報 609 号（2007 年）61 頁
- 西希代子「判批」家族法判例百選〈第 7 版〉（2008 年）52 頁
- 西希代子「判批」判例セレクト 2006（月刊法学教室 318 別冊付録）26 頁
- 中川高男「判批」民商法雑誌 136 巻 2 号（2007 年）75 頁
- 本山敦「判批」金融・商事判例 1266 号（2007 年）8 頁
- 二宮周平「判例」判例タイムズ 1241 号（2007 年）44 頁
- 中川淳「判批」戸籍時報 617 号（2007 年）68 頁
- 若林昌子「判批」平成 19 年度主要民事判例解説 50 頁
- 大坂賢志「判批」早稲田大学大学院法研論集 131 号（2009 年）25 頁、132 号（2009 年）45 頁
- 鈴木伸智「判批」愛知学院大学論叢〔法学研究〕49 巻 4 号（2008 年）129 頁
- 足立清人「判批」北星学園大学経済学部北星論集 52 巻 2 号（2013 年）315 頁

3　前掲平成 20 年最判〔28140720〕の評釈
- 道垣内正人・私法判例リマークス no. 39（2009 年〈下〉）134 頁
- 西谷祐子「判批」国際私法判例百選〈第 2 版〉（2012 年）238 頁
- 實川和子「判批」平成 20 年度主要民事判例解説 128 頁
- 金汶淑「判批」平成 20 年度重要判例解説 336 頁
- 村重慶一「判批」戸籍時報 636 号（2009 年）90 頁
- 渡辺惺之＝趙慶済「判批」戸籍時報 637 号（2009 年）22 頁
- 中川淳「判批」戸籍時報 642 号（2009 年）59 頁
- 竹下啓介「判批」Japanese Yearbook of International Law 55 号（2012 年）511 頁

4 遺留分減殺請求権の行使

設例 10　遺留分減殺請求権を行使することが権利の濫用に当たり許されないとされることがあるか。あるとすればそれはどのような場合か。

例えば、長女が、年老いた母の面倒をみることになり、その代わりに、母は、長女に遺産を単独相続させる旨の遺言をし、きょうだい間では、長女以外のきょうだいが遺留分を放棄するとの合意が成立したにもかかわらず、母の死後、長女以外のきょうだいが、長女を相手方として、前記遺言の減殺を請求した場合については、どのように考えられるか。

Basic Information

1　遺留分減殺請求権とは、遺贈等がなされたことで、自己の遺留分が侵害された遺留分権利者が、受遺者等を相手方として、自己の遺留分を保全するに必要な限度で、当該遺贈等の減殺を請求する権利である（民法1031条）。

2　遺留分減殺請求権を行使すると、当該遺贈等は、遺留分を侵害する限度において当然に失効し、当該遺贈等により被減殺者が取得していた権利は、遺留分を侵害する限度で当然に減殺者に帰属する。

3　遺留分減殺請求権の行使が権利の濫用に当たり許されないとされることがある。遺留分減殺請求権の行使が権利の濫用に当たるとした裁判例には、2つの類型があり、設例は、そのうちの1つである。

◆設例に対する回答

1　遺留分減殺請求権を行使することが権利の濫用に当たり許されないとされることがある。

2　設例の事案に即していえば、長女が母の面倒を見る代わりに、長女以外

のきょうだいは母の相続について遺留分を放棄する旨をきょうだい間で合意したにもかかわらず、長女以外のきょうだいが、家庭裁判所に対し遺留分の事前放棄の許可の申立てをせず、しかも、この申立てをすることができない事情があったわけでもないという場合に、長女以外のきょうだいがした遺留分減殺請求権の行使は、権利の濫用に当たり許されないとされることがある。

◆解　説

1　遺留分の意義

兄弟姉妹以外の相続人には、被相続人による遺贈等によっても奪われない相続分である遺留分がある。

すなわち、被相続人は、自己の財産といえども、その死後に遺産となるものを自由に処分できるのはその2分の1にすぎない。

被相続人が自由に処分することができない2分の1を総体的遺留分（遺留分権利者全員の遺留分の総体）といい、遺留分権利者が複数いれば、これをそれぞれの法定相続分で按分する。

例えば、夫が死亡し、その相続人が妻と子3人であったとすると、遺留分の総体である2分の1をそれぞれの法定相続分で按分するから、妻の遺留分は4分の1、子の遺留分はそれぞれ12分の1となる。

2　遺留分減殺の意義及び趣旨

遺留分減殺請求権とは、遺贈や相続させる遺言等により遺留分が侵害された遺留分権利者が、受遺者等を相手方として、自己の遺留分を保全するのに必要な限度で、当該遺贈等の減殺を請求する権利である（民法1031条）。

遺留分減殺請求権が行使されると、当該遺贈等は、遺留分を侵害する限度において当然に失効し、当該遺贈等により被減殺者が取得していた権利は遺留分を侵害する限度で当然に減殺者に帰属する。

3 遺留分の放棄

遺留分の放棄は、相続の開始後であれば、遺留分減殺の相手方に対する意思表示によってなし得るが、相続の開始前であれば、裁判所の許可が必要である（民法1043条1項）。

遺留分の事前放棄（相続開始前放棄）は、将来において遺留分権者となる期待権を放棄するものであり、民法がこれを認めたのは、家督相続廃止後の均分相続採用の結果生じ得る農地その他の資産の細分化を防ぎ単独相続の実現を可能にするためであるとされている。

4 相続人の廃除

(1) 被相続人は、遺留分を有する推定相続人を、相続人から廃除することで、その遺留分を失わせることができるが、その方法としては生前廃除（民法892条）と遺言廃除（民法893条）がある。

遺留分を有する推定相続人が、被相続人に対し、虐待・重大な侮辱をし、又は、当該推定相続人にその他の著しい非行があったときに、被相続人が、当該推定相続人の廃除を家庭裁判所に請求するのが生前廃除であり、被相続人が遺言で当該推定相続人を廃除する意思を表示するのが遺言廃除である。遺言廃除の場合、遺言者の死亡後、遺言執行者が、遅滞なく、その推定相続人の廃除を家庭裁判所に請求しなければならない。

いずれの廃除も、家庭裁判所の審判の確定によってその効力が生ずる。

(2) なお、配偶者又は養親子については、離婚又は離縁をすることによっても、その者の遺留分を失わせることができる。この場合、有責性が不可欠な要件ではないから、廃除よりも容易に遺留分を失わせることができる。

5 遺留分減殺請求権の行使と権利の濫用

(1) 身分上の権利の行使についても権利濫用の法理が適用されることから、遺留分減殺請求権の行使が権利の濫用に当たるとして制限されることがある。

もっとも、被相続人は、自己の財産といえども、自由分を超える部分につ

いては、遺産の自由な処分が許されておらず、その分は、遺留分として、各相続人が一定の財産を確保することが認められている。そして、推定相続人が、被相続人の生前に、遺留分を自由に放棄することができるのでは、相続人の保護に欠けることもあることから、遺留分の事前放棄は、裁判所の許可にかからしめている。

また、遺産分割の場面において、相続人間の実質的公平は、寄与分等による修正がされるとはいえ、これが完全に実現されているわけではない（例えば、「笑う相続人」の問題。）。

遺留分減殺請求権の行使が権利の濫用に当たるかの判断をする際には、各相続人に一定の遺産を確保させるという遺留分制度の趣旨や、遺産分割の場面で相続人の公平が完全には実現されてはいないことをも念頭に置きつつ、事案を検討することが必要となろう。

(2) 遺留分減殺請求権の行使が権利の濫用とされた例として、事実上の離縁状態にある者が遺留分減殺請求権を行使した場合がある[1]。

前掲昭和 51 年名古屋地判〔27441801〕は、養子が、病弱な 68 歳の養親を見捨てて家を出て、それ以来、養親が死亡するまでの 25 年間、ほとんど音信不通で、事実上全くの離縁状態にあり、実質上の養親子関係は消滅していた一方、その間に、養親には新たに養女ができ、同女は、いわばその一生をかけて、実子も及ばぬ誠意を尽くし養親の面倒をみ、介護を尽くし、その財産を守ったところ、養親は、この養女に財産の全部を遺贈したことから、これに対し、養親を見捨てた養子が遺留分減殺請求権を行使したという事例であるが、裁判所は、遺留分制度は被相続人と遺留分権利者との間にその身分関係に応じた交流、信頼関係等があることが予定されているところ、これが失われていた以上、もはや遺留分減殺請求権の行使は権利の濫用として許されないなどと判示して、養子による遺留分減殺請求権の行使を認めなかった

---

[1] 名古屋地判昭和 51・11・30 判時 859 号 80 頁〔27441801〕、仙台高秋田支判昭和 36・9・25 下級民集 12 巻 9 号 2373 頁〔27440586〕。

ものである。

　また、前掲昭和36年仙台高秋田支判〔27440586〕は、養子が、養家の窮迫時に、その窮迫について自己も一半の責任を負っているにもかかわらず、老齢の養父母を見捨てて、養家の財産は一切要らないと表明したうえで、養家を立ち去り、以後、事実上全くの離縁状態にあり、実質上の養親子関係は消滅していたにもかかわらず、養親が死亡するや、遺産をその余の相続人らに相続させる内容の遺言がされていたことから、これに対し、遺留分減殺請求権を行使したという事例であるが、裁判所は、かかる遺留分減殺請求権の行使は、被相続人に対して信義に背く行為であり、遺留分制度の趣旨にももとるべくと認むべく、さらに、養家の窮状を傍観しその再建に何らの力も貸さなかった者が、専ら養家の努力、邁進により立て直された被相続人の財産の分配を受けることは、公平の原則にも反するなどと判示して、遺留分減殺請求権の行使を権利の濫用の法理により認めなかったものである。

(3)　以上の事例は、いずれも養子についてのものであるが、事実上の離婚状態にあった者からの遺留分減殺請求権の行使についても、同様に、権利の濫用の問題が生じ得る。

　もっとも、配偶者は、常に第1順位の相続人となるものであり、その相続分がかつての3分の1から2分の1に引き上げられるなど、特に相続権が保障されているものであることからすると、配偶者による遺留分減殺請求権の行使が権利の濫用とされるのは、養子の場合よりも制限的に解されよう。

　東京地判平成25・2・28公刊物未登載は、妻の死亡後、婚姻関係が破綻していたが正式な離婚はしていなかった夫が、遺留分減殺請求権を行使した事例である。

　夫は、従前から妻に暴力をふるうことがあったため、妻は、夫には自己の財産を相続させない旨の遺言を作成するほど、夫への気持ちが冷めていたところ、追い打ちをかけるように、夫の不貞が発覚したことで、別居状態となり、そのまま、妻が死亡するまでの約12年間別居が継続し、事実上全くの離婚状態にあったというものであり、しかも、妻は、その間、離婚調停を申

し立て、途中でそれを取り下げたものの、その際に収集した資料は、離婚訴訟の提起に備えてそのまま保管していたというものである。

妻が死亡した後、夫以外の相続人に遺産を相続させる遺言がされていたため、夫が、これに対し、遺留分減殺請求権の行使をしたところ、これが権利の濫用に当たるかが問題となったものであるが、裁判所は、死亡時までに法定の方式により離婚が成立していない以上この遺留分減殺請求権の行使は権利の濫用とまでいうことはできないなどとして、遺留分減殺請求権の行使が権利の濫用に当たるとは認めなかったものである。

この事例では、夫婦関係が完全に破綻しており、妻が離婚訴訟を提起していれば認容された可能性が高い。また、夫婦関係の破綻の原因は専ら又は主に夫にあったということができるから、夫はいわば有責配偶者である。そして、妻は、後に取り下げたとはいえ、離婚調停の申立てをしており、夫との離婚を希望していたことも認められるものである。しかしながら、これだけの事情があっても、なお、夫による遺留分減殺請求権の行使が権利の濫用に当たるとはいえないということである。

仙台高判昭和49・11・27高裁民集27巻7号944頁〔27452028〕は、妻による遺留分減殺請求権の行使が権利濫用に当たるかが問題となったものであるが、この事例は、夫婦関係が悪化し、妻の申し立てた離婚調停中に夫が死亡したというものであるところ、別居期間が短く、いまだ婚姻関係が破綻したとまでは認め難いうえ、仮に破綻していたとしても、その責任はむしろ暴力をふるうなどしていた夫にあるというべき事案であったため、妻による遺留分減殺請求権の行使が権利の濫用に当たるなどとは全く認められなかったものである。

(4) 実親子関係の場合は、さらに、遺留分減殺請求権の行使が権利の濫用とされるハードルは高くなるというべきであり、これが認められることは少ないであろう[2]。相続廃除において、養親子関係や婚姻関係であれば、関係を

---

2 山下寛ほか「判批」判例タイムズ1252号（2007年）32頁。

継続し難い事由（破綻事由）があれば廃除が認められるのに対し、実親子関係では、家族的共同関係又は相続的共同関係の破壊にまで至らなければ廃除が認められていない[3]が、遺留分減殺請求権の行使への権利濫用の法理の適用も、遺留分を事実上失わせることになる点では、相続廃除と共通することから、実親子関係の場合の適用のハードルが、相続廃除の場合と同様に高くなるものである。

(5)　その他、近時の裁判例として、いずれも、遺留分減殺請求権の行使が権利の濫用に当たらないとしたものであるが、東京地判平成28・6・20公刊物未登載、東京地判平成28・3・23公刊物未登載、東京地判平成27・3・30公刊物未登載などがある。このように、裁判例において、遺留分減殺請求権の行使が権利の濫用に当たるか否かが争点になることは、決して珍しいことではない。

6　設例の検討

(1)　設例は、長女が年老いた母の介護をする代わりに、母は、遺産を長女に単独相続させる旨の遺言をし、きょうだい間では、他のきょうだいが遺留分を放棄するとの合意が成立したにもかかわらず、長女以外のきょうだいが、長女を相手方として、この遺言の減殺を請求したという事案である。

　この設例の事案は、前記5の養子や配偶者が遺留分減殺請求権を行使した場合とは、少し様相が異なっている。

　前記5の養子や配偶者の事例は、①当該相続人が相続廃除の要件を具備しているとまではいえないものの、それに匹敵するような事由（養親子関係・婚姻関係の破綻、被相続人に対する信義に背く行為等）があり、かつ、②遺留分減殺請求権の行使を認めてしまうと、被相続人に献身的につくすなどした受遺者との実質的衡平をも失わせる結果にもなる場合に、遺留分減殺請求権の行使を権利濫用の法理により制限するものである（そして、判断の中心

3　例えば和歌山家審平成16・11・30家裁月報58巻6号57頁〔28111280〕。

となっているのは、②よりも①である。)。遺留分減殺請求権が失われても仕方がないといい得る程度の、相続廃除事由に近い事情まで必要とされており、権利の濫用の法理が適用されるハードルが高いものであることがうかがえる。

それに対し、設例の事案は、当該相続人につき、被相続人との関係で何か信義に背く行為があったというわけではなく、また、遺留分減殺請求権が失われても仕方がないといえるほどの悪質な事情ないし当該相続人に不利な事情があったわけでもなさそうである。

(2)　東京高等裁判所の判決に、設例の類似の事例において、遺留分減殺請求権の行使が権利の濫用に当たるとしたものがある[4]。

この事例は、母と同居した長男夫婦が、母と感情的に対立し不和となったことから、その依頼に基づき、二男及び三男の了解の下に、長女夫婦が、自己がようやく確保した環境のよい公社住宅の優先使用権まで放棄して、その後約21年もの長期間にわたり、年老いた母の介護を続けたが、弁護士の助言も得て、母の遺産である宅地を長女に単独相続させる旨の遺言につき、長女以外のきょうだい全員から、遺留分減殺請求権を行使しない旨の書面の交付を受け、さらに、長女が当該宅地上に建築する建物について、きょうだいが指定した会社に建築注文をする等の配慮もしたが、母の死亡後まもなく、長男及び三男が、長女を相手方として、前記遺言の減殺を請求したというものである。

なお、母の遺産は、前記宅地以外には数十万円の預金がある程度であった。また、仮に前記の遺留分減殺請求権の行使が有効とされれば、長女は、前記宅地及びその上に建築した建物を処分せざるを得なくなり、予期せぬ多額の損害を受けることになるという事情もあった。

前記判決は、以上のような事案について、長男及び三男が、仮に、家庭裁判所に、遺留分の事前放棄の申立てをしていれば、当然に許可されていたであろうことをも考慮して、長男及び三男による遺留分減殺請求権の行使を権

---

[4]　東京高判平成4・2・24判時1418号81頁〔27811368〕。

利の濫用としたものである。

　この事例では、単に、長女が、長期間にわたる老母の介護という「特別の寄与」をしたというにとどまらず、きょうだい間で、長女以外のきょうだいが遺留分を放棄する合意をしていたこと、それにもかかわらず、長男及び三男が遺留分減殺請求権を行使したが、これを有効としてしまうと長女が予期せぬ多額の損害を被ることになるという事情に鑑み、この合意自体の効力として長男及び三男の遺留分を奪うことはできないが、長男及び三男による遺留分減殺請求権の行使を権利の濫用と構成することで、実質的にはそれと同じ法的効果をもたらしたものである。

(3)　東京地方裁判所の判決にも、設例の類似の事例において、遺留分減殺請求権の行使が権利の濫用に当たるとしたものがある[5]。

　この事例は、亡父の遺産分割に関連した訴訟において、長男は、その余のきょうだいとの間で、「長男は、父の遺産を単独取得することで、将来、母が死亡したときに母から受ける相続分に相当する財産についても取得したことを認め、将来、母の相続に関し、相続分及び遺留分を請求しないことを約束する。」との内容を含む訴訟上の和解をし、母は、自己の財産を長男以外のきょうだいに相続させる遺言をしていたが、母の死亡前に、長男が家庭裁判所において遺留分放棄の手続をすることはなく、やがて、長男が死亡し、次いで、母が死亡したところ、長男の子ら（母の相続において代襲相続人となる。）が、遺留分減殺請求権を行使したというものである。

　裁判所は、次のように判示して、この遺留分減殺請求権の行使が権利の濫用に当たると判断した。

　「長男は、本訴に先立つ訴訟上の和解により、父の相続によって得られる持分のみならず、母が死亡したときに母の相続によって得られる持分をもあわせて取得しているところであり、それゆえにこそ、長男は和解条項において「長男は、母から受ける相続分に相当する財産を既に取得したことを認め

5　東京地判平成11・8・27判タ1030号242頁〔28051706〕。

る。」旨確認し、これに引き続いて、「将来、母の相続において、相続分及び遺留分を請求しないことを約束する。」と合意しているところであるから、この和解条項がその重要性からして、単なる例文などではないことは明白である。

本件において、長男の包括承継人である原告らが、家庭裁判所による遺留分の事前放棄の許可の手続が履践されていないことを奇貨として、遺留分減殺請求権を行使することを認めるならば、先の和解の合意に反し、原告らに二重取りを許すことになり、著しく信義に反することになる。」

(4) 前記(2)及び(3)の事例では、被相続人との関係で信義にもとることを重視した前記5の養子の場合の事例とは異なり、問題となっているのは、他の相続人との間でされた合意の存在や、相続人間の公平である。

そのため、事案の悪質性というよりは、相続人間で合意がなされたことのほか、相続人間で公平を失わせる事情があるか否かが検討され、前記(2)では、長女が母の介護を引き受けたことでその余のきょうだいが母の面倒見を免れたことや、遺留分減殺請求権の行使により長女が予期せぬ多大な損害を被ることが考慮されており、また、前記(3)では、長男が父の相続の際に既に母の相続によって得られる財産的価値をも取得したことが考慮されているものである。

(5) もっとも、これらの場合に、遺留分の事前放棄について家庭裁判所の許可がされていないのにもかかわらず、遺留分減殺請求権の行使を権利の濫用として制限するのでは、遺留分の事前放棄についての家庭裁判所の許可の制度を無意味化しかねないことから、この事前許可を定めた民法1043条1項との関係が問題にならないのかは検討しておく必要がある。例えば、東京家審昭和52・9・8家裁月報30巻3号88頁〔27452260〕は、相続放棄についてであるが、生前の相続放棄を認めたのと同じ結果となるとして、相続放棄が権利の濫用に当たるとの主張を排斥している。

この点、前記(3)の事例では、裁判所が関与した訴訟上の和解において、「遺留分を請求しないことを約束する」旨の合意をしていることから、実質

的には、裁判所による遺留分の事前放棄と同等の手続を踏んでいるということはできる。また、前記(2)では、このような手続は踏んではいないものの、裁判所は、遺留分の事前許可の申立てをすればこれが認められたであろうことにあえて言及している。

また、遺留分の事前放棄の許可制度においては、遺留分の事前放棄の合理性、必要性、代償性があれば、遺留分放棄の制度趣旨に合致するとして、遺留分放棄を許可するという運用がされているところ、前記(3)では、長男は、父の相続の際に、母の遺産についても、いわば前倒し的に取得しており、また、前記(2)では、長女以外のきょうだいは、母の現実の面倒見を免れているのであるから、いずれも「代償性」は充足しているといえるし、また、きょうだい間の紛争（母の介護又は父の遺産分割）を円満に解決するために遺留分放棄に係る合意をしたものであるから、「合理性」、「必要性」も充足しているということができよう。

そうであれば、前記(2)及び(3)の事例は、遺留分の事前放棄の許可制を定めた民法1034条1項との関係でも問題がなかったものといえよう。

ただし、遺留分の事前放棄については、従来考えられていた以上に放棄者に不利益をもたらすとの指摘（久貴忠彦編『遺言と遺留分(2)遺留分〈第2版〉』日本評論社（2011年））があることは念頭に置いておきたい。

(6) 以上のように、裁判例を検討してみると、遺留分減殺請求権の行使が権利の濫用に当たる場合については、2つの類型があることがわかる。

1つは、養子や配偶者の場合であり、破綻状態にある、あるいは、被相続人との関係で信義にもとる事由があるとして、養子又は配偶者による遺留分減殺請求権の行使を制限するものであり、実質的には、相続廃除の法理を補完し、廃除事由に準ずる事由がある相続人について、その相続人の遺留分減殺請求権の行使を否定するものである（第1類型）。

もう1つは、前記(2)及び(3)の場合であり、相続人間で遺留分の放棄に係る合意がされた場合に、その合意自体では遺留分の放棄の効果を生じさせることはできないものの、相続人間の公平を害する事情がある場合に、遺留分減

殺請求権の行使を制限することで、実質的にこの合意の効力を実現させるものである（第2類型）。

(7) 最後に、もう1つ、東京地判平成25・3・15判時2190号53頁〔28212718〕の事例をみておきたい。

　この事例は、40代になって初めて、実の子であると名乗り出て、父と接触を開始した婚外子が、父に対する認知判決で勝訴した後、父及びその家族に対し、常軌を逸した嫌がらせ、生活妨害をするようになり、遺留分放棄の代償として2億円という法外な金員の支払を請求するなどしたあげく、父の死後、自己への遺産取得を一切認めなかった遺言を減殺するため、遺留分減殺請求権を行使したというものである。

　嫌がらせを受け続けた父は、これに耐えかねて、婚外子との間で、遺留分の前渡金として1000万円を支払うこと、その代わりに今後は嫌がらせをしないことなどを内容とした和解をし、これにより、婚外子による嫌がらせは収まったものの、その後、父は、婚外子につき相続人から廃除する遺言をして死亡した。ところが、遺言執行者の提起した相続人廃除の審判の申立ては家庭裁判所により却下されてしまったものである。

　婚外子以外の父の相続人らは、婚外子による遺留分減殺請求権を行使が権利の濫用に当たるとの主張したものであるが、裁判所は、婚外子の遺留分が1000万円を上回っていたこともあって、この主張を認めなかった。

　相続人間において遺留分の放棄に係る合意がされたわけでもなく、また、相続人間の公平を害する事情も現れていない。被相続人に対する信義にもとる事情があるか否か、及び、その事情があるとすると、その悪質性の程度はどのくらいであるかが問題となったものであるから、この事例は、前記の第1類型に属するものであるが、その悪質性の程度が、権利の濫用の法理を適用できるまでには至っていなかったものということができよう。

（岡口　基一）

◆参考文献

1　本稿のテーマ全体に関するもの
・山下寛ほか「判批」判例タイムズ1252号（2007年）21頁
・谷口知平ほか編『新版注釈民法(28)相続(3)遺言・遺留分』有斐閣（1988年）484頁

2　前掲平成4年東京高判〔27811368〕の評釈
・宇田川基「判批」平成4年度主要民事判例解説126頁
・平井一雄・私法判例リマークスno.7（1993年〈下〉）87頁
・関智文「判批」季刊不動産研究35巻2号（1993年）23頁
・松倉耕作「判批」判例タイムズ801号（1993年）80頁
・伊藤昌司「判批」判例評論406号（判例時報1433号）（1992年）174頁

会社法・労働法と権利の濫用

1　法人格の主張

> **設例 11**　会社が取引の相手方に対し、信義則上、新旧両会社が別人格であることを主張できず、その結果、相手方は新旧両会社のいずれに対しても債務につきその責任を追及することができるものと解されることがあるか。
>
> 　例えば、株式会社の代表取締役が、会社が賃借している居室の明渡し、延滞賃料等の債務を免れるために、会社の商号を変更したうえ、旧商号と同一の商号を称し、その代表取締役、監査役、本店所在地、営業所、什器備品、従業員が旧会社のそれと同一で、営業目的も旧会社のそれとほとんど同一である新会社を設立したにもかかわらず、前記商号変更及び新会社設立の事実を賃貸人に知らせなかったため、賃貸人が、前記事実を知らないで、旧会社の旧商号であり、かつ、新会社の商号である会社名を表示して、旧会社の債務の履行を求める訴訟を提起したところ、新旧両会社の代表取締役を兼ねる者が、これに応訴し、1年以上にわたる審理の期間中、商号変更、新会社設立の事実について何らの主張もせず、かつ、旧会社が居室を賃借したことを自白したといった事情がある場合については、どのように考えられるか。

Basic Information

1　会社は、法人とする（会社法3条）。法人は、自然人以外の、権利義務の主体である（民法34条）。法人は、民法、会社法その他の法律の規定によって設立され、解散事由の発生等により解散する。会社と株主、会社と取締役は密接な関係があるとはいえ、それぞれ別個の法人格を有する。ただし、会社の中でも持分会社の分離独立の程度は、株式会社の場合よりも弱い。

　近代的法人とは、学説上、人間個人ではないが「権利義務（法律関係）の

帰属点」とされるもの、あるいは「法効果の統一点」とされるものとであるといわれる。

2　法人格否認の法理とは、「法人格が全く形骸にすぎない場合、またはそれが法律の適用を回避するために濫用されるが如き場合においては、法人格を認めることは、法人格なるものの本来の目的に照らして許すべからざるものというべきであり、法人格を否認すべきことが要請される」（最一小判昭和44・2・27民集23巻2号511頁〔27000839〕）ところから認められる。

3　法人格否認の法理は、当該具体的事案限りで法人格を否認するものであって、設立された会社に対する解散命令や、設立無効や取消しのような形成判決ではなく、対世効もなく、解散による清算の結了のように会社法上法人格が失われる場合とは異なる。

◆設例に対する回答

1　設例の相手方は、新旧会社のいずれに対しても責任を追及することができる場合がある。

2　設例の事案に則していえば、会社の代表取締役は、賃借している居室の明渡しや延滞賃料等の債務を免れるために、旧会社の商号を変更したうえ、旧会社と誤認させることが必至な新会社を設立し、旧商号と同一の商号を称したものであり、まさに会社制度の濫用というべきであって、新会社は、取引の相手方である賃貸人に対し、信義則上、新会社が旧会社と別異の法人格であることを主張し得ない筋合いにあり、旧会社とともに居室の賃借による責任を負わなければならないと解されることになる。

◆解　説

1　法人格否認の法理の意義

(1)　会社は法人とする（会社法3条）ということは、自然人以外の、会社という複数人の団体である社団を権利義務の主体とすることであり、その構成員、会社の債権者その他の取引先とは別個独立の権利義務の帰属主体をつく

ることである。それぞれがその名において権利を取得し義務を負い、その名において民事訴訟の当事者となることができ、その名義の債務名義によって、その財産に対して強制執行をすることができる財産的統一体とされている。

(2) ただし、これまで、法人格否認の法理を適用した判例に対しては、法人格否認の法理のような一般的な法理を利用せずとも、それぞれの場合に適用される具体的な法令あるいは契約の規定の合理的な会社によって妥当な結論が得られるとの批判もある[1]。

2 実定法上の根拠

会社法人格否認の法理の実定法上の根拠を、権利濫用禁止「権利の濫用は、これを許さない。」(民法1条3項)の類推解釈に求める見解に対しては、法人格否認が認められるのが権利濫用の場合に限定されてしまうのではないかという批判がある。

また、会社の法人性の規定(会社法3条)の解釈問題であるとの見解[2]や「会社法3条の適用を制限するところの、民法1条3項を始めとする何らかの規範」とする見解[3]もある。

法人格の否認の法理は、特定の会社に対する解散命令(会社法824条)や、設立無効の訴え(同法828条1項)や持分会社の設立の取消しの訴え(同法832条)のような形成判決のような対世効をもって第三者にも効力を及ぼすものではなく、会社の法人格を全面的に否定するものではない。

すなわち、設立された法人がその名において権利を取得し義務を負い、その名において民事訴訟の当事者となることができ、その名義の債務名義によって、その財産に対して強制執行をすることができる財産的統一体とするのがふさわしいものして設立されたにもかかわらず、実際には、このような法の

---

[1] 江頭憲治郎「法人格否認の法理」ジュリスト増刊 商法の争点Ⅰ(1993年)24頁。
[2] 龍田節「法人格否認法理の最近の展開」商事法務534号(1970年)6頁。
[3] 江頭憲治郎『株式会社法〈第7版〉』有斐閣(2017年)43頁。

法人設立の目的にふさわしくないというところにあるとすれば、権利濫用禁止と同じ趣旨を基礎としているものである[4]。

3 法人格否認の法理の適用要件

前掲昭和44年最判〔27000839〕は、法人格否認の法理が適用される場合について、①法人格が濫用される場合又は②法人格が形骸化している場合の2つを挙げている（なお、前掲昭和44年最判〔27000839〕の事例における、Y（上告会社）は、税金の軽減を図る目的のため設立し、A自らがその代表取締役となった株式会社で、その実質は全くAの個人企業にほかならないものであったところ、X（被上告人）は賃貸していたAを被告として当該店舗明渡しの訴訟を提起し、昭和42年3月4日、当事者間にAは店舗の明渡しをなすべき旨の裁判上の和解が成立し、当該訴訟上の和解は、A個人名義にてなされたにせよ、その行為はY（上告会社）の行為と解し得るので、Y（上告会社）は、当該店舗をX（被上告人）に明け渡すべきものとされた。）。「法人格の濫用」と「法人格の形骸化」という区分は類型化として不十分である等の批判がある[5]。

(1) 法人格の濫用

法人格が、株主により意のままに道具として支配されていることに加え（支配）、支配者に「違法又は不当の目的」（目的）がある場合をいうとされる。

なお、加美和照教授は、法人格の濫用の具体的事例について以下のとおり整理している。

ア　法の回避・潜脱

(ア)　法定の競業避止義務を負うものが、当該義務負担の規定潜脱の目的で、自己が支配する会社を設立して、会社をして競業行為をさせる場合。

(イ)　株式会社の使用者が労働組合の活動家を追放するため、会社を偽装解散

4　『最高裁判所判例解説民事篇〈昭和44年度（上）〉』法曹会〔野田宏〕427頁以下。
5　神田秀樹『法律学講座双書・会社法〈第17版〉』弘文堂（2015年）5頁。

して、全従業員を解雇し、改めて、旧会社のそれと同一の新会社を設立して、従前の営業を継続する場合（偽装解散と不当労働行為）。

イ　契約上の義務の回避

(ア)　契約上一定の不作為義務を負う者が、契約を回避する意図で既存の会社を利用し、又は新会社を設立し、自己が支配社員、業務執行者となって契約上禁止された行為を行わせる場合。

(イ)　取引上の債務を負う個人企業主又は会社の支配社員が旧会社を解散し、又は解散しないままで、商号・営業目的・営業財産・営業物件・役員・従業員などほとんど同様な新会社を設立し契約上の債務を回避しようとする場合。

ウ　債権者詐害

(ア)　債権者が強制執行を回避するため、会社を設立して営業等の現物出資又は譲渡などをする場合。

(イ)　会社の本来営む事業に対して過少の資本をもって設立し、その会社の支配社員が、事業遂行に必要な資本の大部分を会社に貸し付け、会社の破綻の際、支配社員が他の一般債権者とならんで弁済を受けようとする場合[6]。

(2) 法人格の形骸化

法人とは名ばかりであって、会社が実質的には株主の個人営業である状態、又は、子会社が親会社の営業の一部門にすぎない状態をいうとされる。

ただ、社団としての実在が欠けていることを根拠とすると、例えば判例においてしばしばみられるように諸要素を積み重ねて「形骸化」を認定する手法に対しては、選択した諸要素が法人格を否認すべき価値判断を基礎付けているのか否か疑問であるとか、真に「形骸化」しているのであれば、当該事例限りで法人格を否認するという法人格否認の法理の性格と整合性を持つのかという疑問もあるようである。

Ａ会社の運営がほとんど１人の者によって主宰されているという個人的

6　加美和照「会社法人格否認の法理と商法266条の３の責任」判例タイムズ917号（1996年）124頁以下。

企業の色彩が濃いというのみで、被告が法人格を不当あるいは違法な目的で利用してきたと認められず、また、被告とA会社との間で業務活動及び経理処理の面で混同されてきたと認めることもできないので法人格否認の法理の適用はないとした判例がある[7]。

「裁判例の多くは、単に株主・親会社が会社・子会社を完全に支配しているだけでは法人格の形骸化といえず①株主総会や取締役会の不開催、株券の違法な不発行等、②業務の混同（会社の存在が外見上認識困難である、又は、株主と会社が同種事業を遂行する等）、③財産の混同（株主・会社による営業所の共同利用、または、両者の会計区分の欠如等）など法人形式無視の諸徴表が積み重なって初めて、法人格の形骸化といえるとしている。」（前掲江頭45頁）

4　法人格否認を主張し得る者

法人格否認の法理は、会社・株主の相手方を保護する法理であるから、会社との取引又は不法行為に基づく債権者並びにこれに準ずる者に限られよう。

5　法人格否認の法理の適用範囲

(1)　取引行為にのみ適用されるというのが多数説である。

(2)　ただし、個人会社所有の自動車につき取締役個人の運行供用者責任を認めた判例があり、法人格否認の法理に実質的には該当することを認め、取締役個人の運行供用者としての責任を認めた判例がある[8]。

6　法人格否認の法理の適用効果

(1)　特定当事者間の具体的法律関係

当該具体的な、特定の当事者間の実体法上においてのみ認められる。

7　東京地判昭和48・2・28判時706号84頁〔27411504〕。
8　東京地判昭和42・5・8判タ208号195頁〔27482069〕。

ア　前記のとおり、会社の清算結了の場合のように制度上法人格が失われる場合とは異なる。

イ　法人格を否認して法人の背後にある個人の責任を追及し得ると同時に、当該法人自体もその責任を追及することができる。すなわち、法人格の否認は、多々、その背後にあるものに債務を負担させるという関係においてのみ、法人格を否認されるにすぎない。

　例えば、会社の金銭債務の社員に対する請求（有限責任の排除）、株主・旧会社の金銭債務の新会社への拡張（強制執行免脱防止）、和解契約・競業避止義務の特定債務の会社・株主間における拡張等が挙げられる[9]。

ウ　したがって、この場合、当該会社は、法人格否認を契約の相手方との関係で、自己に有利に援用することは許されない。

エ　法人格を否認された法人に対する請求権とその背後者に対する請求権との関係

(ｱ)　この場合、会社も契約の当事者として責任を負い、会社と背後者の債務の関係については、民法719条の趣旨を類推して不真正連帯の関係に立つとの判例もある[10]。

(ｲ)　両者の責任の関係については、会社も法人格否認の法理の効果として責任を負う者も契約関係に立つことになるので、連帯債務を負うものと解するという考えもある。

(ｳ)　最二小判昭和48・10・26民集27巻9号1240頁〔27000471〕は、「相手方は新旧両会社のいずれに対しても右債務についてその責任を追求することができるものと解するのが相当である（最高裁判所昭和43年(ｵ)第877号同44年2月27日第一小法廷判決・民集23巻2号511頁参照）。……旧会社の被上告人に対する本件居室明渡、延滞賃料支払等の債務につき旧会社とならんで責任を負わなければならないことが明らかである。」としている。

9　上柳克郎ほか編『新版注釈会社法(1)』有斐閣（1985年）87頁。
10　大阪地判昭和44・5・14判時598号77頁〔27403333〕。

(2) 訴訟法上の効果

ア　前掲昭和44年最判〔27000839〕は、法人格を否認された会社への、個人名義の和解の効力の拡張を認めた（ただし、傍論中で「もっとも、訴訟法上の既判力については別個の考察を要し、Aが店舗を明け渡すべき旨の判決を受けたとしても、その判決の効力は上告会社には及ばない」とする。）。

イ　なお、前掲昭和48年最判〔27000471〕は、本設例とほぼ類似の事例であるところ、Yは、原々審で欠席判決を受けたにもかかわらず、これに対し控訴し、Y（控訴人）は原審における約1年にわたる審理の期間中、新会社設立の事実について何らの主張をせず、また、旧会社居室を賃借し、賃料月額、被控訴人から賃貸借解除の通知を受けたことをそれぞれ認めていたにもかかわらず、いったん口頭弁論が終結されたのち弁論の再開を申請し、その再開後初めて、Y（控訴人）が昭和42年11月17日設立された新会社であることを明らかにし、このことを理由に、前記自白は事実に反するとしてこれを撤回し、旧会社の債務について責任を負ういわれはないと主張するに至ったが、原審（控訴審）は、Y（控訴人）の自白の撤回を許さず、Y（控訴人）が旧会社の債務について責任を負うとした。

最高裁は、新会社の設立は、旧会社の債務の免脱を目的としてなされた会社制度の濫用であるというべきであるから、信義則上、Y（上告人）が旧会社と別異の法人格であることを主張し得ない筋合にあり、したがって、Y（上告人）は前記自白が事実に反するものとして、これを撤回することができないとした。

(3) 執行法上の効果

ア　実体法上法人格を否認できる場合であっても、権利関係の公権的な確定及びその迅速確実な実現を図るために手続の明確、安定を重んずる訴訟手続ないし強制執行手続においては、その手続の性格上一方に対する判決の既判力及び執行力の範囲を他方にまで拡張することは許されないとした[11]。

11　最一小判昭和53・9・14判時906号88頁〔27411835〕。

したがって、他方を名宛人とする債務名義を改めて取得する必要がある。
イ　第三者異議の訴えに関する最高裁判例（最二小判平成17・7・15民集59巻6号1742頁〔28101467〕）は、「甲会社がその債務を免れるために乙会社の法人格を濫用している場合には、法人格否認の法理により、両会社は、その取引の相手方に対し、両会社が別個の法人格であることを主張することができず、相手方は、両会社のいずれに対してもその債務について履行を求めることができるが、判決の既判力及び執行力の範囲については、法人格否認の法理を適用して判決に当事者として表示されていない会社にまでこれを拡張することは許されない（最高裁昭和43年(オ)第877号同44年2月27日第一小法廷判決・民集23巻2号511頁、最高裁昭和45年(オ)第658号同48年10月26日第二小法廷判決・民集27巻9号1240頁、最高裁昭和50年(オ)第745号同53年9月14日第一小法廷判決・裁判集民事125号57頁参照）。
ところで、第三者異議の訴えは、債務名義の執行力が原告に及ばないことを異議事由として強制執行の排除を求めるものではなく、執行債務者に対して適法に開始された強制執行の目的物について原告が所有権その他目的物の譲渡又は引渡しを妨げる権利を有するなど強制執行による侵害を受忍すべき地位にないことを異議事由として強制執行の排除を求めるものである。そうすると、第三者異議の訴えについて、法人格否認の法理の適用を排除すべき理由はなく、原告の法人格が執行債務者に対する強制執行を回避するために濫用されている場合には、原告は、執行債務者と別個の法人格であることを主張して強制執行の不許を求めることは許されないというべきである。」としている。

7　設例の検討

(1)　設例は、前記のとおり、ほぼ、最二小判昭和48・10・26民集27巻9号1240頁〔27000471〕の事案である。
ア　事案の概要
(ア)　I地所株式会社（旧商号N築土開発株式会社。以下、「旧会社」とい

う。）が昭和42年10月中、被上告人から本件居室に関する賃貸借解除の通知を受け、かつ占有移転禁止の仮処分を執行されたところ、同会社代表者Aは、被上告人の旧会社に対する本件居室明渡し、延滞賃料支払債務等の履行請求の手続を誤まらせ時間と費用とを浪費させる手段として、同年11月15日旧会社の商号を従前のN築土開発株式会社から現商号のI地所株式会社に変更して、同月17日その登記をなすとともに、同日旧会社の前商号と同一の商号を称し、その代表取締役、監査役、本店所在地、営業所、什器備品、従業員が旧会社のそれと同一であり、営業目的も旧会社のそれとほとんど同一である新会社を設立したが、当該商号変更、新会社設立の事実を賃貸人である被上告人に通知しなかった。

(ｲ) 被上告人は右事実を知らなかったので同年12月13日「N築土開発株式会社（代表取締役A）」を相手方として本訴を提起した。

(ｳ) Aは第一審口頭弁論期日に出頭しないで判決を受け、原審における約1年にわたる審理の期間中も、当該商号変更、新会社設立の事実について何らの主張をせず、また、旧会社が昭和38年12月以降本件居室を賃借し、昭和40年12月1日当時の賃料が月額16万2200円であること並びに前記被上告人から賃貸借解除の通知を受けたことをそれぞれ認めていたにもかかわらず、上告人は、いったん口頭弁論が終結されたのち弁論の再開を申請し、その弁論再開後初めて、上告人が昭和42年11月17日設立された新会社であることを明らかにし、このことを理由に、前記自白は事実に反するとしてこれを撤回し、旧会社の債務について責任を負ういわれはないと主張するに至った。

イ　昭和48年最判〔27000471〕の結論

(ｱ)　株式会社が商法の規定に準拠して比較的容易に設立され得ることに乗じ、取引の相手方からの債務履行請求手続を誤まらせ時間と費用とを浪費させる手段として、旧会社の営業財産をそのまま流用し、商号、代表取締役、営業目的、従業員などが旧会社のそれと同一の新会社を設立したような場合には、形式的には新会社の設立登記がなされていても、新旧両会社の実質は前後同一であり、新会社の設立は旧会社の債務の免脱を目的としてなされた会社制

度の濫用であって、このような場合、会社は当該取引の相手方に対し、信義則上、新旧両会社が別人格であることを主張できず、相手方は新旧両会社のいずれに対しても当該債務についてその責任を追求することができるものと解するのが相当である[12]。

(ｲ)　本件における前記認定事実を前記の説示に照らして考えると、Y（上告人）は、昭和42年11月17日に前記のような目的、経緯の下に設立され、形式上は旧会社と別異の株式会社の形態をとってはいるけれども、新旧両会社は商号「N」のみならずその実質が前後同一であり、新会社の設立は、X（被上告人）に対する旧会社の債務の免脱を目的としてなされた会社制度の濫用であるというべきであるから、Y（上告人）は、取引の相手方であるX（被上告人）に対し、信義則上、Y（上告人）が旧会社と別異の法人格であることを主張し得ない筋合にあり、したがって、Y（上告人）は前記自白が事実に反するものとして、これを撤回することができず、かつ、旧会社のX（被上告人）に対する本件居室明渡し、延滞賃料支払等の債務につき旧会社とならんで責任を負わなければならないことが明らかである。

(2)　前掲昭和48年最判〔27000471〕の前記(1)の結論には異論のないところであろう。

ア　代表取締役Aの不誠実さ、すなわち、X（被上告人）の旧会社に対する本件居室明渡し、延滞賃料支払債務等の履行請求の手続を誤まらせ時間と費用とを浪費させる手段として、新会社を設立してその法人格を利用したこと、訴訟が係属した後も、新会社設立の事実について何らの主張をせず、また、旧会社が昭和38年12月以降本件居室を賃借し、昭和40年12月1日当時の賃料が月額16万2200円であること並びに前記被上告人から賃貸借解除の通知を受けたことをそれぞれ自白したにもかかわらず、いったん口頭弁論が終結されたのち弁論の再開を申請し、その再開後初めて、Y（上告人）が昭和42年11月17日設立された新会社であることを明らかにし、このこと

12　前掲昭和44年最判〔27000839〕参照。

を理由に、前記自白は事実に反するとしてこれを撤回し、旧会社の債務について責任を負ういわれはないと主張するに至ったことに照らせば、Aは、新会社の法人格を濫用したものというべきである。

イ　なお、住吉博教授の指摘もあるように[13]、新会社が控訴人・上告人の地位に就いているという結論はともかく、旧会社の当該訴訟手続における地位をどのように理解すべきなのかは必ずしも容易ではない。

(ア)　すなわち、X（被控訴人・被上告人）は、居室の明渡しと未払の延滞賃料の支払を求めて訴えを提起したのであって、訴えの相手方は賃貸借契約を締結した相手方である旧会社のはずであり、また、新たに設立された新会社の存在が発覚したのは、控訴審の弁論再開後のことであるから、訴状に被告として表示されたのは、新会社の商号とされた旧会社の商号「N」、代表取締役は「A」であったはずであるところ、提訴時点で、当該商号等で特定される法人は新会社であった。

(イ)　原審（東京高等裁判所）も、「控訴人を旧会社と誤認して提訴したことが判らないはずはないのであるから、直ちに応訴して、控訴人が旧会社とは別個の会社であることを主張すべきであるのに、原審においては欠席のまま判決を受け、当審においては、約1年にわたって審理が重ねられたのに、その間これを主張せず、口頭弁論が終結された後になってこれを理由に口頭弁論の再開を求め、口頭弁論再開後に初めてこれを主張したのであるから、Y（控訴人）は旧会社と別個の会社ではなく、単にX（被控訴人）をしてY（控訴人）を旧会社と誤認させ、旧会社に対する本件居室明渡、賃料債務等の履行請求の手続を誤らせ、時間と費用とを浪費させる手段として旧会社が設立登記したに過ぎないと認めざるを得ない。」としており、控訴人は新会社であることを前提として、法人格否認の法理の適用をしている。

(ウ)　最高裁は、「新会社の設立は、被上告人に対する旧会社の債務の免脱を目的としてなされた会社制度の濫用であるというべきであるから、上告人は、

13　住吉博「判批」民商法雑誌71巻3号（1974年）174頁。

取引の相手方である被上告人に対し、信義則上、上告人が旧会社と別異の法人格であることを主張しえない筋合にあり、したがって、上告人は前記自白が事実に反するものとして、これを撤回することができず、かつ、旧会社の被上告人に対する本件居室明渡、延滞賃料支払等の債務につき旧会社とならんで責任を負わなければならないことが明らかである。これと結論において同旨に出た原判決の判断は、正当」と判示し、上告審における当事者が新会社であるとしている。

(エ) 前記の点につき、法人格否認の肯定される事情の下では、旧会社の旧商号＝新会社の商号の訴状表記によって、旧会社も、新会社も別個の訴訟主体と特定されながら、当初から同時に訴訟当事者の地位についていると確定されてよい、とされる住吉博教授による示唆は興味深い。

(3) なお、原告が新会社に対する債務名義を取得し、居室の明渡し及び未払延滞賃料の執行に対し、旧会社が第三者異議の訴えを提起する可能性があるが、前記6(3)イのとおり、請求は棄却されるものと解される。

(4) かかる事態の招来を避けるには、可能ならば、調査のうえ、新旧両会社を被告としておくべき（通常共同訴訟）であるということになろうか。

8　参　考

なお、法人格否認の事例ではないが、本問（法人格の主張）と同様に、法人及びその代表者に関する種々の事情を総合勘案して、法人の債務を保証した代表者に対する保証債務履行請求を権利の濫用に当たるとした事例があるので紹介する（最二小判平成22・1・29裁判集民233号33頁〔28160228〕）。

平成4年に設立されたA社は、平成15年から平成17年にかけて、その内部の各事業部門の法人化を進め、被上告人は、A社の財務部門が法人化された会社であり、また、A社と代表者を共通にし、人材派遣や業務請負を業としていた会社（以下、「K社」という。）も平成16年頃、その支店を別会社として法人化するようになり、その神戸支店を法人化して、M社が設立された。M社は、A社との間で、軽作業請負業務上の経営顧問全般を

依頼することなどを内容とする経営顧問契約を締結し、顧問料を支払うものとされていたところ、M 社の第 1 期事業年度における売上高の約 66％ は A 社のグループ企業への顧問料などで占められ、欠損が生じていたうえ、M 社の代表者印、銀行印及び預金通帳の管理並びに入出金やスタッフへの給与や費用の支払は、A 社グループ企業中の別会社によって管理されていた。

　上告人は、M 社の代表者であるが、M 社にはアルバイトとして雇用され、法人化の際に正社員となり、その数か月後に、近い将来 M 社は資金繰りに行き詰まるおそれがあることを認識していた上司から代表取締役に就任するよう強く働きかけられて代表取締役に就任し、かつ、M 社が被上告人から 400 万円を利息制限法所定の制限利率を上回る利率で借り入れた債務を保証するよう指示され、当該債務を連帯保証する旨の保証契約を締結した。

　最高裁は、M 社と A 社グループ企業との間の顧問契約において、A 社グループ企業は、M 社に将来損失や損害が発生しても、一切責任を負わないことが約されていたことや、M 社の資金が他社に掌握されていただけでなく、個々の業務に関しても相当強力な指示を受けており、M 社の代表取締役には同社の業務遂行に関し、ほとんど裁量の余地はなく、資金繰りを含めその経営の判断は、他社に依存し、その指示に従わざるを得ない経営体制にあり、上告人は、23 歳のとき、M 社の法人化前にアルバイトとして勤務するようになったが、同支店が独立する形で M 社が設立された際に、同社の正社員となり、その後わずか数か月後に、L からの働きかけにより同社の代表取締役に就任したもので、同社の設立の前後を通じてその勤務場所や勤務実態等に格別の変化はなかったというのであり、代表取締役に就任したとはいえ、前記経営体制の下にあっては、単なる従業員とほとんど異ならない立場にあったとみることができる。

　しかるに、前記統括部長は、近い将来 M 社の資金繰りが行き詰まるおそれがあることを認識しながら、上告人に対し、同社の代表取締役に就任するよう強く働きかけたうえ、上告人の代表取締役就任後間もなくして同社の資金繰りが行き詰まるや、上告人に対し、B が代表取締役を務め、その全株式

を保有する被上告人から融資を受け、上告人においてこの融資に係る債務を保証するよう指示したというのである。そして、被上告人は、M社がA社グループの関連会社であるにもかかわらず、利息制限法所定の制限利率を上回る高利で金員を貸し付け、これを上告人に保証させているところ、M社の前記経営体制の下にあっては、上告人がこれを拒むことは事実上困難であったというほかなく、上告人が、本件保証契約を締結した直後に弁護士に相談し、代表取締役を辞任したい旨の通知を送付しているのも、前記のような事態に困惑してのことであるとみることができる。

以上の事実を総合すると、被上告人の上告人に対する保証債務の履行請求は、M社が既に事業を停止している状況の下において、A社グループに属する各社がM社の事業活動から経営顧問契約等の各種契約に基づき顧問料等の名目で確実に収入を得ていた一方で、わずかの期間同社の代表取締役に就任したとはいえ、経営に関する裁量をほとんど与えられていない経営体制の下で、経験も浅く若年の単なる従業員に等しい立場にあった上告人だけに、同社の事業活動による損失の負担を求めるものといわざるを得ず、上告人が同社の代表取締役に就任した当時の同社の経営状況、就任の経緯、被上告人の同社に対する金員貸付けの条件、上告人は本件保証契約の締結を拒むことが事実上困難な立場にあったことなどをも考慮すると、権利の濫用に当たり許されないものというべきである旨判示した。

(石原　寿記)

◆参考文献

1　本稿のテーマ全体に関するもの
・岩原紳作ほか編『会社法コンメンタール総則　設立(1)』商事法務（2008年）
・江頭憲治郎『会社法人格否認の法理』東京大学出版会（1980年）
・江頭憲治郎『株式会社法〈第6版〉』有斐閣（2015年）
・井上和彦『法人格否認の法理』千倉書房（1984年）
・田中誠二『会社法詳論（上）』勁草書房（1967年）
・加美和照『新訂　会社法〈第8版〉』勁草書房（2003年）

第 3　会社法、労働法と権利の濫用

- 河本一郎『現代会社法〈新訂第 9 版〉』商事法務（2004 年）
- 星野雅紀「法人格否認と訴訟法および執行法上の問題点」判例タイムズ 412 号（1980 年）

2　前掲昭和 48 年最判〔27000471〕の評釈
- 片木晴彦「判批」法学教室 367 号（2011 年）90-96 頁
- 堀野出「判批」民事訴訟法判例百選〈第 4 版〉（2010 年）18-19 頁
- 高見進「判批」民事訴訟法判例百選〔1〕〈新法対応補正版〉（1998 年）30-31 頁
- 谷口安平「判批」民事訴訟法判例百選〈第 2 版〉（1982 年）42-43 頁
- 稲庭恒一「判批」法学 42 巻 1 号（1978 年）112 頁
- 河野正憲「判批」法政論集〔北九州大〕3 巻 1 号（1975 年）109 頁
- 石川明＝松田耕太郎「判批」法学研究〔慶応義塾大学〕48 巻 1 号（1975 年）85 頁
- 森本滋「判批」判例タイムズ 308 号（1974 年）70-72 頁
- 上田徹一郎「判批」判例評論 186 号（判例時報 743 号）（1974 年）138 頁
- 大山俊彦「判批」金融・商事判例 421 号（1974 年）2 頁
- 小山昇「判批」ジュリスト 565 号（1974 年）118 頁
- 東條敬「判批」法曹時報 26 巻 2 号（1974 年）132 頁
- 東條敬「判批」ジュリスト 554 号（1973 年）77 頁
- 住吉博「判批」民商法雑誌 71 巻 3 号（1974 年）174 頁
- 龍田節「判批」金融・商事判例 534 号（1970 年）6 頁

2 株主代表訴訟の提起

設例 12 株主代表訴訟の提起が権利の濫用との評価を受けることがあるか。あるとすればどのような場合か。
例えば、その代表訴訟の提起が、会社から金銭を喝取する意図に基づくものである場合や、会社ないし取締役に対する嫌がらせを主眼としたものである場合については、どのように考えられるか。また、銀行の株主が銀行の取引先の担保物件の処分あるいは融資等を名目として個人的に金銭的利益を得るための手段として代表訴訟を提起した場合についてはどうか。

Basic Information

1 会社法は、会社業務の適性を確保するための株主の権利として、株主が会社に代わって役員その他一定の者の責任を追及することを認めている（会社法847条以下。株主代表訴訟）。

2 会社法は、株主代表訴訟に係る提訴手数料の額を、責任追及に係る金額の多寡にかかわらず、一定の低額になるようにし、また、株主が勝訴（一部勝訴を含む）した場合に、当該株主は、訴訟に要した費用や弁護士報酬のうち相当と認められる額について、会社に支払を請求することができる（会社法852条1項）こととし、株主が敗訴した場合にも、悪意があったときを除き、会社に対し損害賠償義務を負わないものとする（同条2項）など、株主代表訴訟が利用され、その趣旨が達成されるようにとの観点からの種々の工夫をしている。

3 他方で、会社法は、代表訴訟が、株主若しくは第三者の利益を図り、又は株式会社に損害を加えることを目的とする場合は、株主は代表訴訟を提起することができない（会社法847条1項ただし書）こととして、この制度が

濫用されることの防止を図っている。

◆設例に対する回答

1 会社法847条1項ただし書の定める類型に該当しない訴えの提起であっても、具体的な事実関係に照らし、法の認めた株主代表訴訟の趣旨を逸脱すると評価されるものについては、権利の濫用に当たり許されないとされることがある。

2 設例の事案に則していえば、当該代表訴訟の提起によって会社から金銭を喝取する意図に基づくものである場合や、銀行の株主が銀行の取引先の担保物件の処分あるいは融資等を名目として個人的に金銭的利益を得るための手段として代表訴訟を提起した場合は、会社法847条1項ただし書にいう「株主若しくは第三者の利益を図……ることを目的とする場合」に該当し、会社に対する嫌がらせを主眼としたものである場合も、「株式会社に損害を加えることを目的とする場合」に該当することから、このような訴えはいずれも不適法なものとして却下されるので、これとは別に権利の濫用を論じるまでもない。

3 これに対し、特定の取締役に対する嫌がらせを主眼としたものである場合については、会社法847条1項ただし書の定める類型に該当しないことから、具体的な事実関係に照らし、法の認めた株主代表訴訟の趣旨を逸脱すると評価することにより、権利の濫用に当たり許されないとされることがある。

◆解説

1 株主代表訴訟の意義

(1) 株主代表訴訟の会社法上の位置付け

会社法は、株式会社の業務が適正に行われることを確保するため、取締役、会計参与、監査役、執行役又は会計監査人（以下、「役員等」という。）が任務懈怠責任を負うことを確認し（会社法423条）、その責任の免除や制限について一定の規制を設けている。また、株主に対し、会社業務の適性を確保

するための種々の権利を認め、その1つとして、会社に代わって任務懈怠責任を含む役員等の会社に対する責任を追及すること（株主代表訴訟。同法847条以下）を認めている。役員等の責任を追及するための請求権は、役員等が悪意又は重大な過失によって任務を怠るなどの一定の場合には、会社以外の第三者にも認められている（同法429条）。

ところで、役員等の株式会社に対する任務懈怠責任その他の責任が問題になる場合には、その責任を追及するのは、第一義的には、会社である。しかし、具体の事案において特定の役員等の責任を追及するか否かの判断を専ら会社に任せていたのでは、必要な責任の追及がされないおそれがある。このような会社による提訴懈怠の可能性に鑑み、会社法は、株主が会社に代わって役員等の会社に対する責任を追及する訴訟を提起することを認めている（会社法847条以下）。これを「株主による責任追及等の訴え」又は「株主代表訴訟」という。

株主代表訴訟は、昭和25年商法改正において、米国の制度を採り入れる形で導入され、導入後の利用状況は低調であったが、年号が平成に変わった頃から、総会屋への利益供与等の企業不祥事が数多く発覚し、また、平成5年商法改正により、代表訴訟の提訴手数料が一定の低額であることが明確にされたことなどに伴い、その利用が増加した。平成17年の会社法においても、後に述べるような改正をして引き続き規定が設けられ、また、平成26年会社法改正においても制度の拡充がされている。

他方で、株主代表訴訟については、株主による濫訴の可能性に配慮する必要があることが指摘されてきた[1]。

(2) 代表訴訟の対象

ア　株主は、役員等（会社法423条1項参照）の株式会社に対する責任を代表訴訟によって追及することができる（同法847条1項）。

なお、会社法847条1項は、このほかにも、①発起人、設立時取締役・設

---

[1] 以上につき、田中亘『会社法』東京大学出版会（2016年）323頁以下、332頁以下。

立時監査役及び清算人の責任、②利益供与の受益者の責任（会社法120条3項）、③不公正な払込金額で株式・新株予約権を引き受けた者の責任（同法212条1項、285条1項）、④出資の履行が仮装された場合の引受人の責任（同法102条の2第1項、213条の2第1項、286条の2第1項）についても、代表訴訟の対象としている。

イ　代表訴訟によって追及することのできる「責任」の範囲については争いがある。

　これを会社法上の責任に限られるとする見解は、日本法は、母法である米国法と異なり、会社（取締役会）の判断で代表訴訟をやめさせる制度を持たないことを指摘して、濫訴の防止のために代表訴訟の対象を限定的にとらえる必要があると説く。しかしながら、濫訴のおそれに対しては、後に述べるとおり、会社法847条1項ただし書により一応の対処がされているので、代表訴訟により追及することのできる「責任」の範囲を狭く解すべきことの決め手にはなり難い。

　この点について、判例は、任務懈怠責任（会社法423条1項）をはじめとする会社法上の責任（同法120条4項、462条1項等）のほか、取締役が株式会社との取引によって負った債務も含まれるとする立場を明らかにしている[2]。

ウ　いったん代表訴訟の対象となる責任を負った役員等は、その後に退任した場合であっても、代表訴訟の被告となることを免れない。また、責任を負った役員等が死亡した場合には、株主は、その役員等の相続人を被告として代表訴訟を提起することができると解される[3]。

(3)　代表訴訟による役員等の責任の追及を行うための適格

　株主は、1人でも、代表訴訟により役員等の責任の追及を行うことができ

2　最三小判平成21・3・10民集63巻3号361頁〔28150583〕。
3　東京地方裁判所商事研究会編『類型別会社訴訟(1)〈第3版〉』判例タイムズ社（2011年）294頁。

るが、そのためには原則として 6 か月（これを下回る期間を定款で定めた場合には、その期間）前から引き続き株式を有していることが要件とされている（会社法 847 条 1 項、3 項）。このような株式の継続保有が要件とされている理由は、会社を困惑させるなどの目的で株式を取得し、代表訴訟を提起するような濫用的行為を可及的に防止することにある。

なお、非公開会社については、株式の譲渡による取得に会社の承認を必要とすることから、会社は前記の濫用的行為も未然に防止することができると考えられるので、前記の株式の継続保有は要件とされていない（会社法 847 条 2 項）。

(4) 提訴請求の前置

株主は、役員等の責任の追及を行うためには、まず、株式会社に対し、会社が当該責任を追及する訴えを提起するよう請求し（提訴請求。会社法 847 条 1 項、会社法施行規則 217 条）、会社が提訴請求の日から 60 日以内に訴えを提起しないときに、代表訴訟を提起することができる（会社法 847 条 3 項）。会社に検討の機会を与える趣旨であり、会社は提訴しないときはその理由を株主に通知するものとされている（同条 4 項、会社法施行規則 218 条）。

なお、会社による 60 日の検討期間（会社法 847 条 3 項）の経過により会社に回復することができない損害が生ずるおそれがある場合には、株主は、提訴請求をすることなく、直ちに代表訴訟を提起することができる（同条 5 項本文）。

(5) 会社法 847 条 1 項ただし書による制限

提訴請求及びその後の代表訴訟の提起は、株主若しくは第三者の不正な利益を図り又は会社に損害を加えることを目的とする場合には、することができない（会社法 847 条 1 項ただし書）。

(6) 訴訟手続上の論点について

ア　総　説

代表訴訟の訴訟物は、会社の役員等に対する請求権であり、株主は、当該請求権の帰属主体である会社に代わって、訴訟上これを行使することが認め

られている。このように、株主代表訴訟は、法が、権利の帰属主体以外の第三者に原告としての当事者適格を認めたもので、法定訴訟担当の一種である。

なお、代表訴訟の係属中に、原告が株式を売却したことなどにより、株主でなくなったときは、原告としての当事者適格が失われ、その訴えは却下されるのが原則であるが、会社法は、一定の例外を定めている（会社法847条の2第1項、851条1項）。

代表訴訟の確定判決の効力は、原告となった株主のほか、会社にも及ぶ（民事訴訟法115条1項2号）。例えば、代表訴訟が敗訴に終わった場合、訴訟物とされた会社の役員等に対する権利が存在しないことが既判力によって確定するので、会社は、同じ訴訟物をもって被告の責任を追及することはできない。また、代表訴訟が株主において会社の権利を会社に代わって行使するというものであることからすれば、原告とならなかった他の株主も、同じ訴訟物に係る当該責任を代表訴訟により追及することはできない（なお、会社法853条1項）。

イ　管　轄

代表訴訟は、会社の本店の所在地を管轄する地方裁判所の管轄に専属する（会社法848条）。東京都内に本店を有する会社に係る代表訴訟の管轄を有するのは、東京地方裁判所である。

ウ　訴えの提起に係る手数料

訴えを提起するには、訴訟の目的の価額に応じて算出される額の手数料を裁判所に納める必要がある（民事訴訟費用等に関する法律3条1項、別表第一、一）。財産上の請求でない請求に係る訴えについては、訴訟の目的の価額を160万円とみなす（同法4条2項）こととされているので、前記別表の定めるところによって算出される手数料の額は、常に1万3000円となる。ところで、後に述べるとおり、代表訴訟において原告である株主が勝訴したときは、被告である役員等の義務の履行は会社に対してされる。こうしたことを考慮して、会社法は、代表訴訟に係る訴訟の目的の価額の算定については、これを財産上の請求でないものとみなす（会社法847条の4第1項）こ

ととしているので、株主が代表訴訟の提起に当たって納めるべき手数料の額は、責任追及に係る金額の多寡にかかわらず1万3000円であることになる。このように代表訴訟の提訴手数料が一定の低額であることは、代表訴訟の利用を容易にしている。

エ　担保提供命令

株主が代表訴訟を提起したときは、被告である役員等は、裁判所に対し、当該訴えの提起が悪意によるものであることを疎明して、担保提供命令の申立てをすることができる（会社法847条7、8項）。

この担保提供命令は、不当な代表訴訟の提起が被告に対する不法行為を構成し得るという理解を前提として、原告が被告に対して負うべき損害賠償義務の履行を確実にするものであると解されている。ここでいう「悪意」とは、役員等の責任に事実的・法律的根拠のないことを知りながら、又は代表訴訟の趣旨を逸脱し、不当な目的をもって被告を害することを知りながら、訴えを提起した場合をいう。担保提供命令の申立ては、かつて代表訴訟の提起に対する被告の防御方法としてよく利用されたが、悪意の認定をすることは、本案における審理・判断を先取りことになるので、最近の裁判実務では、一般に悪意の認定は慎重に行われているとの指摘がある[4]。

オ　訴訟参加・訴訟告知

株主は、他の株主の提起した代表訴訟に、共同訴訟人（具体的には共同原告）として参加し（共同訴訟参加・民事訴訟法52条）、又は原告を補助するために参加する（補助参加・民事訴訟法42条以下）ことができる（会社法849条1項本文）。ただし、不当に手続を遅延させる場合等においてはこの限りでない（同項ただし書）。株式会社が提起した責任追及等の訴えにおいても同様である。

株式会社も、代表訴訟に共同訴訟参加をして共同原告となり、又は原告を

4　江頭憲治郎＝中村直人編著『論点体系　会社法6』第一法規（2012年）〔澤口実〕209頁。

補助するために代表訴訟に補助参加をすることができる（会社法849条1項）とされている。

　もっとも、実際の代表訴訟においては、会社は原告の側にではなく、被告である役員等に責任がないことを主張・立証するために被告の側に補助参加をする場合が多い。会社が被告側に補助参加をすることは、会社法849条1項の規定上は排除されていないので、民事訴訟の原則的な規律に従い、会社が訴訟の結果について法律上の利害関係（補助参加の利益・民事訴訟法42条）を有する限り認められるものと解される。したがって、被告である役員等の責任の原因が、会社に無断で競業するなど会社の意思決定の適否と関係がない場合には、会社が訴訟の結果について補助参加の利益を有するとはいえないので、会社の被告側への補助参加は許されない。

　株主が代表訴訟を提起したときは、遅滞なく、会社に対して訴訟告知（民事訴訟法53条）をしなければならず（会社法849条4項）、訴訟告知を受けた会社は、遅滞なく、その旨を公告し、又は株主に通知しなければならない（同条5項）。ただし、非公開会社では常に株主への通知が必要である（同条9項）。なお、会社自身が責任追及等の訴えを提起した場合も、同様の公告又は通知が必要である。

　これは、後に述べるとおり、判決の効力が会社（ひいては代表訴訟を提起しようとしている他の株主）にも及ぶとされていることから、会社・株主に訴訟係属の事実を知らせ、訴訟に参加する機会を与えるためである。

カ　勝訴株主の権利・敗訴株主の責任

　代表訴訟で株主が勝訴（一部勝訴を含む）した場合、当該株主は、訴訟に要した費用や弁護士報酬のうち相当と認められる額について、会社に支払を請求することができる（会社法852条1項）。

　代表訴訟で株主が敗訴した場合、訴訟により会社が被った損害（証拠調べに伴う費用、信用の毀損等）について不法行為責任を負う可能性があるが、原告株主は、悪意があったときを除き、会社に対し損害賠償義務を負わないものとされている（会社法852条2項）。

2 代表訴訟の提起と権利の濫用

(1) 株主の権利としての代表訴訟提訴権

　株主は、会社との関係で種々の権利を有している。株主の権利は、一般に、自益権と共益権に分けて説明される。

　自益権とは、株主が会社から経済的利益を受ける権利であり、剰余金の配当を受ける権利（会社法105条1項1号、453条）、会社が解散・清算するときの残余財産の分配を受ける権利（同法105条1項2号、502条）などがある。

　共益権とは、株主が会社の経営に参与し、又は会社の経営を監督・是正する権利である。株主の会社経営への参与は原則として株主総会を通じて行われるので、株主総会における議決権（会社法105条1項3号、308条）が主なものであり、議決権に関連する共益権として、株主総会における質問権（同法314条）、提案権（同法303～305条）、総会招集権（同法297条）などがある。株主が会社経営を監督し、必要な場合には是正を求める権利としては、株主代表訴訟やその他の訴訟の提訴権（同法828、831、847条等）や、各種書類等の閲覧請求権がある。

(2) 代表訴訟提訴権と権利の濫用との関係

　権利の濫用は許されない（民法1条3項）。このことは会社法上の株主の権利についても同様であり、一般的にいえば、会社法において株主に当該権利を与えた趣旨・目的を逸脱した行使は、権利を濫用するものとして許されないことになるから、会社法において株主に当該権利を与えた趣旨・目的を探求したうえ、具体の事案においてそこから逸脱していると評価されるかを検討することが中心になる。

　会社法において明文による制限（会社法847条1項ただし書）が設けられたが、これによって制限される類型以外の訴えについて、権利濫用の一般条項の適用を排除するものとは解されない。平成17年法律第87号改正前商法の株主代表訴訟においては、提起された代表訴訟の適否について、株主若しくは第三者の不正な利益を図り又は会社に損害を加えることを目的とすると

して争われ、そのような目的により提起されたものと認定したうえ、訴権の濫用に当たり不適法であるとして訴えを却下した裁判例もあったところであり、株主代表訴訟の提起と権利の濫用との関係についてなお検討しておく意義がある。

(3) **裁判例1（東京高判平成元・7・3民集47巻7号4925頁〔27807343〕）**

ア　本件は、訴外会社の株主である原告が、株式を買い集められた訴外会社においてその買い集められた株式を100パーセント子会社を通じて市価よりも高い価格で買い戻したことについて、自己株式の取得を禁止した当時の商法の規定（210条）に違反し、取締役である被告らには訴外会社に対する注意義務違反があり、これにより訴外会社に損害を与えた旨を主張し、被告らに対し各自1億円を支払うよう求めて提起した株主代表訴訟の事案である。

被告らは、注意義務違反の存否を争うほか、本案前の主張として、原告の本訴提起の意図はいわゆる売名にあり、本訴は明らかに代表訴訟の本来の目的を甚だしく逸脱したもので株主権の濫用に当たると主張した。

イ　裁判所は、次のとおりの一般論を述べたうえ、本件においては、権利の濫用には当たらないと判断して、さらに原告の請求の当否につき審理・判断を行った。

「……、本訴のごとき株主代表訴訟の提起もそれが権利の濫用に当たるときには、これが違法行為となり許されないものであることは、控訴人らの主張するとおりである。

しかしながら、株主代表訴訟は、それ自体、これを提起する株主に直接の財産的利益をもたらす性質のものではないから、その株主が一方では会社の権利の実現をはかるとともに、他方ではその訴訟の提起により自己の名前の広がることを望んでいるとしても、それだけの理由で直ちにその代表訴訟の提起が権利の濫用に当たるということはできない。

したがって、株主代表訴訟の提起が権利の濫用に当たるか否かの判断は慎重になされなければならないのであって、当該代表訴訟の提起が徒らに会社ないしその取締役を一喝し困惑させることに重点を置いたものであって、結

局それによって会社から金銭を喝取するなど不当な個人的利益を獲得する意図に基づくものであるとか、当該代表訴訟によって追及しようとする取締役の違法事由が軽微又はかなり古い過去のものであるとともに、その違法行為によって会社に生じた損害も甚だ少額であって、今更その取締役の責任を追及するほどの合理性、必要性に乏しく、結局会社ないし取締役に対する不当な嫌がらせを主眼としたものであるなどの特段の事情のある場合に限り、これを株主権の濫用として排斥すれば足りるものと解するのが相当である。」
ウ　本判決においては、株主代表訴訟の提起も、権利の濫用に当たり許されない場合があることを承認したうえ、株主代表訴訟がそれ自体としては原告株主に直接の財産的利益をもたらす性質のものではないことに着目して、株主代表訴訟の提起が権利の濫用に当たるか否かの判断について慎重な姿勢をとることが明らかにされている。

　そして、株主代表訴訟の提起が権利の濫用に当たる特段の事情のある場合として、①当該代表訴訟の提起が徒らに会社ないしその取締役を一喝し困惑させることに重点を置いたものであって、結局それによって会社から金銭を喝取するなど不当な個人的利益を獲得する意図に基づくものである場合、②当該代表訴訟によって追及しようとする取締役の違法事由が軽微又はかなり古い過去のものであるとともに、その違法行為によって会社に生じた損害も甚だ少額であって、今更その取締役の責任を追及するほどの合理性、必要性に乏しく、結局会社ないし取締役に対する不当な嫌がらせを主眼としたものである場合を例示している。

　本件において裁判所において認定され、判断の前提とされた事実関係の概要は、①訴外会社の株式の大量取得、訴外会社の関連会社による同株式の買取り及び訴外会社のグループ各社等への売渡しが行われたところ、このことは、当時証券業界では周知の事実であり、新聞、経済誌等を通じて報道されていた、②企業コンサルタント業、金融業等を営む株式会社の代表者である原告は、報道等を通じて知るなどして関心を持ち、事実関係に関する調査を始めた、③原告は、その後、訴外会社の株式1000株を取得し、同株式を現

在まで保有している、④原告は、訴外会社に対し、質問状を送付したが、その内容は把握した事実関係を踏まえ商法の違反があるという自らの見解を示したうえ、回答を求めるものであった、⑤その後、回答と再質問等を経て、本件訴えを提起したが、この間、原告は、訴外会社に対し、金銭的要求を行っていないというものであり、このような事実関係の下においては、代表訴訟の提起が権利の濫用に当たる特段の事情があるとすることは困難であろう。

本判決は、代表訴訟提起の際の株主権濫用の基準を示したうえ、本訴の提起については、前記のような特段の事情があるとはいえず、その他に本訴の提起が権利の濫用に当たるとすべき事由を認めるに足りる証拠はないとしているが、基準への当てはめの部分も含めてその説示は実務上大変参考になる[5]。

(4) **裁判例2（長崎地判平成3・2・19判時1393号138頁〔27809280〕）**

ア　本件は、訴外銀行の株主である原告が、訴外銀行の融資先である医療法人が倒産したことなどについて、取締役である被告らには訴外銀行に対する注意義務違反があり、これにより訴外銀行に損害を与えた旨を主張し、被告らに対し各自3000万円を支払うよう求めて提起した株主代表訴訟の事案である。

被告らは、注意義務違反の存否を争うほか、本案前の主張として、旧商法267条において規定されている株主の権利は、株主たることと関係のない個人的利益のために行使することは許されず、株主が当該権利を、会社利益の侵害のもとに個人的な利益を追求する手段として行使するときは、権利の濫用となり、その訴えは不適法になるところ、本件訴訟提起も権利の濫用に当たるから、本件訴えを却下すべきであると主張した。

裁判所は、被告らの前記主張を容れて、本件訴えを却下した。

イ　裁判所において認定され、判断の前提とされた事実関係等は、次のとお

---

[5] 本判決の主な評釈として、寶金敏明「判批」平成元年度主要民事判例解説（1990年）244頁がある。

りである。

(ア) 訴外銀行は、訴外医療法人に対して融資を行うに当たり、病院の建物や理事長名義の土地、建物などに第1順位の根抵当権を設定していた。

ところが、同病院が手形不渡りを出した後に、各担保物件に訴外A名義で賃借権設定請求権仮登記が、訴外B株式会社名義で所有権移転請求権仮登記及び金銭消費貸借の不履行を条件とする停止条件付賃借権設定仮登記がされ、その後、病院の進入口にBの関係者であるという訴外Cが抵当権実行を妨害する妨害建築物を建てた。

原告は、それまでに短期賃借権などの絡んだ競売物件の任意売却を取り仕切ったことが何回かあったところ、この頃、かねて付き合いのあったCに連れられてきた前記病院の理事長から、抵当権者らと交渉して病院の土地建物全部を有利に売却することを依頼された旨説明している。

(イ) 訴外銀行は、その後、前記担保物件について競売を申し立て、競売手続が開始された。その後、原告から、競売に付された同病院及び理事長名義の土地建物の売却処分を自分に一任したうえで、任意の売却処分をするようにとの要求が担当者に対してされたが、訴外銀行はこれを断った。

しかし、原告はなおも再三にわたって執拗に処分一任を要求し、それでも訴外銀行が応じないと、自己の保有する訴外銀行の株式の一部を訴外D、Eなど10人に100株あて譲渡した（ただし、配当金の振込先は依然として原告の口座になっており、後に、これらの株式はいずれも原告名義に戻されている。）。そのうえで、前記譲受人と称する者らは、「原告の要求に応じろ、もし応じなければ担保物件はいつまでたっても売れず、株主に損害を与えることになる、株主総会が荒れるぞ。」など、訴外銀行に多数回押し掛けて暴言を吐くなどして再三にわたって圧力をかけ、訴外銀行を批判する内容のビラを作成し、これを町中に撒くなどと脅しをかけた。訴外銀行がこれに応じないでいると、当該担保物件の1つである理事長の自宅に、Cの名義の表札が掛けられるなど競売の妨害を図る行動も行われた。

(ウ) この間、原告自身も自ら電話などで当初からの要求を続け、また、Dら

は原告の所有するマンションに「中小企業育成会」なる事務所を設け、訴外銀行の支店等において融資を強要するようなことを繰り返すなどしたが、訴外銀行はこれらにも応じなかった。

(エ) その後、原告は、訴外銀行に対し取締役の責任追及の訴えの提起を要求し、さらに、本件訴訟を提起した。その前後の時期には、街頭宣伝車を使って前記ビラと同様の趣旨の街頭宣伝活動が執拗にされた。

(オ) 原告は、本件訴訟の経過報告のために必要であるとして訴外銀行に対し株主名簿等の閲覧等を請求し、これを拒否されるや株主名簿等の閲覧等を求める訴訟を提起した。しかし、同事件の担当裁判官は証拠調べの結果、原告の行動は株主としての利益を守るために言論活動により多数派を形成しようとしてするものではないことが推認され、かつ、その手段方法においても相当性を欠いていることは明らかで、株主名簿の閲覧等請求は権利の濫用であるとして、原告の前記訴えを退けた。前記の判断は控訴審においても維持され、上告棄却により確定した。

(カ) 原告は、訴外銀行との間での以上のような交渉等と前後して、同じ地元金融機関である別の銀行との間でも、銀行側の落ち度を追及し、その過程で、融資名目で事実上の金銭的な利益を得ていた。

ウ 前記イの事実関係等に照らせば、原告が本件訴訟を提起した意図が、これによって訴外銀行や被告らを困惑させ、病院の土地建物の原告の手による任意処分に応じさせ、そのことによって経済的な利益を得るための手段の1つとするというものであると認めることに、困難はないであろう。

　このような株主自身の不正な利益を図る目的により提起された本件訴えは、現行の会社法の下において明文化された847条1項ただし書の典型的な適用場面ということができるから、同規定により不適法となる。しかし、その基礎においては、株主代表訴訟制度において株主に与えられた権利の趣旨・目的に沿わず、会社利益の犠牲ないしは侵害の下に、株主たる資格とは関係のない純然たる個人的な利益を追求する取引の手段としてされており、株主の権利を濫用するものと評価することができよう。

3 設例の検討

(1) 以上によれば、会社法847条1項ただし書の定める類型に該当しない訴えの提起であっても、具体的な事実関係に照らし、法の認めた株主代表訴訟の趣旨を逸脱すると評価されるものについては、権利の濫用に当たり許されないとされることはある。

(2) 設例の事案に則していえば、当該代表訴訟の提起によって会社から金銭を喝取する意図に基づくものである場合や、銀行の株主が銀行の取引先の担保物件の処分あるいは融資等を名目として個人的に金銭的利益を得るための手段として代表訴訟を提起した場合は、会社法847条1項ただし書にいう「株主若しくは第三者の利益を図……ることを目的とする場合」に該当し、また、会社に対する嫌がらせを主眼としたものである場合も、「株式会社に損害を加えることを目的とする場合」に該当する。このような訴えはいずれも不適法なものとして却下されるので、これとは別に権利の濫用を論じる必要は乏しい。

(3) これに対し、特定の取締役に対する嫌がらせを主眼としたものである場合については、会社法847条1項ただし書の定める類型に該当しないことから、具体的な事実関係に照らし、法の認めた株主代表訴訟の趣旨を逸脱すると評価することにより、権利の濫用に当たり許されないとされることがあり得る。

4 補論―その他の株主権の行使と権利の濫用について―

(1) 株主代表訴訟を提起することのほかにも株主権の行使について権利の濫用が問題となり得るものとしては、会計帳簿や株主名簿の閲覧謄写請求権、株主総会における提案権などがあり、改めて株主権の行使と権利の濫用の関係について論じられるようになっている。

(2) 会社法上、株主総会の議題や議案は招集権者が決定し、これを株主総会に提案するのが原則的な方法であるが、株主総会の招集権者でない株主に対しても、一定の要件の下で議題や議案を提案する権利を認めている（会社法

303～305 条・株主提案権)。

　株主提案権の行使要件を満たす限り、1人の株主が1回の株主総会で行うことのできる提案数に明文の制限はない。このことから、近時、上場会社において1人又は少数の株主により非常に多くの株主提案がされる事例があると指摘されているが、株主提案権の行使も、権利の濫用に当たるときは許されない（民法1条3項）。

　裁判例にも、株主提案権の行使が、主として、当該株主の私怨を晴らし、あるいは特定の個人や会社を困惑させるなど、正当な株主提案権の行使とは認められないような目的に出たものである場合には、株主提案権の行使が権利の濫用に当たり許されない場合があり、また、株主提案に係る議題、議案の数や提案理由の内容、長さによっては、会社又は株主に著しい損害を与えるような権利行使として権利濫用に該当する場合があり得ると説示したもの（当該事案との関係においては濫用とは認めず。）がある[6]。

　さらに、裁判例には、具体の事案との関係においても、株主提案権の行使が私的な不満や疑念の解消という個人的な目的のため、あるいは、会社を困惑させる目的のためにされたものであって、全体として株主としての正当な目的を有するものではなかったと認めて、権利の濫用に当たる旨判断したものも現れている[7]。

(小林　康彦)

◆参考文献

本文中に掲げたもののほか
・近藤光男「株主の権利濫用」法学教室 115 号（1990 年）87 頁
・酒井太郎「判批」会社法判例百選〈第 3 版〉（2016 年）66 頁

---

[6] 東京高決平成 24・5・31 資料版商事法務 340 号 30 頁〔28224423〕。
[7] 東京高判平成 27・5・19 金商 1473 号 26 頁〔28232003〕。

3 使用者による労働者の懲戒

設例 13 懲戒処分が懲戒権を濫用したものとして無効とされる場合はどのような場合か。

例えば、Y社の管理職である男性従業員2名が同一部署内で勤務していた女性従業員らに対してそれぞれ職場において行った性的な内容の発言等によるセクシュアル・ハラスメント（以下、「セクハラ」という。）等を理由としてされた出勤停止の各懲戒処分の適否について、次の(1)ないし(4)の事情があった場合に、どのように考えられるか。

(1) 前記男性従業員らは、①うち1名X1が、女性従業員Aが執務室において1人で勤務している際、同人に対し、自らの不貞相手に関する性的な事柄や自らの性器、性欲について極めて露骨で卑わいな内容の発言を繰り返すなどし、②他の1名X2が、当該部署に異動した当初に上司から女性従業員に対する言動に気をつけるよう注意されていながら、女性従業員Aの年齢や女性従業員A及びBが未婚であることなどをことさらに取り上げて著しく侮蔑的ないし下品な言辞で同人らを侮辱し又は困惑させる発言を繰り返し、女性従業員Aの給与が少なく夜間の副業が必要であるなどと揶揄する発言をするなど、同一部署内で勤務していた派遣労働者等の立場にある女性従業員Aらに対し職場において1年余にわたり多数回のセクハラ等を繰り返した。

(2) Y社は職場におけるセクハラの防止を重要課題と位置付け、その防止のため、従業員らに対し、禁止文書を周知させ、研修への毎年の参加を義務付けるなど種々の取組みを行っており、前記男性従業員X1及びX2は、前記の研修を受けていただけでなく、管理職としてY社の方針や取組みを十分に理解して部下職員を指導すべき立場にあった。

(3) 前記(1)①及び②の各行為によるセクハラ等を受けた女性従業員Aは、前記各行為が一因となって、Y社での勤務を辞めることを余儀なく

(4) 前記出勤停止の期間は、X1につき30日、X2つき10日であった。

Basic Information

1 　企業の使用者は、規律違反や秩序違反を行った労働者に対して、制裁として懲戒処分を行うことができる。企業は、企業秩序を定立し維持する権限を有し、企業秩序の維持確保のために必要な諸事項を労働者に対して指示、命令することができ、これに違反する場合には、制裁として懲戒処分を行うことができる。

2 　使用者において労働者に対する懲戒を行うためには、懲戒事由とこれに対する懲戒の種類及び程度が就業規則上明記されている必要があり、労働者の当該行為が明記された懲戒事由に該当することが必要である。

　次いで、当該懲戒が、社会通念上相当であると認められない場合には、その権利を濫用したものとして、当該懲戒は無効とされる（労働契約法15条参照）。

3 　企業内で労働者に対するセクハラが行われた場合、セクハラを行った者及び会社は損害賠償責任を負うことがあり、セクハラを行った者は、それを理由に懲戒処分に付されることがある。

◆設例に対する回答

1 　後記のとおり、セクハラには対価型と環境型があるとされ、また、性別役割分担意識に基づく言動等は、それ自体がセクハラとはいえない場合であっても、懲戒事由として就業規則に規定されている場合がある。設例の事案において、その趣旨の就業規則があるのであれば、X1及びX2の各行為は、セクハラ及び性別役割分担意識に基づく言動であると認められ、懲戒事由に該当する。

2 　X1及びX2の各行為が懲戒事由に該当するとしても、当該行為の性質、

態様その他の事情に照らして社会通念上相当なものと認められない場合には当該懲戒処分は、無効となる。

3 設例に現れた事情に照らすと、X1及びX2の各行為は執拗かつ悪質であり、一方で、XらはY社の管理職であり、Y社もセクハラ対策を進めており、他方で、セクハラ等の被害者であるAは退社を余儀なくされ、その被害は深刻であるといえるから、Xらの受けた懲戒処分の内容が出勤停止30日及び10日と比較的重い内容のものであったことを考慮しても、各懲戒処分が社会通念上相当なものと認められないとはいえない。したがって、本件各懲戒処分は有効である。

◆解 説

1 懲戒処分の根拠及びその限界

(1) 懲戒処分の意義及びその手段

懲戒処分とは、従業員の企業秩序違反行為に対する制裁罰であることが明確な労働関係上の不利益措置を指す[1]。

懲戒の主たる手段として、次のようなものがある。

ア　けん責、戒告

けん責は、通例始末書を提出させて将来を戒めることをいい、戒告は、通例将来を戒めるのみで始末書の提出を伴わないものをいう。

イ　減　給

本来ならばその労働者が現実になした労務提供に対応して受け取るべき賃金額から一定額を差し引くことをいう。労働基準法91条は、就業規則で労働者に対して減給の制裁を定める場合においては、その減給は、1回の額が平均賃金の1日分の半額を超え、総額が一賃金支払期における賃金の総額の10分の1を超えてはならない旨定めている。

1　菅野和夫『労働法〈第10版〉』弘文堂（2012年）488頁。

ウ　降　格

　役職、職位、職能資格などを引き下げることをいう。懲戒処分の1つとして行われることがあり、企業の人事権の行使として行われることもある。この点については、後記「4　セクハラと降格」で言及する。

エ　出勤停止

　労働契約を存続させながら、労働者の就労を一定期間禁止することをいう。出勤停止期間中は賃金が支給されず、勤続年数にも算入されないのが通常である。

オ　懲戒解雇

　使用者による労働契約の解約をいう。解雇予告も予告手当の支払もなく即時に行われ、退職金の全部又は一部が支給されないのが通常である。

カ　諭旨解雇

　退職願又は辞表の提出を勧告し、即時退職を求めるものをいい、懲戒解雇を軽減したものである。

(2)　懲戒処分の根拠

　懲戒処分の根拠について、最三小判昭和54・10・30民集33巻6号647頁〔27000191〕は、次のように判示する。

　「企業は、その存立を維持し目的たる事業の円滑な運営を図るため、それを構成する人的要素及びその所有し管理する物的施設の両者を総合し合理的・合目的的に配備組織して企業秩序を定立し、この企業秩序のもとにその活動を行うものであって、企業は、その構成員に対してこれに服することを求めうべく、その一環として、職場環境を適正良好に保持し規律のある業務の運営態勢を確保するため、その物的施設を許諾された目的以外に利用してはならない旨を、一般的に規則をもって定め、又は具体的に指示、命令することができ、これに違反する行為をする者がある場合には、企業秩序を乱すものとして、当該行為者に対し、その行為の中止、原状回復等必要な指示、命令を発し、又は規則に定めるところに従い制裁として懲戒処分を行うことができるもの、と解するのが相当である。」

判例の立場については、労働者は労働契約の締結により企業秩序遵守義務を負い、使用者は労働者の企業秩序違反行為に対して制裁罰として懲戒を課すことができるとしている一方で、使用者は規則や指示、命令に違反する労働者に対しては規則の定めるところに従い懲戒処分をなし得るとして、懲戒権を規則に明定して初めて行使できるものとしていると説明されている（前掲菅野489頁）。

この点について、最二小判平成15・10・10判時1840号144頁〔28082706〕は、使用者が労働者を懲戒するには、あらかじめ就業規則において懲戒の種別及び事由を定めておくことを要すると判示し、併せて、就業規則が法的規範として拘束力を生ずるためには、その内容を適用を受ける事業場の労働者に周知させる手続がとられていることを要する旨判示している。

(3) 懲戒処分の限界
ア　就業規則における懲戒事由等の記載の存在

前記(1)のとおり、懲戒処分を行うためには、懲戒事由と懲戒の種類及びその程度が就業規則上明記されている必要がある。したがって、就業規則に定められていない懲戒事由に基づいて懲戒処分を行うことも、就業規則に定められていない種類の懲戒処分を行うこともできない。また、就業規則に定められた懲戒事由等の定めは、限定列挙であると解される。

イ　懲戒事由該当性

懲戒の対象とされる行為等は、就業規則上明記された懲戒事由に該当しなければならず、当該懲戒に客観的に合理的な理由があることが必要である（労働契約法15条）。

ウ　懲戒処分の相当性

懲戒処分は、社会通念上相当であると認められない場合は、その権利を濫用したものとして無効とされる（労働契約法15条）。

最二小判昭和58・9・16判時1093号135頁〔27613207〕は、この点について、使用者の懲戒権の行使は、労働者の非違行為の性質、態様、結果及び情状等に照らして客観的に合理的理由を欠き社会通念上相当として是認する

ことができない場合に、権利の濫用として無効となる旨判示しており、労働契約法15条は、判例における解雇権濫用法理を明文化したものである。

2 セクハラに関する法律関係

(1) セクハラ防止のための措置についての法規制

米国において、セクハラは、1970年代の後半以降、雇用上の性差別に該当することが認められるようになり、その過程で、対価型（quid pro quo）と環境型（hostile environment）という2つの類型が定着したとされる[2]。前者の対価型は、上司が部下に対して、雇用上の利益（又は不利益の回避）の代償として性的な要求を行うものであり、後者の環境型は、同僚や被用者等の性的な言動により、ある性の者にとって到底耐え難い職場環境が形成されるものである。

我が国において、「雇用の分野における男女の均等な機会及び待遇の確保等に関する法律」（以下、「雇用機会均等法」という。）11条1項は、「事業主は、職場において行われる性的な言動に対するその雇用する労働者の対応により当該労働者がその労働条件につき不利益を受け、又は当該性的な言動により当該労働者の就業環境が害されることのないよう、当該労働者からの相談に応じ、適切に対応するために必要な体制の整備その他の雇用管理上必要な措置を講じなければならない。」と規定し、同条2項は、「厚生労働大臣は、前項の規定に基づき事業主が講ずべき措置に関して、その適切かつ有効な実施を図るために必要な指針を定めるものとする。」と規定する。

同指針は、職場におけるセクハラの内容を対価型と環境型とに分類し、事業主が講ずべき措置の内容として、①職場におけるセクハラに関する方針の明確化とその周知・啓発、②相談に応じ適切に対処するために必要な体制の整備、③事後の迅速かつ適切な対応、④相談者、行為者等のプライバシーの保護等を規定している。

---

[2] 中窪裕也「アメリカにおけるセクシュアル・ハラスメント法理の新展開」ジュリスト1147号（1998年）10頁。

(2) 民法上の損害賠償責任

ア 不法行為責任

　セクハラに該当する行為を行った者は、その対象とされた人の人格権、人格的利益又は名誉感情を侵害する行為をしたものであるから、その違法性が阻却されない限り、民法709条に基づく不法行為責任を負う。

　前記の雇用機会均等法11条1項の定める措置を事業主が講じなかった場合、当該事業主が同法違反により直接的に不法行為責任を負うことにはならない。しかし、被用者が行ったセクハラに関し、使用者は民法715条に基づく使用者責任を負う。また、使用者（事業主）の講じた措置の態様いかんによって被用者の人格権（人格的利益）が侵害されたような場合には、使用者が直接民法709条に基づく責任を負うという考え方も成り立ち得る。

イ 債務不履行責任

　使用者は、労働契約上の信義則上の義務として、労働者に対し、セクハラが生じないように職場環境を整備、配慮する義務を負い、その義務に反する場合には、債務不履行責任を負うという見解があり、このような見解を採用した裁判例がある[3]。不法行為責任とは別に債務不履行責任を構成する意義については、使用者責任が問えないところの代替的な法的構成というよりも、むしろ、使用者が労働契約上の信義則に基づき負う職場環境配慮義務に基づき、セクハラの防止や事後措置において何をなすべきであるのか、あったのかという行為規範を具体化し、そのことによって、セクハラ自体の予防を実現するとともに、万一これが起こった場合の2次被害の防止、被害回復を実効性あるものにするという点、すなわち、被害防止・回復行為規範具体化機能に求められるし、求めるべきであるとする指摘があるところである[4]。

3　京都地判平成9・4・17判タ951号214頁〔28021098〕、津地判平成9・11・5判時1648号125頁〔28030369〕。

4　松本克美「セクシュアル・ハラスメント―職場環境配慮義務・教育研究環境配慮義務の意義と課題」ジュリスト1237号（2003年）139頁。

(3) 労働関係上の懲戒処分

　被用者がセクハラを行った場合、前記(2)アのとおり、民法上の損害賠償責任を負うことに加え、それを理由として使用者により懲戒処分に付されることがある。詳細は、次項「3　セクハラと懲戒処分」で検討する。

3　セクハラと懲戒処分
(1)　最一小判平成 27・2・26 判時 2253 号 107 頁〔28230774〕
ア　事　案
　設例の事案は、最一小判平成 27・2・26 判時 2253 号 107 頁〔28230774〕（以下、「平成 27 年最判」という。）を題材としたものである。基本的事実は設例のとおりであり、設例の事案に付加する事実関係としては、以下のものがある。

(ｱ)　X1 は、営業部サービスチームのマネージャーであり、X2 は営業部課長代理である。

(ｲ)　Y 社の就業規則は、社員の禁止行為として「会社の秩序又は職場規律を乱すこと」を掲げ（4 条(5)）、就業規則に違反した社員に対しては、その違反の軽重に従って、戒告、減給、出勤停止又は懲戒解雇の懲戒処分を行う旨定め、社員が「会社の就業規則などに定める服務規律にしばしば違反したとき」等に該当する行為をした場合は、減給又は出勤停止に処する旨定めていた（46 条の 3）。

(ｳ)　Y 社が従業員に周知していたセクハラ禁止文書には、禁止行為として、「性的な冗談、からかい、質問」、「その他、他人に不快感を与える性的な言動」、「性的な言動により社員等の就業意欲を低下させ、能力発揮を阻害する行為」等が列挙され、これらの行為が就業規則の禁止する「会社の秩序又は職場規律を乱すこと」に含まれること、セクハラを行った者に対しては、行為の具体的態様、当事者同士の関係、被害者の対応、心情等を総合的に判断して処分を決定することなどが記載されていた。

(ｴ)　Y 社は、X らの各行為がセクハラ禁止文書が定める禁止行為に該当し、

就業規則4条(5)に当たるとして、就業規則46条の3に基づき、X1につき30日間の、X2につき10日間の出勤停止処分にそれぞれ付した。

なお、X1及びX2の言動の具体的内容については、判決別紙（判タ1413号93頁等）を参照されたい。

イ　判　断

平成27年最判〔28230774〕は、設例の事案(1)ないし(4)の事情の下では、本件の各懲戒処分は、懲戒権を濫用したものとはいえず、有効であると判断した。

(2) 検　討

ア　就業規則における懲戒事由等の記載の存在

前記1(3)アのとおり、懲戒処分を行うためには、懲戒事由、懲戒の種類が就業規則上明記されている必要がある。

本件においては、就業規則4条(5)及び46条の3で懲戒事由及び懲戒の種類が定められていたものと認められる。

そして、従業員に周知されていたセクハラ禁止文書において、セクハラとして禁止される行為が具体的に定められ、同文書は、その禁止行為を行うことが就業規則4条(5)に該当することを明記していたものであるから、セクハラ禁止文書が定めた具体的なセクハラ行為をすることが懲戒事由に該当することは明記されていたと認められる。

イ　懲戒事由該当性

前記1(3)イのとおり、懲戒の対象とされる行為は、就業規則上明記された懲戒事由に該当し、当該懲戒に客観的に合理的な理由があることが必要である。

X1のAに対する言動は、セクハラ禁止文書が禁止する「性的な冗談、からかい、質問、その他他人に不快感を与える性的な言動」に該当することが明らかであり、また「性的な言動により社員等の就業意欲を低下させ、能力発揮を阻害する行為」にも該当すると認められる。

X2のA及びBに対する言動は、「性別役割分担意識に基づく言動」又は

「放置すれば就業環境を害するおそれがある」言動であり[5]、セクハラ禁止文書が禁止する「性的な冗談、からかい、質問、その他他人に不快感を与える性的な言動」、「性的な言動により社員等の就業意欲を低下させ、能力発揮を阻害する行為」に該当するというべきである。

なお、この点に関し、平成25年12月24日厚生労働省告示383号により改正された事業主が講ずべき措置に関する指針は、セクハラの発生の原因や背景には、性別役割分担意識に基づく言動もあるという認識を示したうえで、性別役割分担意識に基づく言動がセクハラの発生の原因や背景となり得ることを労働者に周知・啓発することを、事業主が講ずべき措置の一内容としている。

以上のとおり、X1及びX2の各行為は、就業規則が定める懲戒事由に該当し、これらについて懲戒処分を行うことには、その内容に照らし、合理的な理由があるというべきである。

ウ 懲戒処分の相当性

前記1(3)ウのとおり、懲戒処分は、社会通念上相当であると認められない場合は、その権利を濫用したものとして無効とされる。

(ア) 本件各行為の性質、態様及び結果

平成27年最判〔28230774〕は、この点について、次のとおり判示する。

「(Xらの)発言等の内容は、いずれも女性従業員に対して強い不快感や嫌悪感ないし屈辱感等を与えるもので、職場における女性従業員に対する言動として極めて不適切なものであって、その執務環境を著しく害するものであったというべきであり、当該従業員らの就業意欲の低下や能力発揮の阻害を招来するものといえる。」

前記判示のとおり、本件各行為の発言内容は悪質であり、行為の期間も長期間にわたっており、被害者であるAは、人格権又は人格的利益を著しく侵害されたものと考えられる。

---

5 山下昇「判批」法学教室418号(2015年)52頁。

そして、本件各行為が一因となって、Y社での勤務を辞めることを余儀なくされているのであり、Xらの各行為がもたらした結果は重大である。
(イ) Xらの立場

XらはいずれもY社の管理職であり、その点において、Xらの責任は重大というべきであり、平成27年最判〔28230774〕はこの点について次のとおり判示する。

「Xらは、（セクハラに関する）上記の研修を受けていただけでなく、Y社の管理職として上記のようなY社の方針や取組を十分に理解し、セクハラ防止のために部下職員を指導すべき立場にあったにもかかわらず、派遣労働者等の立場にある女性従業員らに対し、職場内において1年余にわたり上記のような多数回のセクハラ行為等を繰り返したものであって、その職責や立場に照らしても著しく不適切なものといわなければならない。」

(ウ) Aの主観についてのXらの誤信

平成27年最判〔28230774〕の原審は、Aが明白な拒否の姿勢を示しておらず、Xらにおいて、本件各行為のような言動がAから許されていることを誤信した事実をXらにとって有利な事情として斟酌している。

平成27年最判〔28230774〕は、この点について次のように判示する。

「職場におけるセクハラ行為については、被害者が内心でこれに著しい不快感や嫌悪感等を抱きながらも、職場の人間関係の悪化等を懸念して、加害者に対する抗議や抵抗ないし会社に対する被害の申告を差し控えたりちゅうちょしたりすることが少なくないと考えられることや、……本件各行為の内容等に照らせば、仮に上記のような事情〔Xらが誤信したという事情〕があったとしても、そのことをもって被上告人〔X〕らに有利にしんしゃくすることは相当でないというべきである。」

前記の判示については、セクハラ等の事件では被害者心理等を踏まえて慎重に法的判断をすることが求められることからすると、職場におけるハラスメントの実態に即した妥当な判断であるという評釈がされている[6]。

本件の事実関係に照らすと、仮に、Xらに前記の誤信があったとしても、

そのことをもって、Xらに有利に考慮する余地はないというべきである。

もっとも、本件を離れてみた場合、被害者とされる者がセクハラに該当するような加害者の言動を積極的に容認し、その当時には人格権侵害といえるような状況が認められないにもかかわらず、後日、何らかの動機に基づきセクハラ被害を訴えるという事態はあり得ないわけではなく、仮にそのような事実経過が認定される場合には、法益侵害が存在しないとして不法行為が不成立とされる余地がある。

しかしながら、セクハラに該当するような言動がありつつ、不法行為が成立しない場面を肯定することは、具体的根拠を欠く状態での加害者側の抗弁（被害者の容認、同意の抗弁）を誘発することになりかねない。また、セクハラの現場における被害者の状況、すなわち、前記判示のとおり、被害者が著しい不快感や嫌悪感等を抱きながらも抗議や申告を差し控えざるを得ないという状況があることを前提に、一方で被害者の同意の有無についての審理が被害者に過度の心理的負担をかける結果になる可能性の大きさを考慮し、他方で、加害者の当該言動が業務遂行にとって有益である可能性がないことも併せて斟酌すると、被害者の容認、同意を根拠として不法行為を不成立とする場合の要件設定、審理方法については慎重な配慮が求められるところである。

(エ)　事前の警告や注意の不存在

平成27年最判〔28230774〕の原審は、Xらにおいて、Y社のセクハラに対する懲戒に関する具体的方針を認識する機会がなく、事前にY社から警告や注意等を受けていなかった事実をXらにとって有利な事情として斟酌している。

平成27年最判〔28230774〕は、この点について次のように判示する。

「Y社の管理職であるXらにおいて、セクハラの防止やこれに対する懲戒等に関する……Y社の方針や取組を当然に認識すべきであったといえること

6　水町勇一郎「判批」ジュリスト1480号（2015年）5頁、前掲山下53頁、野崎薫子「判批」ジュリスト1486号（2015年）97頁。

に加え、従業員AらがY社に対して被害の申告に及ぶまで1年余にわたりXらが本件各行為を継続していたことや、本件各行為の多くが第三者のいない状況で行われており、従業員Aらから被害の申告を受ける前の時点において、Y社がXらのセクハラ行為及びこれによる従業員Aらの被害の事実を具体的に認識して警告や注意等を行い得る機会があったとはうかがわれないことからすれば、Xらが懲戒を受ける前の経緯について、Xらに有利にしんしゃくし得る事情があるとはいえない。」

前記判示のとおり、Y社は、セクハラ禁止文書の周知を行い、研修への参加を義務付けるなどしており、Xらが管理職の地位にあったことを考慮すると、Xらの、Y社のセクハラの懲戒に関する具体的方針を認識する機会がなかった旨の主張は失当というべきである。

また、本件各行為の多くが第三者のいない状況で行われたことからすると、Y社において、Xらのセクハラ行為を把握することは困難であるから、Xらが事前の警告等を受けていなかったとしても、これをXらに有利に斟酌することは相当でないというべきである。この点については、被害事実を使用者が把握できない合理的な事情がある場合、被害が深刻化し、その結果、警告等や比較的軽い懲戒処分を経ることなく、いきなり重い処分に至ることもあり得ることになると指摘されている[7]。

(オ) 相当性の判断

前記(ア)の本件各行為の性質、態様及び結果及び前記(イ)のXらの立場を総合的に考慮するならば、本件各懲戒処分は、社会通念上相当であると認められないとはいえず、有効であると認められる。

4 セクハラと降格

本件においては、懲戒処分とともに、人事上の措置として降格処分が行われている。

---

[7] 前掲山下53頁。

労働者に対する降格は人事上の措置として行われ（なお、降格は懲戒権の行使として行われることもある。）、①役職ないし職位の引下げ、②職能資格制度における資格や等級の引下げ、③職務等級制における給与等級の引下げなどの類型に分けられ、各類型に応じて、根拠と権利濫用該当性の判断枠組みを検討する必要がある[8]。

人事上の措置としての降格が、その目的において懲戒権の行使と同じ場合は、同じ行為について二重の懲戒処分を行うことと同視され、違法とされる可能性があるので、注意を要する[9]。

5 まとめ

セクハラを理由とする懲戒処分の有効性を検討するに当たっては、セクハラについての法規制を全体的に見渡したうえで、各事件におけるセクハラ行為の実際及び被害の実情を丹念に押さえ、セクハラ行為の性質、態様及び被害の結果を中心に主張を構成していくことが有効である。

（古谷　恭一郎）

---

[8] 皆川宏之「判批」判例評論684号（判例時報2277号）（2016年）203頁。
[9] 前掲皆川208頁。

◆参考文献

- 『最高裁判所判例解説民事篇〈昭和 54 年度〉』法曹会〔時岡泰〕339 頁
- 菅野和夫『労働法〈第 10 版〉』弘文堂（2012 年）479 頁
- 皆川宏之「判批」判例評論 684 号（判例時報 2277 号）（2016 年）203 頁
- 水町勇一郎「判批」ジュリスト 1480 号（2015 年）4 頁
- 野崎薫子「判批」ジュリスト 1486 号（2015 年）95 頁
- 山下昇「判批」法学教室 418 号（2015 年）49 頁
- 山﨑文夫「判批」民商法雑誌 151 巻 2 号（2014 年）172 頁
- 中丸隆「時の判例」ジュリスト 1483 号（2015 年）80 頁
- 松本克美「セクシュアル・ハラスメント―職場環境配慮義務・教育研究環境配慮義務の意義と課題」ジュリスト 1237 号（2003 年）137 頁
- 中窪裕也「アメリカにおけるセクシュアル・ハラスメント法理の新展開」ジュリスト 1147 号（1998 年）10 頁

4 企業の人事権の行使

設例 14　小問1・配転

　　　　使用者が労働者に対して転勤（配転）を命ずることが権利の濫用に当たり許されないのはどのような場合か。

　次の事例についてはどのように考えられるか。
(1)　Yは、音響機器、通信機器等の製造販売を目的とする資本金100億円、従業員約2000人を擁する株式会社である。

　Xは、平成15年7月、Yに雇用され、約7年間にわたり通信機器の製造業務等に携わった後、同25年1月以降は、東京都目黒区所在のYの技術開発本部技術開発部企画室における庶務の仕事に従事していた。
(2)　Yは、東京都八王子市所在のD事業所において、カーオーディオ事業本部向けにHIC（ハイブリッド・アイ・シー）の生産を5人態勢で開始したところ、需要見通しが大幅に増加し人員を10人に増員する必要が生じたので、同事業所内の異動により同年6月、8月、9月、12月に各1人の増員を行ったが、残る1人については同事業所内では補充の見通しが立たなかったうえ、同年8月及び9月に異動した2人が同年末には退職する見通しとなったため、早急に前記退職予定者の補充を行う必要が生じた。そこで、Yは、同事業所内技術開発本部開発第3部HIC開発プロジェクトチーム課長の希望に従い、即戦力となる製造現場経験者であり、かつ、目視の検査業務を行うことから年齢40歳未満の者という人選基準を設け、前記2人のうち1人は困難ながらも同事業所内で補充を検討することとするが、残る1人は企画室を含む本社地区からの異動により補充することとし、対象となる約60人の女性従業員の中から前記基準に該当する者を選定したところ、製造現場を約7年間経験し、年齢34歳であったXがこれに該当した。そこで、Yは、同年12月24日、Xを異動対象者に選定し、平成26年1月27日、その上司

である企画室長を通じて、Xに対し、同年2月1日付けで前記プロジェクトチームのHICの製造ライン勤務へ異動させる旨を内示し、同日、前記異動の命令を行った。Xは、即日、Yの苦情処理委員会に苦情申立てをしたが、同委員会は、同月3日、前記申立てを棄却する旨の裁定を行った。

(3) Xは、本件異動命令に従わず、D事業所に出勤しなかった。Yは、事態の打開を図るため、Xと勤務時間、保育問題等について話し合ってできる限りの配慮をしたいと考えていたが、Xは、この話合いに積極的に応じようとせず、本件異動命令拒否の態度を貫き、Yの担当者に話合いの機会を与えないまま欠勤を続けた。

そこで、Yは、懲戒規定に基づいて、平成26年5月6日頃到達の書面をもって、Xを同年5月9日から同年6月8日まで1か月の停職とし、さらに、前記停職期間満了後もXがD事業所に出勤しなかったので、同年9月21日ころ到達の書面をもって、Xを懲戒解雇した。

(4) Yの就業規則には、「会社は、業務上必要あるとき従業員に異動を命ずる。なお、異動には転勤を伴う場合がある。」との定めがあり、Yは、現に従業員の異動を行っている。XとYの間の労働契約において就労場所を限定する旨の合意がされたとは認められない。

(5) Xは、本件異動命令発令当時、東京都品川区所在の借家を住居として、夫と長男との3人家族で生活しており、企画室までの通勤時間は少なくとも約50分であった。

夫は、東京都港区所在の外資系の通信機器等の輸入及び製造販売を目的とする会社に勤務し、通勤時間約40分を要していた。また、同人は残業や出張が多く、本件異動命令発令前1年間の出張は、延べ19回、87日間（うち海外が59日間）に及んでいる。X夫妻は、平日は長男を保育園に預けていたところ、それぞれの出退勤の時刻と保育時間との関係上、長男の保育園までの送迎については、水曜日はXが送り、パート勤務の保母に月1万円で迎えと夕食を含む午後8時までの自宅保育を

依頼し、その他の曜日は夫が送り、Xのかつての同僚に月1万円で迎えと午後6時50分までの自宅保育を依頼していた。

　Xが本件異動命令発令当時の住居からD事業所に通勤するには、最短経路で、行きに約1時間43分、帰りに約1時間45分を要する。そのため、長男の水曜日における保育園への送り及びその他の曜日における午後6時50分から午後7時35分頃までの保育に支障が生ずる。なお、同事業所の従業員のうちには、通勤時間1時間30分から2時間20分以上を要する男性従業員が数十人、同1時間20分から2時間近くを要する女性従業員が約10人いる。

　D事業所の近辺には、Xが転居を希望すれば入居可能な相応の住居が多数存在し、居住地を中央線のE、F、G、H各駅近辺と定めた場合の夫の通勤時間は、乗車駅から約1時間である。また、八王子市内には、同事業所から徒歩15分の範囲内に3つ、Yの送迎バスを利用して約20分の範囲内にもう1つ保育園があり、隣接する日野市内には、徒歩と路線バスを利用して約20分の範囲内に2つの保育園があるところ、うち2つについては定員に余裕がある。

(6)　企画室長がXを退職させるための嫌がらせや報復人事の一環として本件異動命令を行ったとは認められない。

小問2・出向と権利の濫用

　使用者が労働者に対して出向を命ずることの可否について、出向命令の内容が、使用者が一定の業務を協力会社に業務委託することに伴い、委託される業務に従事していた労働者に対していわゆる在籍出向を命ずるものであって、就業規則及び労働協約には業務上の必要によって社外勤務をさせることがある旨の規定があり、労働協約には社外勤務の定義、出向期間、出向中の社員の地位、賃金その他処遇等に関して出向労働者の利益に配慮した詳細な規定があるという事情の下においては、使用者は、当該労働者に対し、個別的同意なしに出向を命ずることができると

判示した最高裁判所の判決がある。

このことを前提として、使用者による労働者に対する出向命令が権利の濫用に当たり許されないとされるのは、どのような場合か検討せよ。

Basic Information

1 労働契約法は、労働者及び使用者は、労働契約に基づく権利の行使に当たっては、それを濫用することがあってはならない（同法3条5項）として、労働契約に基づく権利にも民法上の権利濫用法理が妥当することを一般的に確認し、特に、出向（同14条）、懲戒（同15条）、解雇（同16条）に関して同旨の定めを重ねて規定している。

2 企業における労働者の人事異動のうち、同じ企業内で労働者の職務内容や勤務場所を変更することも配転という。また、一企業の枠を超えた人事異動においては、元の企業との間で従業員としての地位を維持しながら、他の企業においてその指揮命令に従って就労することを出向といい、元の企業との労働契約関係を終了させ、新たに他の企業との労働関係に入ることを転籍という。

3 配転は、企業内における職務内容や勤務場所の変更にとどまるが、特に転居を伴うものは労働者の私生活に大きな影響を及ぼすことにもなる。裁判例は、配転に係る企業の広範な権限を承認したうえで、権利の濫用の法理によってその限界を画し、労働者の私生活上の利益との調整を図っている。

4 出向は、転籍とともに、従業員にとって労務を提供する相手方である企業が変わることを意味することから、そもそも使用者は労働者の同意なしに出向や転籍を命じることができるか否か、出向先・転籍先企業と労働者の関係はどのようなものとなるかが、問題となる。出向を命ずる使用者の権利が就業規則などの包括的規定によって基礎づけられる場合でも、その行使が権利の濫用に当たる場合には許されない。労働契約法は、出向命令が、その必要性、対象となる労働者の選定状況などの事情に照らして権利を濫用したも

のと認められる場合には、当該命令を無効とすると規定して（同法14条）、このことを確認している。

設例に対する回答

1 小問1・配転について

(1) 労働協約や就業規則の定めなどによって労働契約上根拠づけられた有効な配転命令権の行使であっても、その行使には権利濫用法理（民法1条3項、労働契約法3条5項）による制約があり、配転命令に業務上の必要性が存しない場合、配転命令が不当な動機・目的をもってされた場合、労働者に通常甘受すべき程度を著しく超える不利益を負わせるものである場合などの特段の事情が存在する場合には、その配転命令の行使は効力を有しない。

(2) 本件事案は、製造業を営む企業Yにおいて、女性従業員Xが、東京都目黒区所在の本社地区の庶務の仕事から八王子市所在の事業所の製造ラインへの転勤を命じられたというものであるが、人員補充の必要性、Xの経験等の設例の事実関係の下においては、本件異動命令には業務上の必要性があり、これが不当な動機・目的をもってされたものともいえない。

(3) 本件における中心的な検討課題は、転勤に伴いXないしその家族が被る不利益が通常甘受すべき程度を著しく超えるものであるか否かであるが、Xの家族構成やその年齢、通勤の難易や転居の可能性等の具体的な事情を踏まえ、社会通念に照らして、妥当な結論を導くことになる。

2 小問2・出向と権利の濫用について

(1) 設例にあるとおり就業規則等の包括的規定によって出向命令権が基礎付けられる場合であっても、その行使は権利濫用法理による制約を受けることは、配転と同様である。労働契約法14条は、出向命令を権利濫用により無効とすべき場合の考慮事情として、出向命令の必要性、対象労働者の選定状況を例示するが、不当な動機・目的の有無や、労働者の負うこととなる不利益の程度といった事情も必要に応じ考慮される。

(2) 権利濫用の成否は、具体的な事情を総合して判断することになる。

例えば、①従業員の出向措置の前提となった経営判断が合理性を欠くなど、出向命令の必要性が認められない場合、②出向措置の対象となる者の人選基準が合理性を欠くなど、具体的な人選が不当であると認められる場合、③嫌がらせや退職に追い込むためであるなど不当な動機・目的が認められる場合、④労務提供先の変更に加え、その従事する業務内容や勤務場所に大きな変更があり、出向中の社員の地位、賃金、退職金、各種の出向手当、昇格・昇給等の査定その他処遇等に関する規定等も十分でないなど、生活関係、労働条件等において受ける不利益が著しい場合などには、その出向命令権の行使は権利濫用に当たり、出向命令が無効となるものと解される。

また、権利濫用の成否の判断において軸となる前記各要素のほかに、出向命令をするまでの手続の相当性も考慮される。

◆解　説

1　企業の人事権

日本の企業が企業活動を行ううえで必要な従業員を雇用することについては、長期雇用慣行と年功的処遇が大きな特徴であるとされてきた。長期雇用慣行とは、新規採用の多くを新規学卒者の一括採用によって行い、その後定年まで雇用を保障する（重大な非違行為や深刻な経営難がない限り解雇しない）慣行のことをいい、年功的処遇とは、年齢と勤続年数を重要な評価基準として賃金（昇級）や地位（昇進）などの処遇を決定することをいう。日本の企業は、こうした長期雇用慣行と年功的処遇を基盤として、人事に関して広範な決定権限（人事権）を持ち、これを柔軟に運用することによって企業組織の柔軟性や効率性を確保してきたとの指摘がある[1]。

広範な人事権の柔軟な運用が具体的に現れるのは、①昇進・昇格・降格、②配転、③出向・転籍などの局面である。

1　水町勇一郎『労働法〈第6版〉』有斐閣（2016年）32頁。

2　配転の意義及びこれに対する法規制

(1)　配転とは、職務内容や勤務場所の変更のことをいい（短期間の出張はこれに当たらない。）、特に事業所間にまたがる勤務場所の変更は転勤と呼ばれていることが多い。配転の多さは、日本企業の人事管理の大きな特徴の1つであるとされ、このように頻繁に配転が行われることの意義としては、長期雇用慣行をとる日本企業において、①多数の職場・仕事を経験することによって幅広い技能・熟練を形成していくことのほか、②技術や市場が多様に変化していく中でも雇用を維持できるよう柔軟性を確保することにあるといわれている[2]。

(2)　配転は、労働者の勤務条件や生活環境に変化をもたらすので、使用者が配転を命ずる場合の法的根拠やその限界等をめぐって議論がされてきた。

最高裁判所の判断枠組みは、昭和61年に言い渡された東亜ペイント事件[3]判決において示されている。

事案は、日本の各地に本・支店、営業所及び工場を有する塗料等の製造販売会社Yにおいて、神戸営業所に勤務していた主任待遇のXに対し、広島営業所の主任の後任として同営業所への転勤を内示したがこれに応じないので、代わりに名古屋営業所の主任を充てたうえ、Xに対しその後任として同営業所への転勤を内示したがこれにも応じなかったため、その旨の転勤命令がされたというものであり、使用者が配転を命ずる場合の法的根拠やその限界について示された判断枠組みは、第1に、使用者が有効に配転を命じるためには、配転命令権が労働協約や就業規則の定めなどによって労働契約上根拠付けられていることが必要であり、第2に、使用者に配転命令権が認められる場合であっても、その行使には権利濫用法理（民法1条3項、労働契約法3条5項）による制約が課されるというものである。

2　前掲水町142頁。
3　最二小判昭和61・7・14判時1198号149頁〔27613417〕。

ア　配転命令権に係る労働契約上の根拠の有無

　配転命令権は、労働者の職務内容や勤務場所を変更する法的効果を有するものとして、形成権であると解される。

　このような配転命令権の労働契約上の根拠としては、例えば、就業規則に「業務上の都合により配転を命じることができる」旨の規定がある場合には、同規定は、一般的には、幅広い能力開発の必要性や雇用の柔軟性の確保の要請から合理的なものと解釈されることから、労働契約上の配転命令権の根拠となり得る。

　もっとも、使用者と労働者との間に特に職種や勤務地を限定する旨の合意があるときは、使用者の配転命令権はその合意の範囲内のものに限定される（労働契約法7条ただし書）。この合意は黙示のものでもよい。

　職種を限定する合意が認められる例としては、病院の検査技師、看護師、大学教員など特別の資格や技能を有する職種である場合が多く、自動車製造工場で機械工として十数年から二十数年継続して勤務してきた労働者について職種限定の合意が成立しているとまでは認められないとした裁判例がある[4]。また、勤務地を限定する合意が認められる例としては、現地採用の補助的職員などが挙げられる。

イ　配転命令権の行使に係る権利濫用法理による制約

　東亜ペイント事件判決は、配転命令権の行使が権利の濫用に当たるのは、配転命令に業務上の必要性が存しない場合、配転命令が不当な動機・目的をもってされた場合、労働者に通常甘受すべき程度を著しく超える不利益を負わせるものである場合などの特段の事情が存在する場合に限られるとして、配転命令権が労働契約上の根拠を有しそれ自体として合理的なものと認められる場合には、使用者の裁量を尊重し、その配転命令権の行使を権利の濫用に当たり許さないとすることについてはやや謙抑的な考え方を明らかにしている。

4　最一小判平成元・12・7労働判例554号6頁〔27808460〕。

同判決は、前記の一般的な説示に続いて、事案との関係では、欠員の生じる名古屋営業所の特定のポストにつき、後任として適当な者を補充すべく、神戸営業所に勤務するXを選び、転勤を命じたことには業務上の必要性があったものと認め、同居する家族との別居を余儀なくされるなどの家族状況に照らしても、その家庭生活上の不利益は、転勤に伴い通常甘受すべき程度のものといえるので、配転命令権の行使が権利の濫用に当たるような特段の事情は認められない旨判断した。

東亜ペイント事件判決は、配転命令権の行使が権利の濫用に当たる特段の事情の例として、前記のとおり、①配転命令に業務上の必要性が存しないこと、②配転命令が不当な動機・目的をもってされたこと、③労働者に通常甘受すべき程度を著しく超える不利益を負わせるものであることを挙げている。

このうち①の業務上の必要性は、余人をもって代え難いといった高度の必要性までは要求されず、労働者の適正配置、業務の能率増進、労働者の能力開発、勤務意欲の高揚、業務運営の円滑化などのためのものでよいと解されている。

②の不当な動機・目的としては、一般的には、嫌がらせや退職に追い込むための配転などが挙げられ、裁判例にも、内部通報者に対する業務上の必要性のない配転命令について動機・目的が不当である旨判断したものがある[5]。

③の労働者の不利益については、転勤に限らず、配転等が多かれ少なかれ労働者の仕事や家庭生活等に不利益を及ぼすことは否定できないが、企業経営の合理性をはじめとする業務上の必要性との兼ね合いからすれば、直ちに権利の濫用とすることはできない。何をもって「通常甘受すべき不利益」とみるかは、個別の事案との関係で具体的に検討すべき度合いが高く、当該配転に係る労働者の不利益の程度と使用者の業務上の必要性との比較衡量を中心としつつ、併せて手続の妥当性等の種々の要素の総合考慮がされることもある。加えて、この点に関する社会通念の変化に目配りをすることも必要で

---

[5] 東京高判平成23・8・31判時2127号124頁〔28173938〕。

あり、東亜ペイント事件判決の事案と判断内容から直ちに他の事案の結論を導くことは適当でないであろう。
ウ　配転命令を争う訴訟
　配転命令権に係る労働契約上の根拠が欠けており、又は配転命令権の行使が権利の濫用に当たると認められる場合には、その配転命令は無効となるので、労働者が配転命令を争う訴訟等においては、通常、配転先における就労義務のない労働契約上の地位の法理による制約のない労働契約上の地位の確認を求めることになる。

3　小問1・配転の検討
(1)　Yの配転命令権に係る労働契約上の根拠の有無
　Yの就業規則には、「会社は、業務上必要あるとき従業員に異動を命ずる。なお、異動には転勤を伴う場合がある。」との定めがあり、Yは、現に従業員の異動を行っている一方、XとYの間の労働契約において就労場所を限定する旨の合意がされたとは認められないというのである（設例中の(4)）。Xは、平成15年7月、Yに雇用され、約7年間にわたり通信機器の製造業務等に携わった後、同25年1月以降は、東京都目黒区所在のYの技術開発本部技術開発部企画室における庶務の仕事に従事していた（設例中の(1)）ところ、同じ東京都内である八王子市への転勤を命じられたというのであるから、専ら目黒区に勤務地を限定する旨の黙示の合意があったと認定することも困難であるように思われる。
　そうすると、Yの配転命令権には労働契約上の根拠があることになる。
(2)　配転命令権の行使に係る権利濫用法理による制約
ア　本件は、製造業を営む企業Yにおいて、女性従業員Xが、東京都目黒区所在の本社地区の庶務の仕事から八王子市所在の事業所の製造ラインへの転勤を命じられた事案であるが、設例中の(1)、(2)及び(6)の事実関係によれば、Yの八王子事業所のHICプロジェクトチームにおいては昭和62年末に退職予定の従業員の補充を早急に行う必要があり、本社地区の製造現場経験があ

り40歳未満の者という人選基準を設け、これに基づき同年内にXを選定した上本件異動命令が発令されているから、本件異動命令には業務上の必要性があり、これが不当な動機・目的をもってされたものともいえない。

　そうすると、権利濫用との関係では、転勤に伴いXないしその家族が被る不利益が通常甘受すべき程度を著しく超えるものであるか否かが中心的な検討課題となる。

イ　Xは、品川区に居住し、他社に勤める夫と共働きで3歳の子どもを保育園に預けながらフルタイムで勤務している女性である。

　Xが八王子に通勤するのには、これまでと比べて長時間を要するものの、事実上不可能とまではいえないであろう。もっとも、本件においては、子どもを保育園へ送迎しなければならず、長距離通勤の下ではかなりの困難を伴うので、その現実的な可能性は、他社に勤務する夫の協力の有無や程度がどのようなものであるかにも関わる。Xの従前の住居は借家で、他社に勤務する夫も八王子近辺から通勤することができないものではないことからすると、現住所を離れ難い事情が強いとは言い難い。もっとも、この場合には、子どもの保育園を新たに確保するという課題が新たに生じ、転居するにしても転居先の選定の幅が狭くなることも考えられる。

ウ　本件の事実関係の下においては、D事業所の近辺には、Xが転居を希望すれば入居可能な相応の住居が多数存在し、居住地を中央線のF、G、H、I各駅近辺と定めた場合の夫の通勤時間は、乗車駅から約1時間であること、また、八王子市内には、同事業所から徒歩15分の範囲内に3つ、Yの送迎バスを利用して約20分の範囲内にもう1つ保育園があり、隣接する日野市内には、徒歩と路線バスを利用して約20分の範囲内に2つの保育園があり、うち2つについては定員に余裕がある（設例中の(5)）というのであるから、Xが、D事業所に近い場所に転居し、子どもを保育所に通わせながら、同事業所に通勤することには、現実的な可能性があるということができ、それ以外に転勤によるXの不利益の程度が高いとみるべき事情はない。

エ　最高裁判所の判決には、設例と同様の事実関係の下において、Xの負う

をするまでの手続の相当性も考慮されることがあるところ、本件の第一審判決（福岡地小倉支判平成 8・3・26 労働判例 847 号 30 頁〔28081532〕）によれば、出向先での労働条件や出向者の人選について事前に当該職場の全員に情報が開示されていたことが認定されている。

（小林　康彦）

◆参考文献

1　本稿のテーマ全体に関するもの
　本文中に掲げたもののほか
・守島基博＝大内伸哉『人事と法の対話―新たな融合を目指して』有斐閣（2013 年）（特に 77 頁以下）
・大内伸哉「判批」法学教室 344 号（2009 年）111 頁
・大内伸哉「判批」法学教室 345 号（2009 年）102 頁

2　前掲昭和 61 年最判〔27613417〕の評釈
・国武輝久「判批」昭和 61 年度重要判例解説 206 頁
・宮里邦雄ほか「判批」労働判例 922 号（2006 年）94 頁
・菅野淑子「判批」労働判例百選〈第 8 版〉（2009 年）138 頁
・富永晃一「判批」労働判例百選〈第 9 版〉（2016 年）126 頁

3　前掲平成 12 年最判〔28050205〕の評釈
・山崎隆「判批」労働判例 779 号（2000 年）6 頁
・菅野淑子「判批」法律時報 72 巻 11 号（2000 年）102 頁
・浜田冨士郎「判批」判例評論 501 号（判例時報 1721 号）（2000 年）237 頁
・大内伸哉「判批」ジュリスト 1191 号（2000 年）85 頁

4　前掲平成 15 年最判〔28081211〕の評釈
・大内伸哉「判批」ジュリスト 1264 号（2004 年）140 頁
・名古道功「判批」平成 15 年度重要判例解説 215 頁
・宮里邦雄ほか「判批」労働判例 937 号（2007 年）185 頁
・藤本真理「判批」労働判例百選〈第 9 版〉（2016 年）128 頁

5 解雇

> **設例 15** 使用者が労働者を普通解雇することが権利の濫用に当たり許されないとされることがあるか。あるとすればそれはどのような場合か。
>
> 例えば、ある労働者が、労働組合から除名されたことから、使用者が、ユニオン・ショップ協定に基づく労働組合に対する義務の履行として、当該労働者を普通解雇したところ、当該除名が無効であった場合については、その普通解雇が権利の濫用に当たり許されないか否かについては、どのように考えられるか。

Basic Information

1 解雇とは、労働契約の一方当事者である使用者からする労働契約の解約の申入れ（一方的意思表示）のことであり、双方当事者の合意による解約や、労働者から行う任意退職の申入れ（一方的意思表示）とは区別される。

2 期限の定めのない雇用契約は、いつでも解約の申入れをすることができるとされている（民法 627 条 1 項）が、労働法体制においては、解雇を制限する法理として、普通解雇については解雇権の濫用の法理、懲戒解雇については懲戒権の濫用の法理がそれぞれ発達し、これらが労働基準法、労働契約法において明文化されるに至ったことから、使用者が労働者を普通解雇することが権利の濫用に当たるか否かについては、権利の濫用の法理の一般的な基準によって判断するのではなく、労働法体制において発展し確立した独自の法理である解雇権の濫用の法理に従って、当該普通解雇の有効無効を判断する必要がある。

◆設例に対する回答

1　使用者による労働者の普通解雇が権利の濫用に当たるかについては、権利の濫用の一般的な基準によって判断するのではなく、労働法体制において発展した解雇権濫用の法理に従うべきである。

2　解雇権の濫用の法理によると、組合からの除名を理由とする普通解雇は、その除名が無効であれば、他に当該普通解雇の合理性を裏付ける特段の事情がない限り無効であるが、逆に、その除名が有効であれば、解雇権濫用の法理によっても、有効である。

◆解　説

1　普通解雇の意義

　解雇とは、労働契約の一方当事者である使用者側からする労働契約の解約の申入れであるが、そのうち、懲戒解雇以外のものを、普通解雇という。

2　普通解雇の制限

　期限の定めのない雇用契約は、民法上は、いつでも解約の申入れをすることができるとされており、この場合、当該雇用契約は、解約の申入れ後2週間の経過によって終了する（民法627条1項）。

　このように、民法は、期間の定めのない雇用契約においては、労働者の退職の自由のほかに、使用者の解雇の自由をも併せて保障しているものである。

　そして、労働基準法においても、従来は、解雇を制限するための若干の規定（労働基準法19、20条）が置かれているほか、差別的取扱いを禁止する一般的な規定（労働基準法3条）によって、差別的取扱いとなる解雇が禁止されているだけであった。

　しかしながら、労働力が過剰であった戦後復興期には、解雇は労働者の家族を路頭に迷わせかねず、そのため、労働組合も、労働者の雇用の確保を最優先課題とした。終身雇用が日本型雇用の原則形態とされ、労働者は、使用者に雇用され続けることで、生計を維持し、家族を養い、自らの幸福追求の

機会を得るという人生設計をしていたことから、使用者の解雇の自由を貫徹するのでは、労働者に多大な不利益をもたらしかねず、その雇用保障が社会的にも要請された。

そこで、判例法理として、普通解雇を制限する法理である解雇権濫用の法理及び懲戒解雇を制限する懲戒権濫用の法理が発展・確立されたほか、解雇の自由を制限するための法令上の規制（例えば、男女雇用機会均等法8条、労働組合法7条1号、育児介護休業法10、16条等）や当事者自治による規制（労働協約、就業規則、個別労働契約による規制）もされ、民法や労働基準法の原則とは異なり、むしろ、普通解雇を制限的にしか認めないのが原則的な扱いとなったものである。

3　解雇権濫用の法理

解雇権濫用の法理とは、客観的に合理的な理由がない解雇や社会通念上相当と認められない解雇を、解雇権の濫用に当たるとして、無効とする法理である。

民法の原則どおりに使用者がいつでも労働者を解雇することができるわけではなく、解雇は制限的にしか認められないということは、従来から、結論としては争いはなかったが、その理論構成としては、諸外国の立法にならって提唱された正当事由構成（正当事由がない普通解雇は認めないとするもの）が、実体法上の根拠がないため、民法の解雇の自由（民法627条）を基礎とする現行法においては無理があるとされ、その後、権利濫用の法理（民法1条3項）を用いる構成[1]が支持を集め、それが、徐々に理論的な深化をみせ、多数の下級審裁判例が集積するうちに、解雇権濫用法理として発展・確立していったものである。もっとも、解雇権濫用法理は、説明としては解雇権の濫用という形をとっているが、解雇には正当な事由が必要であるという説を裏返したようなものであり、実際の運用上は正当事由必要説と大差が

1　例えば、東京地決昭和26・8・8民集14巻6号913頁〔27203730〕。

ないと解されている[2]。なお、主張立証責任の関係でいえば、正当事由説では使用者側が正当事由の立証責任を負うのに対し、権利濫用説では労働者側が濫用事由の立証責任を負うとされていたが、実際の訴訟実務では、裁判所は、権利濫用説に立っても、むしろ、使用者側に、解雇が濫用に当たらないことを基礎付ける事実の立証活動をさせていたことから、権利濫用説における立証責任の点での労働者側のデメリットも実際には問題とならなかった。そして、解雇権濫用の法理が発展する中で、同法理においても、使用者側に解雇の合理的な理由等の立証の事実上の負担を負わせるべきであるとの見解が主流となっていった。

このように、解雇権濫用の法理は、権利濫用の法理をベースとしているものではあるが、判例によって、一般の権利の濫用の法理とは異なる、解雇に特化した法理として確立されたものであり、最高裁判所も、この法理を是認するに至ったが、それが、後記4(1)で取り上げる最二小判昭和50・4・25民集29巻4号456頁〔27000376〕（日本食塩製造事件）であり、さらに、解雇には客観的に合理的な理由があることのほか、社会通念上相当性の原則が要請されることを明らかにした最二小判昭和52・1・31裁判集民120号23頁〔28160387〕（高知放送事件）である。

解雇権濫用の法理は、日本の雇用システムにおける重要なルールの1つとなったことから、その内容を法律で明文化することで、普通解雇には客観的に合理的な理由及び社会的相当性が必要であることを明確化する必要があるとの主張は、従来からされていたものであるが、ようやく平成15年になって、厚生労働省労働政策審議会労働条件分科会によって立法化の提言がされ、解雇事由の立証責任をめぐる議論（解雇に合理的な理由があることの立証責任を事実上使用者側に負わせている従来の訴訟実務を考慮した立法にすべきであるとの議論）を経たうえで、確立している解雇権濫用法理の根幹部分のみをそのまま立法することとなり、当初は、労働基準法18条の2として明

---

2 『最高裁判所判例解説民事篇〈昭和50年度〉』法曹会〔越山安久〕175頁。

文化され、さらに、平成19年12月に労働契約法が成立した際に、同法16条に「解雇は、客観的に合理的な理由を欠き、社会通念上相当であると認められない場合は、その権利を濫用したものとして、無効とする。」と規定されたものである（労働基準法18条の2は削除）。

この明文化により、解雇権濫用法理は、解雇権行使を例外的に規制する通常の権利濫用の法理としての性格を脱し、解雇権の行使を内在的に規制する法理へと発展したものである。

4 解雇権濫用の法理の具体的内容

(1) 解雇権濫用の法理とは、解雇が、客観的に合理的な理由を欠き、社会通念上相当であると認められない場合に、これを無効とするものであるが、解雇が客観的に合理的な理由を有する場合とは、具体的には、次の場合がこれに当たると解されている。

ア　労働者の労務提供の不能

例えば、業務以外の事由による傷病（私傷病）や、その治癒後の後遺障害により、労働能力を喪失した場合である。もっとも、傷病から早期に回復することが見込まれる場合や、休職等の解雇回避措置を採らなかった場合は、解雇が無効とされることもある[3]。

ちなみに、業務に起因する傷病の場合は、療養期間及びその後の30日は解雇が禁止されている（労働基準法19条1項）。

イ　労働能力又は適格性の欠如・喪失

勤務成績の著しい不良がある場合、適格性が欠如している場合、能力不足の場合などである。重要な経歴の詐称等により信頼関係が喪失した場合も含まれる[4]。とりわけ、バブル崩壊以降、成果主義や能力主義的な人事管理が

3　例えば、東京地判平成22・3・24判タ1333号153頁〔28163001〕、東京地判平成17・2・18労働判例892号80頁〔28101297〕。

4　例えば、東京高判平成25・3・21労働判例1073号5頁〔28213041〕、東京地判平成21・4・16労働判例985号42頁〔28153161〕。

広まったことで、能力不足を理由とする解雇がみられるようになってきたものである。

　もっとも、終身雇用制の下での能力不足や成績不良の場合（いわゆるメンバーシップ型能力不足タイプ）、裁判例は、労働者が特に反抗的な態度をとっていたなどの事情がない限り、解雇の有効性を抑制的に判断する傾向がみられる。例えば、勤務成績・勤務態度等の不良を理由に解雇する場合、社会通念に従って客観的に不良と認められる事実が多数認定され、不良の程度が著しく改善の余地がないと判断され、さらに使用者側に指導又は管理体制の落ち度や不当な違法原因がないことが要求されている[5]。

　他方、本人の特段の能力を期待して中途採用したが、それに見合った能力や適格性がなかった場合（いわゆるジョブ型能力不足タイプ）には、解雇を認めるべき客観的合理的な理由があるとされることもある[6]。

　解雇権濫用法理は、解雇を容易に認めない硬直的な法理であるとの批判がされることもあるが、決してそうではなく、様々なタイプごとに裁判例が蓄積され、むしろ柔軟に判断がされているというべきである。

ウ　労働者の義務違反、職場規律違反

　労働者の職場規律、企業秩序違反の場合であり、具体的には、職場における暴言、セクシュアル・ハラスメント、業務命令違反などである[7]。労働者がたび重なる遅刻、早退、欠勤等で企業秩序を乱した場合や、勤務態度不良の場合も含まれる。

　これらは、本来、懲戒解雇の対象となるものであるが、懲戒解雇ではなく普通解雇をすることもできるというものである。例えば、アナウンサーが寝

---

[5]　例えば、東京地判平成24・10・5判時2172号132頁〔28182217〕、最判昭和51・1・31労働判例268号18頁。

[6]　例えば、東京地判平成14・10・22労働判例838号15頁〔28080008〕、東京地判平成12・4・26労働判例789号21頁〔28052370〕。

[7]　例えば、東京地判平成12・8・29判時1744号137頁〔28061327〕、東京地判平成16・1・14労働判例875号78頁〔28092447〕。

過ごしてニュースの放送ができなかったことを理由とした解雇の効力が問題となった前掲昭和 52 年最判〔28160387〕の事例である（結論としては解雇権の濫用として解雇を無効とした。）。

エ　経営上の必要性に基づく解雇

　経営不振による人員整理（整理解雇）のほか、合理化による職種の消滅と他種への配転不能による解雇や、会社清算・解散時の整理解雇なども含まれる。また、このような経営危機に瀕しての緊急避難型整理解雇ではなく、積極的リストラとしての経営戦略型解雇の場合もある。

　整理解雇は、普通解雇の一種であるものの、独自の解雇法理が確立されており（いわゆる整理解雇法理）、解雇の有効性の判断要素は、①人員削減の必要があること、②解雇回避の努力をしたこと、③解雇をする人選の合理性があること、④解雇手続が相当であることの 4 要素に類型化されている[8]。もっとも、裁判所は、①については、経営状態について詳細に認定はするものの、人員削減の判断については経営判断を尊重する傾向にあり[9]、また、④については、労働者側に、解雇手続が不当であることの立証の負担をさせる裁判例が多い[10]ことから、②が有効無効の決め手となることも多い。②は、使用者は、人員削減をする際には、整理解雇に先立ち、配転、出向、一時帰休、希望退職の募集などの解雇以外の手段を用いることで解雇回避の努力をする信義則上の義務（解雇回避努力義務）を負うというものであり、裁判例では、かかる努力をすることなく、いきなり整理解雇をした場合は、それだけで解雇権の濫用とする例が多い[11]。

8　例えば、東京地決平成 12・1・21 労働判例 782 号 23 頁〔28051572〕、東京地決平成 8・7・31 判時 1584 号 142 頁〔28011423〕。

9　例えば、札幌地判平成 12・4・25 労働判例 805 号 123 頁〔28061610〕、東京高判昭和 54・10・29 判時 948 号 111 頁〔27612913〕。

10　例えば、東京地判平成 24・2・29 労働判例 1048 号 45 頁〔28181410〕、東京地判平成 15・8・27 判タ 1139 号 121 頁〔28090558〕。

11　例えば、最一小判昭和 58・10・27 裁判集民 140 号 207 頁〔27613216〕。

オ　ユニオン・ショップ協定に基づく組合の解雇要求

　ユニオン・ショップ制度とは、労働者が労働組合の組合員たる資格を取得せず又はこれを失った場合に、使用者をして当該労働者との雇用関係を終了させることにより、間接的に労働組合の組織の拡大強化を図ろうとする制度である。

　我が国の多くの労働組合は、ユニオン・ショップ制度を定める労働協約であるユニオン・ショップ協定を有しているが、いわゆる不完全ユニオン（「原則として、解雇する。」とか、「解雇する。ただし、使用者は、当該者を特に必要と認めるときは解雇しないことができる。」などの例外を設けているもの）である場合も多い。

　もっとも、近時は、労働者には、自らの団結権を行使するため労働組合を選択する自由や労働組合に入らない自由があるとして、ユニオン・ショップ協定自体の有効性に疑問を唱える学説が有力となっており[12]、判例[13]も、他の組合に加入している者との関係では、同協定は憲法28条が設定する公序に違反し無効になる（民法90条）と解している。

　ユニオン・ショップ協定が締結され、それが有効なものとされると、使用者は、労働組合を脱退した又は除名された労働者がいる場合に、その者を解雇する義務を負うことになるが、使用者がこの義務に基づいて労働者を解雇した場合に、その解雇が直ちに有効といえるか否かは、ユニオン・ショップ協定の有効性とはまた別の問題とされている。

　この点、判例[14]は、使用者が、労働組合を脱退した又は除名された労働者に対し、ユニオン・ショップ協定を根拠とする解雇をした場合について、ユニオン・ショップ制度の効用や、使用者の解雇は義務に基づくものであって恣意的な解雇とは異なることなどから、解雇権濫用法理にいう客観的に合理

12　例えば、水町勇一郎『労働法〈第6版〉』有斐閣（2016年）364頁。
13　最一小判平成元・12・14民集43巻12号2051頁〔27805325〕。
14　最二小判昭和50・4・25民集29巻4号456頁〔27000376〕。

的な理由のある解雇に当たると判断した。

　もっとも、労働組合を脱退した又は除名された労働者が、その後、別の組合に加入した場合は、その者との関係では、ユニオン・ショップ協定は公序に違反し無効になる[15]のであるから、同協定に基づく解雇は解雇事由を欠き無効となるのが原則である[16]。ただし、その場合であっても、他に当該解雇を基礎付ける特段の事由があれば、解雇が有効となることもあり得る[17]。普通解雇は、懲戒解雇と違って、解雇時点で存在していた事実であれば、解雇事由を追加して主張することも認められていることから、ユニオン・ショップ協定に基づく解雇としては無効であるとしても、それ以外の理由で解雇が有効となることもあり得るものである[18]。

(2)　解雇権濫用の法理によると、前記アないしオのような客観的に合理的な理由がある場合であっても、さらに、当該解雇が、社会通念上相当であると認められなければ、解雇権を濫用したものとして無効とされる。前記の客観的合理性の要件が客観的類型的判断であるのに対し、この相当性の要件は、客観的合理性の要件が具備されていることを前提に、当該解雇の個別的事情（労働者の情状、処分歴、他の労働者との均衡等）を踏まえた解雇の社会的相当性を問題とする判断であるということができる。

　この相当性の要件についても、裁判所は、厳格に解する傾向があり、解雇事由が重大で、他に解雇回避の手段がなく、かつ、労働者側に宥恕すべき事情がほとんどない場合に限って、相当性の要件を認めている[19]。ただし、労

15　前掲平成元年最判〔27805325〕。

16　例えば、東京地判昭和50・5・13判時801号98頁〔27612553〕。

17　前掲平成元年最判〔27805325〕、神戸地判平成13・10・1労働判例820号41頁〔28070639〕。

18　もっとも、労働基準法の平成10年改正により、労働者が、解雇時に、解雇の理由が記載された証明書を請求することが可能となった（労働基準法22条1項）ことから、今後は、証明書に記載された以外の解雇理由を訴訟において事後的に追加主張することは許されないとの見解が裁判所によって採用されることも考えられる。

19　例えば、札幌地判平成22・11・12労働判例1023号43頁〔28173082〕、東京地判平成18・9・29労働判例930号56頁〔28130861〕。

働者が非違行為について反省することなく、その後も信頼関係を破壊するような行為をしているような場合は、解雇を有効とする例も少なくない[20]。

なお、実際の裁判例では、客観的合理性の要件と社会通念上相当性の要件は、明確に区別されることなく、一体として判断されることが多い[21]。

5 解雇の無効

解雇権濫用の法理により解雇が無効とされると、当該解雇は当初からなかったことになり、従前の雇用契約関係が存続することになる。もっとも、労働者の就労請求権は一般に認められていないことから、労働者は賃金請求はできるものの、現実に就労することの請求はできない[22]。

ちなみに、諸外国では、正当事由を欠く解雇がされた場合でも、使用者は、金銭補償責任を負うだけであり、雇用契約自体は終了する例が多い。

6 設例の検討

(1) 設例は、ある労働者が、労働組合から除名されたことから、使用者が、ユニオン・ショップ協定に基づく労働組合に対する義務の履行として、当該労働者を解雇したところ、当該除名が無効であったという事案である。

(2) 最高裁判所の判決に、設例の類似の事例において、当該除名が無効なのであれば、当該解雇は解雇権の濫用に当たり無効としたものがある（最二小判昭和50・4・25民集29巻4号456頁〔27000376〕）。

この事例は、使用者と労働組合との間に「会社は組合を脱退し又は除名した者を解雇する。」とのユニオン・ショップ条項を含む包括的労働協約が締結されていたところ、労働組合が、ある組合員を離籍処分にし、その旨を、

---

20 例えば、大阪高判平成24・4・18労働判例1053号5頁〔28182309〕、最一小判平成6・9・8労働判例657号12頁〔28019271〕。
21 もっとも、白石哲『労働関係訴訟の実務』商事法務（2012年）270頁は、これを批判する。
22 例えば、東京高決昭和33・8・2判タ83号74頁〔27611027〕。

当該組合員に通知するとともに、使用者にも通知したことから、使用者がユニオン・ショップ条項に基づき当該組合員を普通解雇したところ、労働者は、この除名の効力を争うとともに、仮に除名が無効であれば解雇も無効であると主張して、解雇の効力も争ったものである。

このような事例で、最高裁判所は、以下のように判示した一審判決を維持した。

「労働組合から除名された労働者に対しユニオン・ショップ協定に基づく労働組合に対する義務の履行として使用者が行う解雇は、ユニオン・ショップ協定によって使用者に解雇義務が発生している場合にかぎり、客観的に合理的な理由があり社会通念上相当なものとして是認することができるのであり、当該除名が無効な場合には、使用者に解雇義務が生じないから、かかる場合には、客観的に合理的な理由を欠き社会的に相当なものとして是認することはできず、他に解雇の合理性を裏づける特段の事由がないかぎり、解雇権の濫用として無効であるといわなければならない。」

前記4(1)オのとおり、使用者が、ユニオン・ショップ協定に基づく義務として、労働組合を脱退した又は除名された労働者を解雇したのであれば、解雇権濫用法理にいう客観的に合理的な理由のある解雇に当たると解されており、また、この解雇は、同協定に基づくものであるから、社会通念上も相当と認められるのであるが、当該除名自体が無効であったとすると、同協定に基づく解雇とはいえなくなるから、他に、解雇を正当化する客観的に合理的な理由がない限り、解雇権濫用の法理により、当該解雇は無効と解さざるを得ないものである。

なお、従前は、労働組合がなした除名が無効である場合に、ユニオン・ショップ協定に基づく解雇も無効になるかは争いがあり、除名が無効であればユニオン・ショップ協定に基づく解雇もその前提ないし原因を欠くことになり無効となるとする裁判例が主流であった一方で、除名は無効でもユニオン・ショップ解雇は有効であるとする有効説に立つ裁判例[23]や、除名に重大な瑕疵があり使用者が容易にこれを知り得た場合には解雇が無効となるがそ

うでなければ有効になるとする折衷説に立つ裁判例[24]もあったものであるが、前記判例は、無効説に立つ旨を明らかにすることで、この論争に決着をつけたものである。

(3) 以上のとおり、普通解雇については、権利濫用の法理をダイレクトに適用するのではなく、それをベースとする解雇権濫用の法理を適用する必要がある。

ユニオン・ショップ協定に基づく解雇は、現在では、そう多くはないと思われるが、解雇権濫用の法理にいう「客観的に合理的な理由」がある場合の一類型とされており、労働組合から有効に除名をされた又は脱退した労働者を、同協定に基づいて解雇したのであれば、それは、解雇権濫用の法理によっても、有効な解雇とされ、ただし、当該除名自体が無効であったのであれば、解雇も無効とされるのが通常であろう。

（岡口　基一）

23　東京高判昭和43・2・23判タ222号200頁〔27200706〕。
24　岐阜地判昭和45・4・16労働関係民事裁判例集21巻2号593頁〔27612097〕。

◆参考文献

1　本稿のテーマ全体に関するもの
・菅野和夫『労働法〈第 11 版補正版〉』弘文堂（2017 年）737 頁
・荒木尚志『労働法〈第 3 版〉』有斐閣（2016 年）294 頁
・水町勇一郎『労働法〈第 6 版〉』有斐閣（2016 年）175 頁
・白石哲『労働関係訴訟の実務』商事法務（2012 年）265 頁
・渡辺弘『労働関係訴訟』青林書院（2010 年）7 頁
・根元到「判批」労働判例百選〈第 9 版〉（2016 年）146 頁

2　前掲昭和 50 年最判〔27000376〕の評釈
・小宮文人「判批」労働判例百選〈第 9 版〉（2016 年）206 頁
・高橋梅夫「判批」最高裁労働判例Ⅲ（1982 年）209 頁
・越山安久「判批」法曹時報 30 巻 4 号（1978 年）84 頁
・清水一行「判批」ジュリスト増刊 5 号（1972 年）131 頁
・窪田隼人「判批」民商法雑誌 77 巻 1 号（1977 年）121 頁
・清水一行「判批」ジュリスト 615 号（1976 年）176 頁
・西川美数「判批」東洋法学 19 巻 2 号（1976 年）1 頁
・高梨昇三「判批」法律のひろば 28 巻 9 号（1975 年）43 頁
・小西国友「判批」ジュリスト 595 号（1975 年）47 頁
・楢崎二郎「判批」判例評論 198 号（判例時報 780 号）（1975 年）153 頁
・水野勝「判批」労働法律旬報 885 号（1975 年）15 頁
・山口浩一郎「判批」判例タイムズ 324 号（1975 年）12 頁

第4

民事手続と権利の濫用

1　訴えの提起

設例 16

(1) 平成27年5月ごろ、Yの娘DはX会社（当時の商号は有限会社E薬局）の代表取締役、Yは同会社の取締役であった。また、X会社の社員の持分合計220口のうち100口はYの、93口はDの、10口はYの娘Fの、10口は前記Dの夫Gの各出資にかかり、残余の7口もYの親族の者が出資していて、X会社はY及びDを中心とする同族によって経営されていた。

(2) X会社は、平成27年3月ごろから経営に行詰りを来したため、Y、D、G、Fの夫Hらが協議した結果、Y、Dらはその持分を訴外I、同J夫婦に譲渡してX会社の経営から手を引くことになり、同年5月28日Yの持分100口のうち40口をJに、60口をIに、Dの持分93口のうち90口及びGの持分10口全部をIに譲渡することがそれぞれの当事者間で合意され、前記I夫婦は前記各持分譲渡を受けたことの代償としてX会社が当時負担していた債務の弁済等のため金5000万円を出捐し、Y及びDはX会社に対し取締役の辞任届を提出した。

(3) ここにおいて、平成27年5月28日X会社の社員総会において、(イ)前記各社員持分譲渡の承認、(ロ)I夫婦を取締役に、さらにJを代表取締役にそれぞれ選任すること、(ハ)前記(イ)、(ロ)に伴う、定款中の社員の氏名、住所、出資口数、取締役、代表取締役に関する記載の変更を内容とする決議がなされたとして、I夫婦が取締役に、さらにJが代表取締役に就任した旨の登記がそのころなされ、以後前記両名が事実上X会社の経営に当たって今日に至っている。また、平成27年6月11日X会社の社員総会においてその商号を有限会社E薬局から有限会社A薬品に変更する旨の決議がなされたとして、そのころ前記商号変更の登記がなされている。

(4) Yが前記各社員総会決議の不存在の確認を求める本件訴を提起した

のは、前記社員持分譲渡の合意がされてから約3年を経た後のことである。

以上の事実関係を基に、有限会社の社員総会決議不存在確認を求める訴えの提起の適否について論じなさい。

Basic Information

1　濫用的な民事訴訟の提起がされた場合、訴権の濫用と評価されることがある。
2　訴権の濫用が認められるときは、訴えは不適法として却下される。
3　訴権の濫用が主張されるときは、本訴の提起が不法行為であるとして、反訴が起こされることも多い。

◆設例に対する回答

設例の事案は、訴権の濫用を最高裁として初めて認めた最一小判昭和53・7・10民集32巻5号888頁〔27000235〕（以下、「昭和53年最判」という。）の事案を現在に当てはめたものである。現行の法制度（特例有限会社）に読み替えながら[1]、結論を述べると、以下のとおりとなる。

1　有限会社の持分（特例有限会社の株式）について、社員（株主）以外の者に譲渡する場合は社員総会（株主総会）の承認を得なければならない（旧有限会社法19条、会社法の施行に伴う関係法律の整備等に関する法律9条1項）。持分（株式）譲渡について社員総会（株主総会）決議がなければ、譲渡は無効であり、社員総会（株主総会）の不存在が判決により確認されれば、それには対世効があるから（平成17年法律第87号による削除前の商法109条1項、252条、旧有限会社法41条、会社法838条）、I夫婦も拘束される。

1　森田章「判批」会社法判例百選〈第2版〉（2011年）92頁。

2　Yは相当な代償を受けて自らその社員の持分（株式）を譲渡する旨の意思表示をした者で、譲渡についての社員総会（株主総会）の承認を得るよう努めるべき立場にあり、それも容易であった。I夫婦がX会社の経営をするようになってから相当期間を経過している。

このような状況の下で、Yが社員総会（株主総会）不存在確認を求める訴えを提起するのは、訴権の濫用として、不適法却下される。

◆ 解　説

1　訴権の濫用について

(1)　訴権とは、個人が訴えを提起して裁判を受ける権利をいう。

濫用的な民事訴訟の提起がされた場合、訴権の濫用と評価され、実体判断に入ることなく訴えが却下されることがある。

(2)　ただ、訴権の濫用（訴権という概念そのものを含め）を認めた最高裁の判決は、昭和53年最判〔27000235〕を待たなければならなかった。大審院の判例としては、子が母に対して賃料相当損害賠償を求めた事案について、道義に反する訴えの行使であるとした大判昭和18・7・12民集22巻620頁〔27824381〕があるが、第二次大戦中の家族意識を前提にする[2]「我が国古来の醇風たる孝道の見地より」請求の当否を検討する必要があるとし、このような不法行為責任を追及するには「真に已むを得ざる相当の事由」を要するとしている。もので、現在も通用性のある判断とはいえない。

2　会社の社員総会（株主総会）の決議の効力を問題とする訴訟についての最高裁判決の登場

(1)ア　設例のモデルとなった昭和53年最判〔27000235〕の事案は、有限会社の経営者であった者が、経営状態の悪化により対価を得て社員権を譲渡したのに、相当期間を経過し、経営状態が改善した後に、譲渡を議決した社員総会が存在しないとして社員総会不存在確認の訴えを提起したというものであり、その行動が信義に悖ることは明らかであろう。ただ、そのような問題

点を会社訴訟という制度の枠組内でどう反映させるかは問題であり、つとに、大隅健一郎「会社訴権とその濫用」(末川博先生古稀記念論文集刊行委員会編『末川博先生古稀記念　権利の濫用〈中〉』有斐閣 (1962年) 175頁) は、「無効又は取消の原因たる軽微ならざる瑕疵がある以上、それを理由に無効又は取消を主張することは、提訴者の主観的意図がどうあろうとも、それ自体は不当に会社の権利を侵害するものということはできなく、裁判所としては無効又は取消の判決をすべきではないかと思う。」と指摘されており、昭和53年判例についても、請求棄却とすべきでなかったかとする評釈もある[2]。

イ　最高裁は、権利濫用との実体判断をするのではなく、訴権の濫用として訴えを却下した。

その理由は、以下の点にあると解されている[3]。

①特別の権利関係の間にある者相互の間での法律関係は信義則によって、そうでない者相互間は権利濫用の規定によってその調整を図るべきとされるが、Ｙの行動の反規範性はＩ夫婦に対するものであり、被告であるＸ会社に対するものではない。したがって、権利濫用の規制によることがなじむ。

②社員総会決議不存在確認の訴えの場合、「権利の濫用」の基礎となるべき実体権が存在するといえるか問題である。なぜなら、決議不存在確認の訴えは、誰からでも提起することができ、また、認容判決によって実体法上の権利関係に何らかの変動を生じさせるものではない。このような訴えを提起することができる地位を実体法上の権利といえるか疑問である。

③請求棄却判決をすると、本来存在しない決議が有効に存在することが既判力をもって確定されるという不合理な結果となる。

ウ　昭和53年判例を支持する見解も有力であるが[4]、前記の理由付けが絶対的なものといえるかについては疑問もある。

①の信義則と権利濫用の関係については一般論にすぎない。決議が事実と

2　平尾賢三郎「判批」金融・商事判例565号 (1979年) 53頁。
3　『最高裁判所判例解説民事篇〈昭和53年度〉』法曹会〔加茂紀久男〕295頁以下。
4　新堂幸司「判批」判例評論244号 (判例時報922号) (1979年) 160頁。

して不存在であったとしても、それを前提にYがI夫婦に対して社員権を主張することが信義則に反し、会社法律関係の画一性からX会社に対しても信義則に反すると解釈できるという指摘もある[5]。

②の決議不存在確認の訴えは誰からでも提起できるという原則は判例上必ずしも貫徹されているわけではない（株式が準共有に属する場合において、会社法106条（削除前の商法203条2項）により権利行使者を定めた場合は、権利行使者以外の準共有者は、決議不存在確認の訴えを提起することができないとされている[6]。原告が株主である限り、決議不存在確認の訴えの提起も、株主権の行使の一態様といえるのではないかとも考えられる。）。

③についても、請求棄却判決には対世効はないから、不都合とまでいえるかは問題である。

本件について、一方で、訴えの利益等、訴権の濫用以外の理由で訴えを却下すべきであったという見解も多く[7]、他方、実体法上の権利濫用として構成できるという指摘も跡を絶たない[8]。いずれにしても、最高裁が、訴権の濫用という概念によらねば解決できないと考えた事案において、初めて同理論を適用したとみられることは注目される。そして、この種の訴訟がもともと訴権のかたちで規定されていて実体法上の権利行使を想定しにくく、このようなアクチオ的性格からすれば、本案の問題に焼き直してとらえるよりもいきなり訴権そのものの行使の適法性としてとらえたほうが自然なところがあるという指摘[9]は、この分野で初めて訴権の濫用が判例上認められた理由の1つとして、腑に落ちるものがある。

---

5 山本和彦「判批」民事訴訟法判例百選〈新法対応増補版〉（1998年）16頁。
6 最三小判平成2・12・4民集44巻9号1165頁〔27807552〕。
7 福永有利「判批」判例タイムズ375号（1979年）57頁、林屋礼二「判批」民事訴訟判例百選〈第2版〉（1982年）106頁、前掲山本等。
8 本間義信「判批」昭和53年度重要判例解説150頁、山城崇夫「判批」民事訴訟法判例百選〈第4版〉（2010年）68頁、高橋宏志「判批」重点講義民事訴訟法下〈第2巻補訂版〉（2014年）21頁等。
9 谷口安平「判批」判例タイムズ390号（1979年）256頁。

(2)　会社法の決議の効力を争う訴えの分野では、その後もいくつか訴権の濫用を認めたものがあり[10]、比較的最近の事例としては、東京地判平成23・5・26判タ1368号238頁〔28181155〕がある。

　Y社の株主であるX社は、Y社から不動産28物件を買い受け、その売却益を含む利益処分案は平成4年3月のYの株主総会で承認された（本件会計処理）。他方、XとYの完全子会社Nとの間には、処分不能な物件はNが買い取るとの合意があり、その後、XN間で紛争となったが、平成6年2月、Nが約59億円を支払うこと等で訴訟外の和解が成立し、Nは義務を履行した。次に、Xは、平成10年12月、前記和解はYがXを欺罔して締結させたものとして訴えを提起したが、平成11年7月、YがXに和解金として26億円を支払うことで和解が成立し、Yは義務を履行した。ところが、平成22年3月になって、Xは、Yにおける平成4年から平成21年の利益処分案又は剰余金処分の承認に係る決議が無効であることの確認を求める訴訟を提起した。なお、Xは、平成4年から、同訴訟の提起まで、利益配当を受け続けてきた。

　同判決は、この事実関係を前提に、不動産売却をめぐるXとYやNとの紛争の経緯、本件会計処理から本件訴え提起まで約18年という長期間を経過していること（その間、本件会計処理が適切だったことを前提に株主総会決議が積み重ねられている。）、本件会計処理を従前Xが問題としてこなかったことなどから、本件訴えは、Xが長年問題とせず、かえってその利益を受けてきた本件会計処理に係る問題点を掘り起こし、争う手段を変えることによって、いったん解決をみた本件不動産売却に関する紛争をいたずらに蒸し返そうとするものであって、信義則上許されず、訴権の濫用に当たるとし、同訴えを不適法なものとして却下した。他方、訴訟の経過及び更なる紛争の蒸し返しを回避するためとして、念のため本案についても検討し、不動産売

10　鹿児島地判昭和62・7・29判時1259号122頁〔27800804〕は、自ら株主総会の決議を仮装したかつての名目的取締役が、自分に都合の悪い決議だけを取り上げて提起した決議不存在確認の訴えを訴権の濫用としている。

却の会計上の利益が実現していないと評価するに足りる事情はないとして、請求には理由がないとも説示した。

伊藤眞ほか「座談会　民事訴訟手続における裁判実務の動向と検討」判例タイムズ1386号（2013年）67頁では、報告者の松下淳一教授が、本判決について、実体的権利の濫用という構成は難しく、他の訴訟要件の欠缺とも言い難いとして判旨を支持しつつ、同判決が請求には理由がないとの説示もした点について、請求棄却のできる事案であるのならば棄却判決をしておいた方がよいのではないかという疑問を呈されたのに対し、加藤新太郎裁判官（当時）は、原審で訴権濫用の判断をしたところ、控訴審においてこれが否定された場合、審級の利益のために差戻しが原則となるが、それでは解決がさらに先送りされてしまうという弊害があり、原審において仮定的に実体判断をしておけば、控訴審において実体判断に入ることができ、差し戻さずに済む[11]という、実務的観点からの重要な指摘をされている。

3　その他の裁判例[12]

(1)　①Y名義の所有権保存登記がされた建物について、建物明渡しと損害金請求を受けたXが、同建物は自己に属するとして保存登記の抹消を求める反訴を提起し、本訴認容・反訴棄却判決がされて確定し、②Xが、前記判決の執行を免れるためA有限会社を設立して同建物を占有し、Yからの明渡請求を受けて敗訴し、③Xが、同建物の所有権はYに属するとしたうえで、その敷地が自己の所有に属するとして、建物収去土地明渡請求をし、敷地がX・Yの共有に属するとして敗訴した、という一連の前訴がある状況のもとで、XがYに建物の所有権確認訴訟を提起した。名古屋高金沢支判昭和59・4・4判タ530号168頁〔27442310〕は、本件は①とは訴訟物を異にし、②とも当事者・訴訟物を異にするが、いずれも建物所有権がX、Yのいずれ

11　最一小判昭和37・2・15裁判集民58号695頁〔28198482〕参照。
12　その分析は西田昌吾「『訴権の濫用』をめぐる裁判例と問題点」判例タイムズ1350号（2011年）12頁以下に詳しい。

に属するかという争いで、本件は①、②で判断された事項の蒸し返しであり、また、Xは、①、②に敗訴すると③では建物の所有権について従前と矛盾する主張をしていることからすると、①提起後約9年を経過してさらにXが本訴を提起することは確定判決を得た相手方の権利関係の安定をいたずらに妨げ、訴訟経済の理念に反し、信義則に照らし許されないとし、訴権の要件としての正当な利益を欠くものであるとして、請求を棄却した原判決を取り消し、訴えを却下した。

(2) 東京地判平成8・1・29判タ915号256頁〔28011238〕は、控訴人が、銀行員及びその上司に対し、銀行員が控訴人をことさら無視するなどの態度をとり、また上司が控訴人に対して暴力を振るったと主張し、また当該主張事実を原因とする慰謝料請求事件において銀行員及び上司が虚偽の内容の陳述書を提出したと主張して、実質的に同一内容の慰謝料請求訴訟を、請求棄却ないし訴え却下（既判力への抵触を理由とする。）の確定判決があるにもかかわらず繰り返し、あるいは同時に提起している訴訟がある状況の下で、虚偽の内容の陳述書を提出したことを理由とする上司に対する慰謝料請求訴訟の提起が、実質的に同一内容の請求を繰り返し、専ら相手方を困惑させる目的で同一訴訟を蒸し返すものであり、訴権の濫用として不適法であり、しかもこれを補正することができないとし、請求棄却とした原判決を取り消して、訴えを却下している。

(3) 東京地判平成7・7・14判時1541号123頁〔27828111〕は、原告が、被告製品がいずれも本件実用新案権を侵害するとして、過去17年余りの間に、合計26回にわたり被告に対し訴えを提起し、これまで繰り返し理由がないとする裁判所の確定した判断を受けていたところ、これらと実質的に同じ請求をした事案について、被告の地位を不当に長く不安定な状態に置き、ことさらに被告に応訴のための負担を強いることを意に介さず、民事訴訟制度を悪用したものであるとして、訴えを却下した。

(4)ア　訴権濫用の根拠、審理方法等について、詳細に判示しているのは、東京地判平成12・5・30判時1719号40頁〔28052155〕及びその控訴審である

東京高判平成13・1・31判タ1080号220頁〔28070512〕である。事案は、Xが、その妻が宗教団体の名誉会長であるYに強姦され、平穏な夫婦生活を営む権利を侵害されたとして提起した訴えについてのものであるが、一審判決は、「一方当事者が、相手方当事者に対し、信義則に反するような形で訴訟上の権能の一つである訴権を行使している場合は、訴権を濫用するものというべきである。そして、『訴権の行使が濫用に当たらないこと』は、訴訟要件の一つというべきであり、訴訟要件が欠ける場合には、裁判所は訴え却下の訴訟判決をすることを義務づけられている。」とし、訴権の濫用の要件として、「提訴者が実体的権利の実現ないし紛争の解決を真摯に目的とするのではなく、相手方当事者を被告の立場に立たせることにより訴訟上又は訴訟外において有形、無形の不利益・負担を与えるなど不当な目的を有し、提訴者の主張する権利又は法律関係が事実的、法律的根拠を欠き権利保護の必要性が乏しいなど、民事訴訟制度の趣旨・目的に照らして著しく相当性を欠き、信義に反すると認められる場合には、訴権を濫用するものとして、その訴えは不適法として却下すべきものと解される。」とし、結論として、「本件訴えは、その提起が原告の実体的権利の実現ないし紛争の解決を真摯に目的とするものではなく、被告に応訴の負担その他の不利益を被らせることを目的とし、かつ、原告の主張する権利が事実的根拠を欠き、権利保護の必要性が乏しいものであり、このことから、民事訴訟制度の趣旨・目的に照らして著しく相当性を欠き、信義に反するものと認めざるを得ないのである。」として、訴えを却下した。

イ　また、控訴審は、「訴えが、もっぱら相手方当事者を被告の立場に置き、審理に対応することを余儀なくさせることにより、訴訟上又は訴訟外において相手方当事者を困惑させることを目的とし、あるいは訴訟が係属、審理されていること自体を社会的に誇示することにより、相手方当事者に対して有形・無形の不利益・負担若しくは打撃を与えることを目的として提起されたものであり、右訴訟を維持することが前記民事訴訟制度の趣旨・目的に照らして著しく相当性を欠き、信義に反すると認められた場合には、当該訴えの

提起は、訴権を濫用する不適法なものとして、却下を免れない」とし、実体審理との関係については、「訴権の行使が濫用に当たるか否かを判断するに当たっては、原告の主張事実について、その事実的根拠の有無を検討すべき場合に、ある程度の実体審理を行うことが必要な場合があるところ、そのような場合に、訴訟要件の審査の過程で実体審理にも及んだ結果、原告の主張事実が認められないという結論に至れば、請求棄却の本案判決をするということも考えられないわけではない。しかし、訴権の行使が濫用に当たる場合に当該訴えを不適法として却下すべきものと解した前記の趣旨にかんがみると、評価根拠事実について判断した結果、訴権濫用の要件があると認められる場合には、当該訴え自体を不適法として排斥することが、民事訴訟手続上、裁判所に要請されているものと解すべきである。」として、控訴を棄却している。

4　訴権濫用の判断要素

(1)　裁判例においては、前記2の会社の決議の効力を争う訴訟においてみられるように、従前問題としていなかった手続的瑕疵を、長期間経過後に突然言い立てて訴えを提起する場合、前記3(1)～(3)のような同一紛争の蒸し返し、前記3(1)のように、その中での矛盾挙動がある場合、前記3(2)～(4)のように害意あるいはそれに近い目的が認められる場合に、訴権の濫用として訴えが却下されているといえる。

　また、訴え却下の判断を導くに当たり、訴権濫用の前提要件として、あるいは訴権濫用と並ぶ却下の理由として、信義則違反を挙げているものも少なくない（前記2(2)の前掲平成23年東京地判〔28181151〕、前記3(1)(4)）。さらに、最三小判昭和63・1・26民集42巻1号1頁〔27100072〕（以下、「昭和63年最判」という。）が民事訴訟の提起が不法行為になる場合について判示した要素を意識したとみられるものもある（前記3(4)等）。

(2)　このような傾向に対しては、一回的な訴えの提起が不法行為になるかどうかが問題となる場合には実体的な判断をすべきであり、後訴が前訴の実質

的な蒸し返しである場合は信義則違反として訴えを却下すべきである等として、訴権の濫用の適用場面を限定的にとらえる見解がある（前掲西田21頁以下）。この見解は、最高裁では、前訴で被告らの限定承認を前提として、相続財産の限度で支払うよう留保付きの給付判決がされたのに、後訴で無留保の判決を求めた事例[13]等、後訴が前訴の蒸し返しとみられる場合には、訴権濫用ではなく信義則違反を理由に訴えを却下していること等、判例の分析や、実務的な考慮（訴権の濫用とされようが請求棄却であろうが、応訴しなければならない相手方の負担は余り変わらない。）に裏打ちされたものであり、傾聴すべきものがある。

しかし、訴訟上の信義則、訴権の濫用及び訴えの利益（権利保護の利益）の関係は明確ではなく[14]、様々な要素を総合的に判断して訴えを却下するか否かを判断している裁判例の傾向は、支持されてよいのではないかと思われる。

5　いわゆるスラップ訴訟について

スラップ訴訟（Strategic Lawsuit Against Public Participation）とは、国や、大企業などが、市民やジャーナリストなど、比較的弱者としての地位に立つ者に対し、その言論等を封殺する目的で提起する訴訟であるとされ、巨額な賠償額を請求する場合もあり、恫喝訴訟などと意訳される。

アメリカの州法ではそのような訴訟を規制する例もあるということであるが、我が国では要件・効果についての共通認識があるとはいえず[15]、訴訟が

13　最二小判昭和49・4・26民集28巻3号503頁〔27000438〕。
14　山木戸克己「民事訴訟と信義則」前掲『末川博先生古稀記念論文集　権利の濫用〈中〉』174頁は、濫用や訴えの利益欠缺といわれる場合も信義則違背という視点からとらえ得るとし、村松俊夫「訴訟に現れた権利濫用」同298頁は、訴えの提起自体が権利濫用であることが肯定されれば、権利保護の利益がないとして訴えは不適法却下されるべきであるとしている。
15　スラップ訴訟を特集する消費者法ニュース106号（2016年1月）、法学セミナー2016年10月号の各論考でも、共通の定義はされていないように思われる。

不法行為となるかどうかの判断については昭和63年最判〔27100072〕の、訴権の濫用となるかについては前記各裁判例の枠組に立ったうえで、原告の訴訟提起目的等は、総合判断の要素として考慮すべきであろう。

6　訴訟の進行

　原告の訴えに対し、被告が訴権の濫用であるとして却下を求めるとともに、本訴の提起が不法行為であるとして、損害賠償を求める反訴を提起するというのが近時の訴訟でよくみられるパターンである。

　明らかに蒸し返しや濫用であると認められる事案を除けば、訴権の濫用に当たるかどうかの判断と実体判断が並行してされることが多く、特に、反訴で損害賠償請求訴訟がされている場合はその傾向が強い。したがって、この場合に訴えを却下することは、訴訟経済というよりは、訴えの不当性を裁判所が確認する点に意味があるといえよう[16]。

　また、本訴が不法行為になるとして反訴が一部認容される場合でも、本訴は請求棄却となるにとどまり、訴権の濫用として却下までされる事例は多くはないと思われる[17]。

　そして、前記3(4)の前掲平成13年東京高判〔28070512〕が、訴権濫用の判断要素の1つとして相手方当事者の被る不利益・負担等を挙げ、その判断に当たっては、相手方当事者が、実体判決を望んでいるか、訴訟判決を望んでいるかという事情も、有力な判断資料になると説示するように、相手方の本案前の申立てがあるかどうかも、訴え却下判決がされるかどうかに影響し得るであろう[18]。もっとも、前記3(2)の前掲平成8年東京地判〔28011238〕

---

[16]　前記3(4)の前掲平成13年東京高判〔28070512〕、前掲西田22頁。
[17]　東京地判平成13・6・29判タ1139号184頁〔28070655〕は、「批判的言論を威嚇する目的をもって、7億円の請求額が到底認容されないことを認識した上で、あえて本訴を提起したものであって、このような訴え提起の目的及び態様は裁判制度の趣旨目的に照らして著しく相当性を欠き、違法」として反訴を一部認容しているが、本訴は請求を棄却するにとどめている。
[18]　池田辰夫「判批」メディア法判例百選（2005年）156頁。

は、被控訴人が控訴棄却を求めているにすぎないのにあえて原判決を取り消して訴えを却下しており、この基準も絶対的なものではない。

(本吉　弘行)

◆参考文献

本文中に掲げたもの

2 訴訟上の相殺の抗弁

> **設例 17**
> (1) Xは、平成22年6月5日、Yの申請した違法な仮処分により本件土地及び建物の持分各2分の1を通常の取引価格より低い価格で売却することを余儀なくされ、その差額2億5260万円相当の損害を被ったと主張して、Yに対し、不法行為を理由として、内金4000万円の支払を求める別件訴訟を提起した。
> (2) 一方、Yは、同年8月27日、Xが支払うべき相続税、固定資産税、水道料金等を立て替えて支払ったとして、Xに対し、1296万円余の不当利得返還を求める本件訴訟を提起した。
> (3) 本件訴訟の第一審において、Xは、相続税立替分についての不当利得返還義務の存在を争うとともに、予備的に、前記違法仮処分による損害賠償請求権のうち4000万円を超える部分を自働債権とする相殺を主張した。
> (4) また、Xは、本件訴訟の第二審において、前記相殺の主張に加えて、預金及び現金の支払請求権を自働債権とする相殺を主張し、また、前記違法仮処分に対する異議申立手続の弁護士報酬として支払った2000万円及びこれに対する遅延損害金の合計2487万円余の損害賠償請求権を自働債権とする相殺を主張した。
>
> 以上の事実関係を基に、別訴において一部請求をしている債権の残部を自働債権とする相殺の抗弁の許否はどのように考えられるか。

Basic Information

1 相殺は、単独の意思表示によって、対立する債権の対当額における消滅という効果を生じさせる権能であり、債権を担保する作用をも営む。その機能は、相手方の資産状態が悪化した場合に強く発揮される。

2　一個の債権の一部についてのみ判決を求める旨を明示して訴えが提起された場合において、当該債権の残部を自働債権として他の訴訟において相殺の抗弁を主張することは、基本的には許されるものの、債権の分割行使をすることが訴訟上の権利の濫用に当たるなど特段の事情の存する場合には、許されないことがある。

3　どのような場合に、残部を自働債権とする相殺の主張が権利の濫用に当たるとされるかについては、債権の発生事由、一部請求がされるに至った経緯、審理の経過等に照らして検討することになる。

◆設例に対する回答

1　一個の債権の一部についてのみ判決を求める旨を明示して訴えを提起している場合において、当該債権の残部を自働債権として他の訴訟において相殺の抗弁を主張することは、債権の分割行使をすることが訴訟上の権利の濫用に当たるなど特段の事情の存しない限り、許される。

2　設例の事案では、相殺の自働債権である弁護士報酬相当額の損害賠償請求権は、別件訴訟において訴求している債権とはいずれも違法仮処分に基づく損害賠償請求権という一個の債権の一部を構成するものであるけれども、単に数量的な一部ではなく、実質的な発生事由を異にする別種の損害というべきものであり、他に相殺の主張が訴訟上の権利の濫用に当たるなど特段の事情は存しないので、相殺の主張は許容される。

◆解　説

1　相殺と既判力の関係

相殺のために主張した請求の成立又は不成立の判断は、相殺をもって対抗した額について既判力を有する（民事訴訟法114条2項）。

確定判決は、主文に包含するものに限り、既判力を有する（同条1項）。逆にいえば、判決理由中の判断には既判力が生じない。しかし、同条2項は、その明文上の例外として、相殺の主張について理由中で判断した場合には、

相殺で対抗した額について既判力が生じることとしている。

　仮に、相殺のために主張した請求に関する判断に既判力がなければ、相殺の自働債権が存在しないと判断されて相手方の請求が認容されたのに、被告が、当該自働債権と同一の債権について、その存在を主張して後に別訴で請求したり、相殺に供することが許容されることになるし、逆に、相殺の自働債権が存在していると判断されて相手方の請求が排斥されたのに、その後、再び当該自働債権と同一の債権を別訴で請求したり、相殺に供することができることになる。民事訴訟法114条2項は、このような結果を防ごうとしているものとされている[1]。

　ところで、同条項は、大正15年改正民事訴訟法199条2項を口語化したものであり、「存在又は不存在」ではなく「成立又は不成立」という文言となっているものの、現在の多数説は、「相殺のために主張したる請求の不成立」の判断の中には、相殺が認容されたため反対債権が存在しないとして原告の請求を認容した判決の場合にも、反対債権による相殺を認めて請求を棄却した判決の場合にも、反対債権の不存在の判断に既判力が生じる、と解している[2]。

　実務上、相殺の自働債権の特定が不十分であることがある。例えば、「少なくとも相手方の請求を超える自働債権がある」旨の主張がされることがある。しかし、前記のとおり、相殺のために主張した請求については、その成立のみならず不成立についても既判力を有する。仮に、曖昧なままの相殺主張が、判決理由中で否定されると、既判力の範囲が不明確となり、将来に禍根を残すことになる。訴訟関係者としては、相殺の自働債権の特定について、特に留意すべきである。

---

[1] 秋山幹男ほか編『コンメンタール民事訴訟法(2)〈第2版〉』日本評論社（2006年）467、468頁。
[2] 中野貞一郎『民事訴訟法の論点(2)』判例タイムズ社（2001年）154頁。

2　重複する訴えの提起の禁止

(1)　重複訴訟禁止原則

　裁判所に係属する事件については、当事者は、さらに訴えを提起することができない（民事訴訟法142条）。重複訴訟の禁止に抵触するか否かは裁判所の職権調査事項であり、この禁止に抵触する場合は、裁判所は、後訴を判決で却下しなければならない[3]。本訴及び別訴のいずれか一方が確定し、その後、他方の事件でこれを看過した判決が確定した場合は、後にされた確定判決に再審事由があることになる（同法338条1項10号）。

　同一の原告が、同一の被告に対し、同一の訴えを提起することは、実務上さほどない。しかし、そのような事態もまれにあるし、同一の原告が、同一の被告又はこれを含む多数の相手方に対し、様々な訴えを提起し、その中に同一の訴えが含まれているといった事態も、実務上それなりに生じる。ようやく審理を終えて判決を得てこれが確定した挙句、また再審を受けざるを得ない当事者の負担は尋常ならざるものがあるであろうし、再審による是正が不可避である判決を下すことは、裁判所としては避けたいことである。重複訴訟禁止の原則は、このような事態を未然に防止する機能がある。

　重複訴訟に関しては、複数の訴訟事件を効果的に運営するための総合的な事件管理の視点から、例えば、弁論の併合、事件の移送、手続の中止等の運用が求められる場合があるとの指摘がある[4]。裁判所と両当事者が、そのような意識を共有できることが望ましいことに異論はない。しかし、訴訟物を提示する原告と応訴を迫られた被告とは本来的に対立構造にあり、現実には、裁判所と当事者との間にうまく協働態勢が築けないこともあり得る。事案の実相を的確にとらえた質の高い審理判断を適切な期間内に行うため不断の努力を要する場面である。

---

[3]　大判昭和11・7・21民集15巻1514頁〔27500638〕。
[4]　三木浩一『民事訴訟における手続運営の理論』有斐閣（2013年）266-365頁。

(2) 相殺と重複訴訟禁止原則の関係

ア 別訴先行型（抗弁後行型）

　最高裁判所は、民事訴訟法142条の趣旨は、同一債権について重複して訴えが係属した場合についてのみならず、既に係属中の別訴において訴訟物となっている債権を他の訴訟において自働債権として相殺の抗弁を提出する場合にも同様に妥当するとして、「係属中の別訴において訴訟物となっている債権を自働債権として他の訴訟において相殺の抗弁を主張することは許されない」旨の一般法理を示している（最三小判平成3・12・17民集45巻9号1435頁〔27810311〕。以下、「平成3年最判」という。）。そして、平成3年最判〔27810311〕は、前記のような場合においては、本訴と別訴とが控訴審で併合審理された場合についても、相殺の抗弁の主張を許さないこととしている。これは、このような場合に相殺の主張を許さない最大の理由が、「別訴と本訴とで審理が重複することによる訴訟上の不経済を避けること」というよりも、むしろ「裁判所間の判断の抵触により法的安定性が害されることを回避すること」にあることを示すものである、と指摘されている[5]。確かに、例えば、上告審で別訴と本訴の一方又は双方が破棄差し戻され、弁論が分離されて、一方又は双方についてのみ再度事実審で審理されることも十分あり得るのであり、ある審級における併合審理の一事をもって直ちに既判力の抵触回避が可能であるとは断言できない[6]。

　ところで、相殺は、相手方の自己に対する債権を自働債権の満足に充てるものであり、しかも、相手方の意思いかんにかかわりなく、自らの意思のみにより一方的にこれをすることができる点で、極めて簡易かつ強力な債権の実現方法である。そこで、相殺は、相手方の資産状態が悪化した場合に、他の債権者に優先して自己の債権の回収を図る機能を有し、いわば受働債権のうえに最優先・最強力の担保権を有するのと同じことになる（相殺の担保的

---

[5] 『最高裁判所判例解説民事篇〈平成3年度〉』法曹会〔河野信夫〕516頁。

[6] 『最高裁判所判例解説民事篇〈平成3年度〉』法曹会〔河野信夫〕517、519頁。

機能)。したがって、相殺の主張をする機会は、安易に奪われてはならず、その機会が奪われると、特に原告が無資力の場合に、被告に著しい不利益が生ずる[7]。

この点について、本訴の口頭弁論終結後、訴訟外で別訴の請求債権をもって相殺の意思表示をすれば、本訴の判決に対して債務の消滅を理由に請求異議訴訟を提起し、強制執行を阻止することができるとの指摘がある[8]。しかし、請求異議の訴えに執行停止の効力が当然にあるわけではないので、強制執行を阻止できないときには相殺の担保的機能が喪失させられることに留意すべきである[9]。

ともあれ、平成3年最判〔27810311〕は、「係属中の別訴において訴訟物となっている債権を自働債権として他の訴訟において相殺の抗弁を主張することは許されない」旨の一般法理を示した。これは、前記のような相殺の機能を考慮したうえ、これを犠牲にしてでもなお守るべきより重大な利益(既判力の矛盾・抵触の防止)があるとして、相殺の抗弁を不適法としたものであると解されている[10]。

平成3年最判〔27810311〕に対しては、取引社会における相殺の重要な機能は、訴訟でも十分に発揮させるべきであり、相殺の抗弁を提出する機会を安易に奪ってはならないこと、特に別訴先行型では、別訴の取下げに相手方の同意が得られなければ相殺による防御の途が封じられてしまう結果となること、別訴先行型における相殺の抗弁を必ず不適法として却下しなければならないとすると、事案に応じた柔軟な処理ができないこと[11]、相殺権という実体権をゆえなく訴訟によって剥奪又は制限するものであること[12]など、学

---

7 『最高裁判所判例解説民事篇〈平成10年度(下)〉』法曹会〔河邉義典〕658頁。
8 『最高裁判所判例解説民事篇〈平成3年度〉』法曹会〔河野信夫〕518頁。
9 高橋宏志・私法判例リマークス no.19(1999年〈下〉)127頁。
10 『最高裁判所判例解説民事篇〈平成10年度(下)〉』法曹会〔河邉義典〕658頁。
11 前掲中野100、162-167頁。
12 松本博之『訴訟における相殺』商事法務(2008年)109頁以下。

説の根強い批判を受けている。しかし、平成3年最判〔27810311〕は、近時の最高裁判例でも引用されており[13]、今のところ、近い将来において、これが変更される兆候は見受けられない。

イ　抗弁先行型（別訴後行型）

先行訴訟で相殺の抗弁に供していた債権を請求債権として別訴を提起することについては、かつて、これを許す裁判例[14]が散見された。しかし、平成3年最判〔27810311〕の後においては、抗弁先行型の場合についても、別訴提起を許さないものとする裁判例が少なからず見受けられるようになっている[15]。

抗弁先行型においては、相殺の担保的機能を実現したいのであれば、前訴の相殺の抗弁を維持すれば足り、わざわざ別訴を提起する必要はなく、早く債務名義を得る必要もないので、相殺の抗弁を維持するか、それを撤回して後訴を提起するか、を前訴被告に選択させるべきであり、重複訴訟禁止の類推から、抗弁に供した反対債権での別訴は提起することができないとしてよいのではないか、との指摘がある[16]。

(3)　反訴と相殺の抗弁

ア　反訴後の相殺の抗弁

前記(2)アの平成3年最判〔27810311〕は、両請求が本訴・反訴の関係にある場合についての判断ではない。しかし、本訴・反訴であっても分離される可能性があり、同一訴訟手続内での統一的解決が制度的に保障されているわけではないことからすると、両債権が本訴・反訴の関係にある場合にも平成3年最判〔27810311〕の射程が及ぶと考える余地もないではない。

13　最一小判平成27・12・14民集69巻8号2295頁〔28234381〕。
14　例えば、東京地判昭和32・7・25判時129号31頁〔27620871〕、東京地判昭和33・4・2下級民集9巻4号562頁〔27401273〕、東京高判昭和42・3・1判時472号38頁〔27670414〕、大津地判昭和49・5・8判時768号87頁〔27424949〕、東京高判昭和59・11・29判時1140号90頁〔27802700〕。ただし、反訴の事案を含む。
15　例えば、大阪地判平成8・1・26判時1570号85頁〔28010988〕、東京高判平成8・4・8判タ937号262頁〔28022410〕、東京地判平成16・9・16金法1741号46頁〔28101197〕。
16　高橋宏志『重点講義民事訴訟法（上）〈第2版補訂版〉』有斐閣（2013年）144頁。

この点について、最高裁判所は、本訴及び反訴が係属中に、反訴原告が、反訴請求債権を自働債権とし、本訴請求債権を受働債権として相殺の抗弁を主張することは、異なる意思表示をしない限り、反訴を、反訴請求債権につき本訴において相殺の自働債権として既判力ある判断が示された場合にはその部分を反訴請求としない趣旨の予備的反訴に変更するものとして、許されると判断している[17]。

　その理由は、次のとおりである。一般に、本訴・反訴を問わず、訴えに条件を付することは原則として許されないものの、例えば、本訴請求に理由がある場合には反訴請求について審判を求めるという予備的反訴は、審理の過程でその条件成就が明確になり、手続の安定を害するおそれがないという理由で許容されており、このことからすれば、本訴被告が本訴で相殺の抗弁を主張した後、相殺の自働債権の存否について既判力ある判断が示されることを解除条件とする予備的反訴を提起することも同様に許容されると考えられる。この場合には、相殺の自働債権について既判力ある判断がされれば、反訴請求のうち本訴で判断の対象となった額に相当する部分の訴えについては解除条件の成就により反訴における審理の対象とならないから、そもそも審理対象の重複が生じていないとの説明が可能であるし、実際上も、予備的反訴の場合は弁論を分離することはできないので、審理の重複や判断の抵触が生じるおそれがないからである[18]。

　本訴で相殺の抗弁について判断された結果、反訴請求債権の存在自体が認められないとされた場合にも、反訴請求債権の不存在について既判力ある判断が示されたことになるから、予備的反訴は審理の対象とならず、これについて判断を示す必要はないことになる[19]ことに注意が必要である。

17　最二小判平成18・4・14民集60巻4号1497頁〔28110911〕。
18　以上につき、『最高裁判所判例解説民事篇〈平成18年度（上）〉』法曹会〔増森珠美〕532頁。
19　『最高裁判所判例解説民事篇〈平成18年度（上）〉』法曹会〔増森珠美〕534、535頁。

イ　本訴請求債権が時効消滅したとされることを条件とする、反訴における当該債権を自働債権とする相殺の抗弁

　時効により消滅し、履行の請求ができなくなった債権であっても、その消滅以前に相殺に適するようになっていた場合には、これを自働債権として相殺することができる。そして、本訴において訴訟物となっている債権の全部又は一部が時効により消滅したと判断される場合には、その判断を前提に、同時に審判される反訴において、当該債権のうち時効により消滅した部分を自働債権とする相殺の抗弁につき判断をしても、当該債権の存否に係る本訴における判断と矛盾抵触することはなく、審理が重複することもない。したがって、反訴において前記相殺の抗弁を主張することは、重複起訴を禁じた民事訴訟法142条の趣旨に反するものとはいえないから、許される[20]。

3　明示的一部請求の訴訟物

(1)　一部請求の類型

　一部請求には、6つの類型、すなわち、①試験訴訟型（訴訟費用の負担を節約する意図の下に、勝訴の可能性や認容額の目安を探るために、全体債権の一部を試験的に請求する一部請求訴訟）、②総額不明型（訴え提起の時点では債権総額が不明であるために、とりあえず算定可能な金額で訴えを提起し、被告の応訴内容や裁判所の訴訟指揮などをみることにより、自らの債権総額を見定める意図の下に提起される一部請求訴訟）、③資力考慮型（訴え提起当時における被告の資力が債権総額に満たない場合に、訴訟費用の節約や余計な立証の負担を避けるためなどの意図の下に、執行による満足を得られない金額を控除して、とりあえず相手の資力に応じた金額で提起される一部請求訴訟）、④相殺考慮型（被告からの過失相殺や相殺の抗弁が予想される場合に、訴訟費用の節約、敗訴判決の回避、審理の迅速化などの目的で、相殺等によって消滅する金額をあらかじめ請求金額から控除して提起される

20　前掲平成27年最判〔28234381〕。

一部請求訴訟)、⑤費目限定型（全体債権が複数の費目の集合体である場合において、特定費目に関する立証手段や賠償方法が異なるなどの理由により、他の費目と一緒に請求することが困難な事情がある場合に、当該費目を除外して提起される一部請求訴訟)、⑥一律一部請求型（公害訴訟や薬害訴訟などを典型とする集団訴訟において、多数原告の損害に関する集合的な立証を容易にする意図の下に、損害額を累計ごとに分類して一律に請求するとともに、請求額を均等に揃えるために損害額の一部を訴求する形で提起される一部請求訴訟）があり、原告が一部請求訴訟を選択した理由や両当事者を取り巻く利害等の状況は顕著に異なっているから、それぞれに異なった考慮がされるべきであって、判例の射程についても、特定の一部請求類型に限定されると考えざるを得ない場合がある、との指摘がある[21]。

(2) 残部請求の可否

数量的に可分の権利の一部を訴訟上請求し、別訴において残部を請求できるか否かについては、全面的な肯定説から否定説まで様々な見解がある。

最高裁判所は、まず、前訴において訴訟物の全部として勝訴の確定判決を得た後において、今さら前訴の請求が一部の請求にすぎなかった旨を主張することは許されないと判断した[22]。

次に、最高裁判所は、一個の債権の数量的な一部についてのみ判決を求める旨を明示して訴えが提起された場合は、訴訟物となるのは当該債権の一部の存否のみであって、全部の存否ではなく、したがって、その一部の請求についての確定判決の既判力は、残部の請求に及ばないと判断している（最二小判昭和37・8・10民集16巻8号1720頁〔27002110〕。以下、「昭和37年最判」という。）。例えば、1000万円のうちの200万円というように、原告が一部請求であることを明示して訴えを提起したときは、訴訟物となるのはこの債権の一部200万円だけであって、一部請求についての確定判決の既判

---

21 三木浩一『民事訴訟における手続運営の理論』有斐閣（2013年）94-145頁。
22 最二小判昭和32・6・7民集11巻6号948頁〔27002804〕。

力は残部の請求に及ばない。

　もっとも、一部請求がされた訴訟の審理の対象が、判決の既判力が及ぶ範囲に限定される必然性はなく、むしろ債権全体に及ぶことの方が自然である。

　例えば、一部請求の場合に過失相殺をするに当たっては、損害の全額から過失割合による減額をし、その残額が請求額を超えないときは残額を認容し、残額が請求額を超えるときは請求の全額を認容することができ[23]、特定の金銭債権の一部を請求する訴訟において相殺の抗弁に理由がある場合は、当該債権の総額を確定し、その額から自働債権の額を控除した残存額を算定したうえ、請求額が残存額の範囲内であるときは請求額の全額を、残存額を超えるときは残存額の限度で認容すべきであるとされている[24]。これらは、債権全体を審理の対象としなければ結論を出せない場面であるし、そもそも、債権の全体について解明することなく、請求の限度を下回らないことについて確信を抱き得るのか疑問である[25]。

　さて、昭和37年最判〔27002110〕によれば、明示の一部請求についての確定判決の既判力は残部の請求に及ばないのであるから、明示の一部請求を棄却する判決がされたとしても、残部請求の訴えを提起することは、無制限に許容されるかに思える。しかし、最高裁判所は、一部請求棄却判決が確定した後に残部請求の訴えを提起することは、特段の事情がない限り、信義則に反して許されないと判断している（最二小判平成10・6・12民集52巻4号1147頁〔28031249〕。以下、「平成10年6月12日最判」という。）。

　その理由は、次のとおりである。すなわち、数量的一部請求を全部又は一部棄却する旨の判決は、債権の全部について行われた審理の結果に基づいて、当該債権が全く現存しないか又は一部として請求された額に満たない額しか

23　最一小判昭和48・4・5民集27巻3号419頁〔27000501〕。
24　最三小判平成6・11・22民集48巻7号1355頁〔27825891〕。
25　なお、高橋宏志「一部請求判例の分析」徳田和幸ほか編『民事手続法制の展開と手続原則―松本博之先生古稀祝賀論文集』弘文堂（2016年）221頁は、これを肯定する。

現存しないとの判断を示すものであって、言い換えれば、後に残部として請求し得る部分が存在しないとの判断を示すものである。こうした判決が確定した後に残部請求の訴えを提起することは、実質的には前訴で認められなかった請求及び主張を蒸し返すものであり、前訴の確定判決によって当該債権の全部について紛争が解決されたとの相手方の合理的期待に反し、相手方に二重の応訴の負担を強いるものというべきである。平成10年6月12日最判〔28031249〕のいう「特段の事情」とは、一部請求訴訟における審理の範囲が必ずしも債権全部に及ばなかったような事情のある場合、例えば、損害賠償請求で予想し難い後遺障害等による損害が後に生じた場合や、原告が損害の一部についてのみ主張立証したため、棄却判決を受けた場合など、極めて例外的な場合に限定される[26]。

他方、明示の一部請求で請求棄却判決があっても、残部請求が可能であると判断された事例がある[27]。

4 債権の分割行使に係る権利濫用による限界付け

前記2のとおり、既に係属中の別訴において訴訟物となっている債権を自働債権として他の訴訟において相殺の抗弁を主張することは、民事訴訟法142条の趣旨から許されない（平成3年最判〔27002110〕）。他方、前記3のとおり、一個の債権の一部であることを明示して訴えが提起された場合、訴訟物となるのは当該一部に限られ、既判力も当該一部のみについて生じ、残部に及ばない[28]。けれども、一部請求を棄却する判決が確定した場合には、特段の事情がない限り、残部請求の提起は信義則上許されない[29]。

それでは、明示の一部請求の訴えが提起された場合において、当該債権の残部を自働債権として他の訴訟において相殺の抗弁を主張することは許され

26　『最高裁判所判例解説民事篇〈平成10年度〉』法曹会〔山下郁夫〕617頁。
27　最一小判平成20・7・10判時2020号71頁〔28141666〕。
28　前掲昭和37年最判〔27002110〕。
29　前掲平成10年6月12日最判〔28031249〕。

るであろうか。

　この点について、最高裁判所は、債権の分割行使をすることが訴訟上の権利の濫用に当たるなど特段の事情の存しない限り、許されるものと判断している（最三小判平成10・6・30民集52巻4号1225頁〔28031594〕。以下、「平成10年6月30日最判」という。）。その理由は、次のとおりである。すなわち、一個の債権が分割して行使された場合には、実質的な争点が共通であるため、ある程度審理の重複が生ずることが避け難く、応訴を強いられる相手方や裁判所に少なからぬ負担をかける上、債権の一部と残部とで異なる判決がされ、事実上の判断の抵触が生ずる可能性もないではないから、残部請求等が当然に許容されるものとはいえない。一方、相殺の抗弁に関しては、訴えの提起と異なり、相手方の提訴を契機として防御の手段として提出されるものであり、相手方の訴求する債権と簡易迅速かつ確実な決済を図るという機能を有するものであるから、一個の債権の残部をもって他の債権との相殺を主張することは、債権の発生事由、一部請求がされるに至った経緯、その後の審理経過等に鑑み、債権の分割行使による相殺の主張が訴訟上の権利の濫用に当たるなど特段の事情の存する場合を除いて、正当な防御権の行使として許容されるものと解すべきである。

　そして、本設例のように、相殺の自働債権である弁護士報酬相当額の損害賠償請求権は、別件訴訟において訴求している債権とはいずれも違法仮処分に基づく損害賠償請求権という一個の債権の一部を構成するものであるけれども、単に数量的な一部ではなく、実質的な発生事由を異にする別種の損害というべきものであり、他に相殺の主張が訴訟上の権利の濫用に当たるなど特段の事情は存しない場合には、相殺の主張が許容され得ると解されている。

　それでは、平成10年6月30日最判〔28031594〕のいう「債権の分割行使をすることが訴訟上の権利の濫用に当たるなど特段の事情の存する場合」とはどのような場合であろうか。

　「1つの紛争については可能な限り一回的な解決が図られるべきであり、1つの紛争について分断した訴訟をむやみに許すとなると、訴訟経済に反する

上、相手方も応訴の煩に耐えない。債権の分割行使は、その態様によっては、権利の濫用として許容されない場合が生ずる。相手方の主張を契機として受動的に主張される相殺の抗弁については、このような事態は一般的には想定しにくいけれども、債権の発生事由、一部請求がされるに至った経緯、審理の経過等に照らして相殺の主張が権利の濫用に当たると評価される場合もあり得るであろう。」との指摘がある[30]。

なお、平成10年6月30日最判〔28031594〕は、従来の最高裁判例の枠を維持しつつ、二重起訴の禁止の類推を排除した点で評価すべきものがあるものの、その理由付けはいかにも落ち着きが悪い（訴求債権が実体上同一である場合には、審理の重複と裁判所の判断の矛盾抵触のおそれとが生ずることは避けられず、このことは、全部請求か一部請求・残部請求かによって区別することはできない。また、相殺の抗弁の特性からして、別訴が全部請求あるいは黙示の一部請求であったとしても、同一の債権を自働債権とする相殺の抗弁は、権利濫用に当たるなど特段の事情の存しない限り、正当な防御権の行使として許されてよいことになるはずである。）との指摘がある[31]。別訴先行型における相殺の抗弁を一律に不適法とすべき根拠が強固なものでないとすれば、正当な防御権たる相殺権の行使はできる限り広く認めるべきであり、これが権利濫用となる場合は極めて限定的に解すべきこととなろう。

（本田　晃）

30　『最高裁判所判例解説民事篇〈平成10年度（下）〉』法曹会〔河邉義典〕659、660頁。
31　前掲中野98-100頁。

◆参考文献

1 本稿のテーマ全体に関するもの
・髙橋宏志『重点講義民事訴訟法（上）〈第2版補訂版〉』有斐閣（2013年）123頁以下

2 前掲平成10年6月30日最判〔28031594〕の評釈
・越山和広「時の判例」法学教室219号（2004年）128頁
・坂田宏「判批」民商法雑誌121巻1号（1999年）62頁
・酒井一「判批」判例評論483号（判例時報1667号）（1999年）192頁
・上野泰男「判批」平成10年度重要判例解説122頁
・髙橋宏志「判批」私法判例リマークスno.19（1999年〈下〉）127頁
・村上正敏「判批」平成10年度主要民事判例解説214頁
・小林学「判批」法学新報〔中央大学〕106巻11・12号（2000年）283頁
・石渡哲「判批」法学研究〔慶應義塾大学〕73巻10号（2000年）153頁
・『最高裁判所判例解説民事篇〈平成10年度（下）〉』法曹会〔河邊義典〕642頁
・三木浩一「判批」民事訴訟法判例百選〈第3版〉（2003年）96頁
・本間靖規「判批」民事訴訟法判例百選〈第4版〉（2010年）82頁
・八田卓也「判批」法学教室385号（2012年）4頁

3 請求異議事由としての権利濫用

設例 18

(1) XY間に土地の境界をめぐる紛争があり、Yが建築しようとした建物についてのXの申請に係る建築工事禁止仮処分事件でXY間に裁判上の和解が成立した。前記和解の趣旨・目的は、前記仮処分申請当時、建築工事中の前記建物の一部がX主張の境界線を若干越えていたが、既に基礎工事が完成していたことから、既存の工事部分をできるだけ壊さないで利用し、前記建物と境界線との間に民法234条1項に従い50センチメートルの距離を確保することにあった。そこで、和解条項においては、互譲により形成されたA線をもって境界とすることを相互に確認し、YはXに対し前記A線から50センチメートルの間隔を置いたB線とA線との間には建物を建築しないことを約するとともに、YがXに対し和解成立当時既にB線を越えて設置されていた構築物をYの費用負担において撤去することが合意された。ところが、その後、Yが前記和解成立後B線を越えて建物の建築を続行し、これを完成するに至った。

(2) そこで、Xは、Yに対し、裁判上の和解調書中の前記建築物撤去条項を債務名義とする強制執行として、B線を越えて建築された前記建築物と一体をなす建物部分の撤去を求めたところ、Yは、Xの強制執行は権利の濫用に当たり許されない旨を主張して争った。

以上の事実関係において、Yの主張の当否についてどのように考えるべきか。

Basic Information

1 債務名義に係る請求権の存在又は内容について異議のある債務者は、その債務名義による強制執行の不許を求めるために、請求異議の訴えを提起す

ることができる（民事執行法35条1項）。
2　債務名義に基づく強制執行が権利の濫用に当たる場合は、これを理由として請求異議の訴えを提起することができる。
3　どのような事情があれば、債務名義に基づく強制執行が権利の濫用に当たり許されないとされるかについては、債務名義の性質、債務名義により執行し得るものとして確定された権利の性質・内容、債務名義成立の経緯及び債務名義成立後強制執行に至るまでの事情、強制執行が当事者に及ぼす影響等諸般の事情を総合して検討することになる。

◆設例に対する回答

1　裁判上の和解調書等の債務名義に基づく強制執行が権利の濫用と認められるためには、当該債務名義の性質、当該債務名義により執行し得るものとして確定された権利の性質・内容、当該債務名義成立の経緯及び債務名義成立後強制執行に至るまでの事情、強制執行が当事者に及ぼす影響等諸般の事情を総合して、債権者の強制執行が、著しく信義誠実の原則に反し、正当な権利行使の名に値しないほど不当なものと認められる場合であることを要する。
2　設例の事案に即していえば、Yが和解成立後B線を越えて建物の建築を続行し、これを完成するに至ったことは、まさに和解の約旨に反するというべきであって、当該和解調書に基づくXによる強制執行が権利の濫用に当たるとはいえない。したがって、Yの主張は理由がない。

◆解　説

1　強制執行と権利の濫用との関係

強制執行と権利の濫用との関係については、一般論として次のような指摘がある。「権利者は国家権力の徹底的な行使によって自己の請求権の完全な満足をうることに多大の期待をかけ、国家もまた、その期待に沿うことによって法的秩序の維持を全うすることができる。殊に近時における団体的実力行

使による執行妨害の傾向や種々の執行潜脱の法的手段を講じる奸悪な債務者の激増は、債権者のこうした要請をうなずかしめる。しかし、また他面において、強制執行は債権者側からいって、その請求権の国家権力に裏付けられた最終的な実現段階であり、債務者または第三者の利益圏への強力な干渉にほかならないのであるから、その事情のいかんによっては、債務者の最低水準における生活をさえおびやかすこととなるであろう。そしてこのような事態は、債権者が自己の権利の実現に急なるあまり、執行の濫用におちいりやすいということによって、いよいよ拡大される傾向をもつ。かくていわゆる債務者を丸裸にするというような苛酷な執行を除去し、善良な債務者を保護するという要請がうまれる。かような事実上相相克する二つの本質的要請をいかに調和してゆくかは、強制執行法上の基本的課題の一つであるが、強制執行における権利濫用を論じるに当たっては、まずこの点の認識から出発する必要がある。」[1]。

もっとも、「強制執行の場面では、原則として、既に債権者の権利の存在は公証され、前提とされてよいという点である。つまり、問題は、基本的には、債権を有しながらその実現を得られない債権者と、債務を負担しながら履行をしない債務者との対立と定式化できる。そうであれば、特段の事情のない限り、債権者の権利実現が実効的に担保されるように配慮することは、自力救済を禁じ、権力を自らに集中した国家の当然の責務である。」との指摘もある[2]。

ドイツ民事訴訟法（2011年12月22日現在）765条a前段は、「強制執行の処分が、債権者の保護の必要性を十分に尊重しても、なお全く特別な事情のために、善良な風俗と調和しない苛酷なものであるときは、執行裁判所は、債務者の申立てにより、強制執行の処分の全部若しくは一部を取り消し、禁

1　吉川大二郎「強制執行における権利濫用」末川先生古稀記念論文集刊行委員会編『末川博先生古稀記念・権利の濫用（中）』有斐閣（1962年）336頁。
2　山本和彦「強制執行手続における債権者の保護と債務者の保護」伊藤眞ほか編『竹下守夫先生古稀祝賀・権利実現過程の基本構造』有斐閣（2002年）275頁。

止し、又は一時停止することができる。」と定める[3]。我が国の民事執行法においては、このような一般的な規定はないけれども、給料債権差押えにおける差押範囲の制限（民事執行法 152 条）、差押禁止範囲の変更（同法 132 条）、強制管理における収益等の分与（同法 98 条）等、執行手続内においても、債務者保護の観点から一定程度の配慮がされている。

2 請求異議の訴えと権利の濫用との関係

債務名義に係る請求権の存在又は内容について異議のある債務者は、その債務名義による強制執行の不許を求めるために、請求異議の訴えを提起することができる（民事執行法 35 条 1 項）。

請求異議として主張できる事由としては、弁済、相殺等の請求権の消滅事由や、返済期限の猶予、破産免責を得たことなどが挙げられる。なお、強制執行手続中に確定した破産免責決定の正本が執行裁判所に提出されても、免責決定からは個々の執行債権が免責対象かどうかを認識することができないから、強制執行の停止・取消しはできない。免責債権該当性の主張によって執行を阻止するには、請求異議の訴えを要する[4]。また、特定の債務名義に基づく強制執行が権利の濫用に当たる場合は、強制執行に関する限りでは、債務名義に表示された請求権の不存在と異別に取り扱う理由はなく、請求異議の事由となると解される[5]。

ところで、確定判決についての異議の事由は、「口頭弁論の終結」後に生じたものに限る（民事執行法 35 条 2 項）。これは、事実審の口頭弁論の終結時をもって、債務名義に表示された請求権の存在が既判力をもって確定されるから、その既判力の効果として、それより前に発生した当該請求権の発生、変更、消滅に関する事由は、その訴訟において主張したかどうか、主張しな

---

[3] 法務大臣官房司法法制部編『ドイツ民事訴訟法典―2011 年 12 月 22 日現在―』法曹会（2012 年）209 頁。

[4] 中野貞一郎＝下村正明『民事執行法』青林書院（2016 年）325 頁の注(3)参照。

[5] 前掲中野＝下村 230 頁。

かったことが当事者の過失に基づくかどうかを問わず、後にこれを主張して確定判決の内容に反する主張をすることができなくなるためである[6]。権利濫用の主張が排斥された確定判決に対し、同一の主張をもって請求異議の訴えの提起を許容し得ないことは明らかであろうし、当事者が主張し得たのに主張しなかった口頭弁論終結前の事由に基づく権利濫用の主張についても、既判力によって制限されることはやむを得ないことである。

これに対し、裁判上の和解調書の記載は、確定判決と同一の効力を有する（民事訴訟法267条）ものの、既判力の有無について見解の相違がある。最高裁判所は、裁判上の和解は既判力を有するものと解すべきであると判断しつつ[7]、錯誤無効の主張を許容しており[8]、和解の実体上の無効取消原因がある場合には、既判力の不発生ないし覆滅を認めるものと解されている。したがって、裁判上の和解に対する請求異議の訴えにおいては、再審の訴えによることなく、私法上の無効・取消原因の主張が許される[9]。

したがって、既判力を有しない債務名義に対しては、請求異議の訴えにおいて、債務名義の成立以前の事由を主張することができる。これに対し、既判力を有する債務名義においては、既判力が生ずる時点以前の事由を主張することはできない。

もっとも、既判力を有する債務名義についても、さらに、裁判所を欺罔するなどして債務名義を不正に取得したことを請求異議の事由とし得るかは、問題となり得る。確定判決に再審事由があれば、再審の訴えによる救済の途がある。では、再審を経ることなく判決の不正取得を理由に請求異議の訴えを提起することが許されるか。

最高裁判所は、債務名義が確定判決である場合、請求権の成立は、既判力によって確定されているのであるから、既判力の標準時以前に遡って、その

6　香川保一監修『注釈民事執行法(2)』金融財政事情研究会（1985年）419頁。
7　最大判昭和33・3・5民集12巻3号381頁〔27002702〕。
8　最一小判昭和33・6・14民集12巻9号1492頁〔27002658〕。
9　前掲香川403、427頁。

判決の成立過程における当事者の訴訟活動の背後に執行妨害の意図目的が存し、あるいは、同判決が、専ら第三者の権利を害することのみを目的として、当事者の通謀による架空の事実の主張により、裁判所を欺罔して取得されたなどの事情をもってこれを争い、請求異議の訴えにより前記執行力の排除を求めることは許されない、と判断している[10]。

確定判決の既判力を再審によって一般的に排除することなく、請求異議訴訟や損害賠償請求訴訟において既判力に反する主張を個別に許すのは、眼前の（部分的）結果の妥当性のために法的安定性を犠牲にするもので、正当とは思えない、との指摘[11]がある。

3　強制執行が権利の濫用に当たり許されない場合

債務名義に基づく強制執行が権利の濫用に当たるか否かが問題となったいくつかの事例がある。

(1)　権利の濫用に当たる（当たり得る）とされた事例

ア　最一小判昭和37・5・24民集16巻5号1157頁〔27002147〕

自動車事故に関する不法行為に基づく損害賠償請求訴訟において、被害者が事故による傷害によって将来の営業活動が不可能となったとの認定に基づき、爾後の一生の残存生命についての得べかりし利益の喪失をホフマン式計算法によって算定した判決が確定した。その後、被害者が、死亡した加害者の相続人に対する強制執行を申し立て、加害者の相続人が請求異議訴訟を提起した。

最高裁判所は、被害者が確定判決後に負傷が快癒し、営業可能の状態になった反面、加害者が賠償債務の負担を苦にして自殺するなどの事情があったにもかかわらず、判決確定後5年を経て、加害者の相続人である父母に対してされた強制執行は、信義誠実の原則に反し、権利の濫用に当たり得ると判断

10　最三小判昭和40・12・21民集19巻9号2270頁〔27001238〕。
11　前掲中野＝下村232頁。

して、請求を棄却した一審判決を維持した原判決を破棄して差し戻した。

　さらに、最高裁判所は、次のような「なお書き」を加え、原審に対し、厳しい警鐘を鳴らした。「なお、原審は、大審院が昭和15年2月3日の判決（民集19巻110頁）においてなした『斯ノ如キ債務名義ニ因リ無制限ニ上告人ニ対シ強制執行ヲ敢テスルコトハ不法行為ニ属スルコト論ヲ俟タザルトコロナリ。民訴545条ガ異議ノ訴ヲ認メタルハ、不当ナル強制執行ノ行ハレザランコトヲ期スルモノニ外ナラザルヲ以テ、判決ニヨリ確定シタル請求ガ判決ニ接着セル口頭弁論終結後ニ変更消滅シタル場合ノミナラズ、判決スルコト自体ガ不法ナル場合ニアリテモ、亦異議ノ訴ヲ許容スルモノト解スルヲ正当ナリトス』云々との判示に深く思を致すべきである。」

　この最高裁判決の調査官解説は、「裁判機関が判決をもって観念的に形成した給付請求権の具体的実現が、権利濫用となる場合があるということは極めて異常な事態ではあるが、『同時に適法にして且違法という謎の現象たる訴訟法上は適式であるが、実体法上は不当なる強制執行』という観念自体は早くからドイツにおいて論ぜられ、我国においても民訴198条2項の解釈論等を通じて論じられたものである。」「ドイツにおいては執行濫用防止法なるものがあって、強制執行といえども一般人の道徳感情を阻害するような方法においてこれを行うことは許されないことを規定している。その立法の動機は、……主として執行時における債務者の窮状、人間的愁嘆等の事態が、執行債権者の保護を譲歩せしめるが如き場合における執行を防止することにあるのであるが、そこに根ざす思考基盤はこれを広く強制執行の一般原則にまでたかめることも可能であって、債務名義に表象せられた請求権確定の前提たる基礎事実の判決確定後における変更の場合の執行についても法的評価においては右の場合と等しかるべく、このことは右のような特別法のない我国においても権利濫用不許の規定を活用することによって同等に論じ得るであろう。……上告審は右に述べたような法理を検討して原判決を破棄し、これを差し戻したものと考えられる。」と指摘している[12]。

　イ　最二小判昭和43・9・6民集22巻9号1862頁〔27000923〕

土地所有者が提起した建物収去土地明渡し及び明渡しに至るまでの金銭支払を命ずる判決を得、これが確定した。この建物は、かなり老朽化しており、価格4万円を超えないものであった。土地所有者は、前記判決に基づく建物収去土地明渡しの執行をせず、建物について強制執行を申し立てた。すると、最低売却価額が148万円と定められ、競落人が同額を納付して競落した。その後、土地所有者が建物収去土地明渡しの強制執行を申し立て、競落人が請求異議の訴えを提起した。

最高裁判所は、債権者が、廃材としての時価が金4万円を超えない建物に対し、自らこれを競落して収去する予定の下に、前記確定判決に基づいて、まず強制競売の申立てをしたところ、予想に反して最低競売価額が金148万円と定められたにもかかわらず、そのまま競売手続が進行するに任せ、そのために、名義書替料程度の金銭を支払えば敷地を賃借できると考えて最低競売価額で競落許可決定を得た競落人から賃借の申出を受けると、地価の8割に相当する坪金6万4000円くらいの権利金を支払えば賃貸してもよい旨答えて、競落人をして敷地の賃貸借について希望を抱かせ、競落人が競落代金を完済し、当該建物の所有権移転登記と引渡しとを受けた後も、前記賃貸条件を固執して、同人に対する建物収去土地明渡しの強制執行のために承継執行文を得たなどの事情があるときは、これに基づく強制執行は、権利の濫用として許されない、と判断した。

敷地に建物が現存し、土地利用権がない場合でも、建物収去の困難性について、いわゆる場所的利益を認めるのが執行の実務であり[13]、本件における評価人の評価が誤っていたか否かは判然としない。また、権利者のとった行動を1つひとつ検討してみると、それほど問題にすべき点はないように思われ、不当な利益獲得のための権利行使という類型に近いといえるものの、従来の事例に比して不当性がかなり小さいケースであり、権利の濫用に当たる

---

12 『最高裁判所判例解説民事篇〈昭和37年度〉』法曹会〔右田堯雄〕336-338頁。
13 東京競売不動産評価事務研究会編『別冊判例タイムズ30号・競売不動産評価マニュアル〈第3版〉』判例タイムズ社（2011年）98、84頁以下。

かどうかの境界線上に位置するケースであるとの評釈がある[14]。

ウ　大阪地判昭和56・8・7判時1034号116頁〔27711091〕

　倒産した食料品加工販売業者と取引関係にあった会社の取締役が、「○○缶詰こと○○」との呼称を用いて訴えを提起し、欠席判決を得て強制執行に着手し、業者が請求異議の訴えを提起した。

　大阪地方裁判所は、債権者が、個人で債務者と売買取引を行ったことが一切ないのに、取引のあった会社の経営者として売掛代金債権を有するがごとく装って提訴し、欠席判決を得た後、債務者の清算結了の事情を熟知しながら、訴外社が債務者に対して有したと同一内容の売掛代金債権につき形式上取得したにすぎない判決に基づいて強制執行に着手するに至ったものであるから、この強制執行は著しく信義に反し不当なものであり、権利の濫用として許されない、と判断した。

　本件は、判決の不当取得の類型に当たると考えられるものの、民事執行法35条2項や前掲昭和40年最判〔27001238〕との関係で疑問が残る。

エ　東京地判平成17・5・31判タ1230号335頁〔28130818〕

　夫婦が離婚請求控訴事件において裁判上の和解をした。この和解調書には、離婚条項のほか、妻が夫に対してマンションを明け渡す旨の条項があった。夫がマンションの明渡しの強制執行を申し立て、妻が請求異議の訴えを提起した。

　東京地方裁判所は、離婚請求控訴事件における和解調書中の建物明渡条項について、債権者が、債務者が建物に何らかの形で居住することを認めるという従前の一貫した態度を翻していること、仮に本件和解条項に基づく強制執行をすることを認めた場合には、一方で債権者自身は自ら負担している婚姻の解消に伴う婚姻費用や学費の支払義務を果たさず、建物明渡しを受ける必要性が極めて少ないという事情があるにもかかわらず、他方で、債務者の生活の本拠を奪い、当然の権利である慰謝料等の支払請求権について、債務

14　富樫貞夫「判批」民商法雑誌64巻5号（1971年）171頁。

者に回収の見込みのない債務名義のみを残すことになるという、極めて不合理な結果が生じることになること、さらに建物の所有権の帰属が最終的には別件財産分与の審判で決着をみることになっているという事情がある場合においては、被告の原告に対する建物明渡条項に基づく強制執行は、著しく信義誠実の原則に反し、正当な権利行使の名に値しない不当なものと認めることが相当である、と判断した。

オ　東京高判平成17・11・30判時1935号61頁〔28111797〕

　マンション管理組合が元理事に対して運営妨害や脅迫等を理由に1800万円の損害賠償請求訴訟を提起し、元理事が名誉毀損等を理由に慰謝料1000万円及び謝罪広告を求める反訴を提起した事案において、管理組合の請求を棄却し、元理事の請求のうち200万円の支払及び謝罪広告部分を認容する判決が確定した。元理事は、謝罪広告につき1日につき1万円の割合による間接強制決定を得たうえ、不履行に係る3484万円の強制執行として差押命令を得た。これに対し、管理組合が間接強制決定の執行力の排除を求める請求異議の訴えを提起した。

　東京高等裁判所は、名誉毀損の慰謝料が200万円と評価されたこと、間接強制の趣旨からすれば、履行強制の意味がないようであれば、速やかに間接強制の金額の増額を申し立てることが期待されるのであって、謝罪文の報告書への掲載が不十分であったからといって、間接強制金が累積するに任せることは、間接強制制度の予定するところではなく、謝罪広告の原因となった名誉毀損行為から既に9年余を経過していることなどから、間接強制決定中、報告書への謝罪広告掲載不履行による1日1万円の間接強制金の支払を命ずるもののうち180万円を超える部分の権利行使が権利の濫用になるとした原審の判断を是認した。

カ　東京地判平成24・10・31金法1983号162頁〔28214069〕

　競売建物の買受人が占有者に対する引渡命令を得て強制執行を申し立てた。これに対し、占有者は、買受人が、もともと敷地利用権がなく収去義務を負うことを知りながら建物を競売により買い受けたものであって、現在では建

物の所有権を喪失しているから、引渡命令による執行は権利の濫用に当たると主張して、請求異議の訴えを提起した。

東京地方裁判所は、買受人が建物の所有権を失っており、占有者に対する引渡命令の執行は権利の濫用といえる（なお、買受人の所有権喪失自体が異議事由となるとも考えられる。）と判断した。もっとも、この判決は、控訴審で取り消されたもののようである[15]。

(2) **権利の濫用に当たらないとされた事例**

ア　最一小判昭和62・7・16判時1260号10頁〔27801155〕

本設例と同様であり、後記4を参照されたい。

イ　東京地判平成5・11・24判タ873号279頁〔27827042〕

妻から夫に対する離婚請求訴訟において、離婚を認容し、夫から妻に対する2億円の財産分与を命ずる判決が確定した。妻がこの判決に基づいて夫の不動産を差し押さえたのに対し、夫は、前記判決の趣旨が、不動産の価額を総額6億4891万円として、妻への2億円の財産分与を命じ、夫に4億4891万円の財産を残すことを是認したものであるのに、強制執行が続行されると、夫の手元に財産がほとんど残らない結果となるとして、請求異議の訴えを提起した。

東京地方裁判所は、前記判決が、夫婦共通財産である不動産の清算だけでなく、夫に対する慰謝料や、当該不動産以外にも清算されるべき資産が存在していたはずであることなどの諸般の事情を総合的に考慮して、夫に2億円の支払を命じたものであって、単に不動産の評価額のみに依拠してその給付額を定めたものでないこと、不動産価額の下落の現象は、前記判決の口頭弁論終結前から始まっており、必ずしも口頭弁論終結当時において予見することができなかった重大な事情の変更ということもできないことなどから、強制執行が著しく信義誠実の原則に反し、正当な権利行使の名に値しないほど不当なものであり、権利の濫用に当たるということはできない、と判断した。

---

[15] 東京高判平成25・4・10金法2016号96頁〔28231487〕。

ウ　佐賀地判平成 26・12・12 判時 2264 号 85 頁〔28230131〕

　諫早湾及びその付近において漁業を営む者が、国に対し、排水門の開放を求めた訴訟において、開放を命ずる判決に基づく間接強制決定がされた。国は、確定判決に基づく強制執行の不許を求めて請求異議の訴えを提起した。

　佐賀地方裁判所は、①漁業行使権が生活の基礎に関わる重要な権利であること、②対策工事がされていないことにつき漁業者に帰責事由がないこと、③具体的な執行処分の方法が間接強制の申立てにとどまることから、権利の濫用に当たらないと判断した。

(3)　小　括

　以上の事例に基づいて、権利濫用を理由とする請求異議が認められる場合とそうでない場合とを分ける一般的基準が見いだせるわけではない。しかし、過去において権利濫用の主張が認められた事例であっても、現在においては認められないことが予想されるものや、境界線上のものも見受けられる。いったん成立した債務名義に基づく強制執行について、その行使態様が権利濫用になる場合は、あり得るとしてもかなり限定的であるといってよい。

　ここで考慮すべき要素としては、前掲昭和 62 年最判〔27801155〕が述べるとおり、債務名義に基づく強制執行が権利の濫用と認められるためには、当該債務名義の性質、当該債務名義により執行し得るものとして確定された権利の性質・内容、当該債務名義成立の経緯及び債務名義成立後強制執行に至るまでの事情、強制執行が当事者に及ぼす影響等諸般の事情であり、これらを総合して、債権者の強制執行が、著しく信義誠実の原則に反し、正当な権利行使の名に値しないほど不当なものと認められる場合であるか否かを検討することになろう。

4　本件事案への当てはめ

　設例の事案における和解の趣旨・目的は、仮処分申請当時、Y が建築工事中の建物の鉄骨の柱が既に X 主張の境界線を若干越えており、基礎工事も完了していたことから、既存の工事部分をできるだけ壊さないで利用できる

ようにするとともに、建物と境界線との間に、民法234条1項に従い、50センチメートルの距離を保てるようにするため、Y所有地の一部とX所有地の一部との等価交換により形成された線をもってX所有地とY所有地との境界とすることを確認するとともに、YはXに対し、前記の線から50センチメートルの間隔を置いた線の南側には建物を建築しないことを約するにあり、そのために、和解成立当時既に前記線を越えて設置されていた構築物をYの費用負担において撤去するとしたものであった。そうすると、Yが和解成立後に前記線を越えて建物の建築を続行し、これを完成させるに至ったことは、明らかに和解の約旨に反するものである。Yのかかる行為が容認されるとすれば、和解を成立させた趣旨が達成されないばかりでなく、ひいては裁判上の和解に対する信頼を害する結果を招来することになる。

　それでは、本件係争地が準防火地域に属し、本件建物の外壁が耐火構造であることから、建物について民法234条1項の適用がなく、建築基準法65条によりその外壁を隣地境界線に接して設けることができるのに、Yがその点の理解に欠けたため、民法234条1項の適用があるものと誤信して和解を成立させたという事情があるとすればどうであろうか。仮に、そのような錯誤があったとしても、動機の錯誤であるから当然に和解が無効となるわけではないし、錯誤無効を認めないにもかかわらず、このような事情を斟酌して和解条項を履行する義務がないとすることは、結局、当該和解条項が最初から無効であることを認めるに等しくなり、錯誤を認めないことと整合しない。Yは、和解条項に違反して建物を建築した場合、本件和解条項に基づき違反部分の撤去を余儀なくされることを十分予想し、その危険を負担すべき立場にあるというべきである。

　以上のとおり、設例における和解の性質、和解成立の経緯及び強制執行に至るまでの事情、強制執行が当事者に及ぼす影響等諸般の事情を総合すると、Xが和解条項に基づき建物の撤去を求めることは、まさに正当な権利の行使であって、何ら権利の濫用に当たるものではないと解されることになる。

　このように解すると、Yは違反部分を撤去することができることになる。

しかし、本来なら建物を境界に接して建てられる地域の事件の具体的に妥当な解決として、権利濫用論の否定だけでよいのかという疑問が残る、との指摘がある[16]。

(本田　晃)

◆参考文献

1　本稿のテーマ全体に関するもの
・司法研修所編『執行関係等訴訟に関する実務上の諸問題』法曹会（1989年）40-44頁
・香川保一監修『注釈民事執行法(2)』金融財政事情研究会（1985年）409-411頁

2　前掲昭和62年最判〔27801155〕の評釈
・林屋礼二「判批」民商法雑誌98巻6号（1988年）821頁
・加藤美枝子「判批」昭和63年主要民事判例解説18頁
・照屋雅子「判批」大阪経済法科大学法学論集25巻（1989年）31頁

---

[16] 林屋礼二「判批」民商法雑誌98巻6号（1988年）821頁。

4 取立権による債務者の生命保険契約の解約

設例 19 生命保険契約の解約返戻金請求権を差し押さえた債権者が、これを取り立てるために債務者の有する解約権を行使することの可否についてどのように考えるべきか。

Basic Information

1 債権執行は、差押命令によって開始される。差押債権者は、差押命令が債務者に送達された日から1週間を経過したときは、その債権を取り立てることができる。

2 差押債権者は、取立権の効果として、債務者の有する形成権を行使することができる。ただし、形成権のうち、①一身専属権であるもの、②一身専属権でなくても、その行使により債務者に重大な不利益が生じ、取立ての目的、範囲を超えると解されるものは、その行使が制限される。

3 生命保険契約の解約権は形成権であり、差押債権者による解約権行使の可否は、その行使により債務者に重大な不利益が生じ、取立ての目的、範囲を超えるものであるかどうかによって判断が分かれる。

◆設例に対する回答

生命保険契約の解約返戻金請求権を差し押さえた債権者は、これを取り立てるため、債務者の有する解約権を行使することができる。ただし、解約権の行使により債務者に重大な不利益が生じる場合には、民事執行法153条により差押命令が取り消され、又は解約権の行使が権利の濫用と認められる場合がある。

◆解　説
1　債権及びその他財産権に対する強制執行の流れ
(1)　概　要
ア　債権執行は、債権者が、金銭債権の満足のために、債務者が第三債務者に対して有している金銭債権又は船舶若しくは動産の引渡請求権に対して強制執行を行う手続である（民事執行法143～167条の14）。

その他の財産権に対する強制執行は、不動産、船舶、動産及び債権以外の財産権に対して強制執行を行う手続である。その手続は、特別の定めがあるもののほかは、債権執行の例によって行われる（民事執行法167条1項）。

イ　債権執行は、債権者の金銭的満足を実現する手段であるから、債権執行の対象となる債権（被差押債権）は、金銭に換価することができる権利でなければならない。そのため、被差押債権は、①独立の財産的価値を有する権利であること、②金銭的評価が可能な権利であること、③差押え時に債務者に属する権利であること、④譲渡可能な権利であること、⑤法定の差押禁止債権（民事執行法152条）に当たらないものであることの各要件を満たすことが必要である。

(2)　手続の流れ
ア　債権執行は、執行裁判所の差押命令により開始する（民事執行法143条）。

差押命令の申立てに当たっては、執行裁判所において差押禁止債権であるか否かを判断できるようにし、債務者及び第三債務者においてどの債権がどの範囲で差し押さえられたかを認識できるようにするため、債権執行の対象である債権を債権の種類及び額等により特定しなければならない（民事執行規則133条2項）。

執行裁判所は、債権者による差押命令の申立てが適式であるか、差押命令の対象である債権が差押禁止債権に当たらないかなどの点を審査し、申立てを適法と認めるときは差押命令を発令し、不適法と認めるときは申立てを却下する。

4 取立権による債務者の生命保険契約の解約【設例19】

執行裁判所は、差押命令において、債務者に対してその債権の取立てその他の処分を禁止するとともに、第三債務者に対して債務者への弁済を禁止する（民事執行法145条1項）。

イ　差押命令は、債務者及び第三債務者に送達され（民事執行法145条3項）、その効力は、差押命令が第三債務者に送達された時に生ずる（同法145条4項）。

債務者は、差押命令の効力により、被差押債権の処分（例えば、取立てや譲渡等）が禁止される。

第三債務者は、差押命令の効力により、被差押債権について債務者への弁済が禁止される（民事執行法145条1項）。第三債務者がこれに違反して債務者に弁済しても、差押債権者に対抗することができず、差押債権者から請求を受けたときは二重に弁済しなければならない（民法481条1項）。

差押債権者は、差押命令の効力発生後、差し押さえられた債権を取り立て（民事執行法155条1項）、又は転付命令その他の換価手続（同法159、161条）等によって換価し、それによって得た金額を自己の債権に充当して債権の回収を図ることができる。差し押さえられた債権について競合が生じ、第三債務者が供託（同法156条）をした場合には、第三債務者が提出する事情届に基づいて配当又は弁済金交付の手続（同法166条）が実施され、それにより債権の満足が図られる。

2　差押債権者による金銭債権の取立て

(1)　概　要

差押債権者は、差押命令の効力発生後、債権の満足を得るために、差し押さえられた債権を換価する必要がある。債権執行における原則的な換価方法は、取立権の行使である。

金銭債権の差押債権者は、差押命令が債務者に対して送達された日から1週間を経過したときは、その債権を取り立てることができる（民事執行法155条1項）。取立権が発生すると、債権者は、自己の名で、第三債務者に

対して被差押債権の取立てに必要な裁判上及び裁判外の一切の行為をすることができる。

取立権を行使するための要件は、①差押債権が条件付又は期限付のものは、現実に条件が成就し、又は支払期が到来していること、②他に競合する差押債権者又は配当要求債権者がいないこと、③執行停止文書（民事執行法39条1項）が執行裁判所に提出されていないことである。

(2) 差押債権者による形成権の行使

ア　差押債権者が取立権の効果として債務者の有する取消権、解除権等の形成権を行使できるか否かは、これを肯定する説が多数である。

もっとも、債務者の有する形成権のうち、①一身専属権であるもの（例えば、夫婦間の契約取消権（民法754条））や、②一身専属権でなくても、その行使により債務者に重大な不利益が生じ、取立ての目的、範囲を超えると解されるもの（例えば、手形不渡り異議申立て預託金返還請求権の差押債権者による異議申立委託契約の解約権、敷金返還請求権の差押債権者による賃貸借契約の解約権、退職金債権の差押債権者による雇用契約の解約申入れ等）については、その行使が制限されると解されている。

イ　最高裁判所も、「金銭債権を差し押さえた債権者は、民事執行法155条1項により、その債権を取り立てることができるとされているところ、その取立権の内容として、差押債権者は、自己の名で被差押債権の取立てに必要な範囲で債務者の一身専属的権利に属するものを除く一切の権利を行使することができるものと解される。」（最一小判平成11・9・9民集53巻7号1173頁〔28042084〕。以下、「平成11年最判」という。）と判示し、差押債権者において債務者の、有する形成権の行使が可能であることを確認している。

3　生命保険契約の解約返戻金請求権の法的性質

(1) 問題の所在

生命保険の保険契約者は、生命保険契約を解約することにより、保険者である生命保険会社に積み立てられていた責任準備金のうち一部を控除した金

額の解約返戻金の支払を請求することができる。このような解約返戻金請求権は、保険契約者により解約権が行使され、既に具体化している場合には、保険事故の発生や満期の到来により具体化した保険金請求権と同様に差押えの対象となり、差押債権者はこれを取り立てることができる。

問題となるのは、解約権が行使される前の解約返戻金請求権である。解約権行使前の解約返戻金請求権は、解約権の行使により具体化する停止条件付の金銭債権であると解される。一般に、いまだ具体化していない条件付債権についても、権利の内容を特定することができ、将来における条件の成就が期待できるものであれば、法定の差押禁止債権に当たらない限り、差押えの対象になると解されており、解約返戻金請求権もこのような条件付債権として差押えの対象となる。

もっとも、条件付の金銭債権について取立権を行使するためには、取立権行使の時点において、現実に条件が成就していることが必要である（前記2(1)）。そのため、解約返戻金請求権について取立権を行使するためには、解約権を行使することが必要である（なお、解約権は形成権であり、解約返戻金請求権と分離して処分できるものではないから、解約権そのものの差押えという方法は採り得ない。）。

解約権は、一般に形成権としての性質を有すると解されており、保険契約者の保険者に対する一方的意思表示によりその効力が生ずるとされている。しかし、差押債権者は、取立権の効果として一身専属権である形成権を行使できない（前記2(2)ア）。そこで、生命保険契約の解約返戻金請求権を差し押さえた差押債権者が取立権の行使として生命保険契約の解約権を行使することができるかについては、まず、生命保険契約の解約権が一身専属権であるかどうかを検討する必要がある。

(2) 解約権の一身専属性

ア　この点、解約権の一身専属性を否定するのが多数説である。

その理由については様々な説明がされるが、①解約権は、他人に行使されることによってその本質的内容が変わるものではなく、身分法上の権利と異

なり、債務者の意思に委ねるべき事情はないこと、②生命保険以外のもの（例えば、預貯金等）も生活保障機能を有しており、生命保険の解約返戻金請求権のみ生活保障機能を強調して、その取立てを制限する理由はないことなどからすれば、解約権の一身専属性を否定するのが相当である。

イ　平成11年最判〔28042084〕も、「生命保険契約の解約権は、身分法上の権利と性質を異にし、その行使を保険契約者のみの意思に委ねるべき事情はないから、一身専属的権利ではない。」と判示し、解約権の一身専属性を否定している。

4　解約返戻金請求権を取り立てるために生命保険契約の解約権を行使することの可否

(1)　問題の所在

解約権の行使により保険契約は終了し、保険契約に基づく高度障害保険金請求権や満期保険金請求権等の保険金請求権はすべて消滅する。したがって、差押債権者による解約権の行使は、具体的な解約返戻金請求権を生じさせる一方で、債務者に対し、高度障害保険金請求権等の保険契約上の諸権利が消滅するという不利益を与えるものといえる。

前記3のとおり、生命保険契約の解約権は一身専属権ではない。しかし、債務者の有する形成権が一身専属権でなくても、その行使により債務者に重大な不利益が生じ、取立ての目的、範囲を超えると解される場合には、差押債権者はその形成権を行使することができない（前記2(2)ア）。そこで、差押債権者が解約返戻金請求権を取り立てるために生命保険契約の解約権を行使することが取立ての目的、範囲を超えるものでないかが問題となる。

(2)　解約権行使の可否

ア　差押債権者が解約返戻金請求権を取り立てるために生命保険契約の解約権を行使できるとする説（肯定説）は、おおむね、次のような点を根拠としている。

①　解約返戻金請求権は、満期が到来したり、保険事故が発生したりして保

険金請求権が発生すると、具体的権利となることなく消滅するのであり、この点では定期預金債権等とは全く事情が異なる。差押債権者による解約を認めないと、差押え後に保険事故が生じることによって被差押債権が消滅してしまい、解約返戻金請求権の差押えを認めた意味が失われる危険がある。

　債権者代位の方法しか許されないとすると、債務名義を得、さらに差押命令を得ていながら、無資力要件を欠く等の理由により解約権を行使できない場合には、結果的に差押えが無に帰する。

②　解約返戻金請求権が条件付又は付随的な権利であるとしても、解約権は解約返戻金請求権と結合してのみ財産的価値を有し、それと一体となって初めて債権者を満足させる機能を有するものであるから、解約返戻金請求権の差押えが認められる以上、その取立権に基づき解約権の行使を認めるべきである。

③　保険契約の解約は実質的には期限を到来させるだけであるから、手形不渡り異議申立預託金返還請求権の差押債権者による異議申立委託契約の解約権や退職金債権の差押債権者による退職申入れ等、形成権の行使が許されない場合と異なり、債権者の利益を犠牲にしてまで保険契約の存続を認める意味はない。

④　債務者の生活保障の機能を持つのは、生命保険に限らず、預貯金等も同じであり、差押禁止財産ではない生命保険を特別扱いする理由はない。

イ　一方、否定説の根拠は、おおむね、次のとおりである。

①　生命保険契約上の権利の主たるものは死亡保険金請求権であるところ、従たる権利である解約返戻金請求権の差押えにより、主たる権利を含むすべての権利を消滅させることになり、債務者に重大な不利益を与え、公平に反する。

②　解約前の解約返戻金請求権の差押えは将来債権の差押えにすぎないのに、解約を認めると現在債権の差押えを認めたのと同様の結果を生じ、差押えの範囲を超えた利益を与えることになり、不当である。

③　債権者代位権に基づく解約権の行使を認めることにより、差押えの意義

自体は損なわれない。

ウ　肯定説と否定説がそれぞれ根拠として挙げる点は、いずれも説得的であり、直ちに優劣を決し難いものである。結局、この問題は、解約返戻金請求権の換価を迅速かつ効果的に行うという差押債権者側の利益と、解約権の行使により保険金請求権等の保険契約上の諸権利が消滅するという債務者側の不利益との比較衡量によって決すべき問題というべきである。

エ　平成11年最判〔28042084〕の法廷意見は、「生命保険契約の解約返戻金請求権は、保険契約者が解約権を行使することを条件として効力を生ずる権利であって、解約権を行使することは差し押さえた解約返戻金請求権を現実化させるために必要不可欠な行為である。したがって、差押命令を得た債権者が解約権を行使することができないとすれば、解約返戻金請求権の差押えを認めた実質的意味が失われる結果となるから、解約権の行使は解約返戻金請求権の取立てを目的とする行為というべきである。他方、生命保険契約は債務者の生活保障手段としての機能を有しており、その解約により債務者が高度障害保険金請求権又は入院給付金請求権等を失うなどの不利益を被ることがあるとしても、そのゆえに民事執行法153条により差押命令が取り消され、あるいは解約権の行使が権利の濫用となる場合は格別、差押禁止財産として……除外すべき理由は認められないから、解約権の行使が取立ての目的の範囲を超えるということはできない。」と判示し、差押債権者が解約返戻金請求権を取り立てるために生命保険契約の解約権を行使できることを明確にした[1]。

平成11年最判〔28042084〕は、通常は死亡保険金の額が解約返戻金の額より多額であり、解約により債務者は入院給付金請求権等の保険契約上の諸権利を失うことになる一方で、そもそも保険金請求権は、条件付権利であっていつ発生するか確実でなく、債務者による解約権の行使や保険事故の発生により発生しないこともあること、債務を履行できない債務者が解約権を行

---

[1]　なお、遠藤光男裁判官の反対意見がある。

使すれば直ちに解約返戻金を取得して債務の弁済に充てることができるのに、保険契約を温存して将来の保険事故発生の際の保険金請求権を確保させることを認めることは妥当ではないこと、債務者は契約者貸付（保険契約者は、約款により、解約返戻金の範囲内で、かつ保険者の定めた利率で、保険者から金銭の貸付けを受けることができる。）の利用により差押えを回避することもできたこと、債権者代位の方法しか認めない立場を採ると、債務者の無資力要件が具備されなければ解約権を行使することができないが、強制執行が行われるのは一般的には債務者が任意の履行に応じなかった場合であり、債務者が無資力に陥っている場合が多いと考えられるから、差押えという方法により解約返戻金請求権を具体的に把握した債権者に対し、さらに無資力要件の主張立証をも要求することが妥当といえるか疑問があることなどの事情を考慮して、債務者側の不利益より差押債権者側の利益を優先したものと思われる。

5　権利の濫用による限界付けと考慮すべき事情
(1)　権利の濫用による限界付け

　前記4のとおり、差押債権者が解約返戻金請求権を取り立てるために生命保険契約の解約権を行使することができるかについては、これを認めることで実務上決着をみた。もっとも、一方で、差押債権者による解約権の行使により、債務者又は保険契約者は高度障害保険金請求権等の保険契約上の諸権利を喪失するなどの不利益を受けるのであり、その状況によっては差押債権者による解約権の行使が相当でない場合も当然想定できるところである。

　この点に関し、平成11年最判〔28042084〕の法廷意見は、債務者らが前記のような不利益を受ける場合には、民事執行法153条による差押命令の取消しや権利濫用法理の適用によって対処するのが相当である旨判示している。今後の実務においては、差押債権者による解約権行使に反対する債務者らは、これらの手段を講じることによって生命保険契約の解約を阻止することになろう。

(2) 考慮すべき事情

　差押債権者による解約権の行使が権利の濫用に当たるかどうかについては、債務者の年齢、資力、他の執行可能な財産の有無、加入している保険の内容や加入期間、差押債権者が解約返戻金請求権を差し押さえた経緯、理由、解約返戻金と満期等による保険金の差額、保険事故が近い時期に発生する見込み等の事情を総合的に考慮して、個別具体的に判断することになると解される。

　差押債権者による解約権の行使が権利の濫用に当たると評価される場合の具体例としては、他に執行可能な財産があるのに、ごく少額の債権に基づいて解約返戻金請求権を差し押さえ、解約権を行使して生命保険契約を解約するなど債務者の不利益が大きい債権を狙い撃ちにしたと認められる場合、解約返戻金の額が債権額に比べて極めて少額であり、解約しても差押債権の満足にはほとんど役に立たない一方、保険事故が近い時期に発生する見込みがあるなど解約により債務者が受ける不利益が非常に大きいと認められる場合等が想定できるであろう。

(3) その他

　平成11年最判〔28042084〕は、差押債権者において解約返戻金請求権を取り立てるために債務者の有する解約権を行使することができることを明確にするとともに、差押債権者による解約権の行使を権利の濫用と評価する余地がある旨説示することによって、債務者等の不利益にも配慮した。しかし、このことについては、差押債権者による解約権の行使が許される場合、保険会社としては差押債権者の解約返戻金請求に応じざるを得ず、保険会社が解約返戻金の支払に応じてしまえば、保険契約の存続を前提とした保険金請求権の行使は事実上途絶されてしまうため、権利濫用の法理を適用して債務者を救済することは事実上困難であるという問題点（遠藤光男裁判官の反対意見参照）や、債務者が権利濫用を主張する機会をどのように確保するかという課題が指摘されていた。

　もっとも、この点は、平成22年4月1日に施行された保険法が、差押債

権者により取立権の行使として保険契約が解約された場合等に、保険金受取人が一定の金銭の支払をすることによりその解除の効力発生を阻止できるという、いわゆる介入権（保険法60～62条）を認めたことにより、一定程度解決されている。

これによれば、差押債権者が保険料積立金のある死亡保険契約を解約すると、その通知を受けた日から1か月経過後に解約の効力が生じることとされ、その間に、保険金受取人（保険契約者、被保険者の親族又は被保険者である者に限られる。）が、保険契約者の同意を得て、解約権が行使された日の解約返戻金相当額を差押債権者に支払い、その旨を保険者に通知すれば解約の効力が生じないことになる。保険金受取人は、介入権により生命保険が解約されることを防ぐことができ、他方で、差押債権者は、解約権を行使した場合と同様の満足を得ることができる。

（瀬田　浩久）

◆参考文献

- 東京地方裁判所民事執行センター実務研究会編著『民事執行の実務〈第3版〉債権執行編（上）（下）』金融財政事情研究会（2012年）
- 齋藤隆ほか編『リーガル・プログレッシブ・シリーズ(4)民事執行』青林書院（2009年）
- 『最高裁判所判例解説民事篇〈平成11年度（下）〉』法曹会〔髙部眞規子〕548頁
- 髙部眞規子「判批」最高裁時の判例〔平成元年～平成14年〕〔3〕―私法編2〔商法・民訴・知財ほか〕38頁
- 髙部眞規子「判批」法曹時報53巻12号（2001年）273頁
- 髙部眞規子「判批」ジュリスト1174号（2000年）88頁
- 上原敏夫「判批」民事執行・保全判例百選〈第2版〉（2012年）120頁
- 上原敏夫「判批」月刊法学教室346号（2009年）66頁
- 竹濱修「判批」保険法判例百選（2010年）188頁
- 竹濱修「判批」平成11年度重要判例解説105頁
- 青木哲「判批」民事執行・保全判例百選（2005年）148頁
- 榊素寛「判批」法学協会雑誌118巻11号（2001年）1762頁
- 倉澤康一郎・私法判例リマークスno.21（2000年〈下〉）106頁
- 塩崎勤「判批」平成11年度主要民事判例解説96頁

第 4　民事手続と権利の濫用

・山本克己「判批」金融判例 100－社団法人金融財政事情研究会創立 50 周年記念号〔旬刊金融法務事情 1581 号〕（2000 年）216 頁
・出口正義「判批」月刊法学教室 234 号（2000 年）110 頁
・片岡宏一郎「判批」銀行法務 21・43 巻 14 号（1999 年）53 頁
・山下友信「判批」金融法務事情 1157 号（1987 年）6 頁

事項索引 (五十音順)

■ あ行

明渡請求·····················4, 18, 89, 99
育児休業、介護休業等育児又は家族介
　護を行う労働者の福祉に関する法律
　（育児介護休業法）················203
遺　贈······························129
一方的意思表示······················208
違法性······························32
遺留分·························129, 131
　　――の放棄······················131
遺留分減殺請求権···············129, 131
遺留分権利者·······················129
閲覧謄写請求権·····················175
親子関係···························101
親子関係不存在·····················116
親子関係不存在確認の訴え··········122

■ か行

外観説·····························119
解　雇························195, 208
　　――の無効·····················217
解雇権濫用の法理········208, 210, 212
戒　告····························179
会社法3条························145
解　除······························55
介入権·····························275
解約返戻金請求権··············268, 270
科学的親子関係····················119
確定効果説·························75
確定判決と同一の効力··············255
家事事件手続法···············104, 106
家庭の平和························119
家庭破綻説························119
株式会社··························161
株　主····························161
株主権の行使······················175
株主総会の決議···················225
株主代表訴訟················161, 162
株主提案権························176
環境型（セクハラ）···············182
監護費用··························101
看板等の撤去請求··················23
期間の定めのある継続的契約········57
期限の定めのない雇用契約·········208
既判力···························237
強制執行············251, 252, 256, 266
行政法規···························45
金銭債権·························267
景観利益···························45
継続的供給契約····················55
継続的契約·····················55-57
刑罰法規···························45
契約の更新拒絶····················55
血縁説···························119
減　給···························179
けん責···························179
建築基準法·······················31
憲　法···························121
　　――29条2項··················31
　　――29条3項··················31
権利侵害·························32
権利得喪説·······················71
降　格······················180, 189
公共の福祉······················31
公序良俗違反····················45
公正取引委員会·················65
高知放送事件···················211
口頭弁論の終結·················254
国土利用計画法··················31
戸籍の記載の正確性············122

子の監護費用……………………………101
雇用の分野における男女の均等な機会
　及び待遇の確保等に関する法律（雇
　用機会均等法）……………………182
婚姻費用……………………………………105

■ さ行
債権執行……………………………………265
債権の分割行使………………………237, 247
再婚禁止期間………………………………121
再審の訴え…………………………………255
債務不履行…………………………………55
債務名義………………………………251, 252
差押債権者…………………………………267
時　効…………………………………68, 69
時効の援用…………………………………68
時効の利益の放棄…………………………68
自然的親子関係……………………………101
実親子関係……………………………116, 117
　　――の存否の確認の訴え……………117
自働債権……………………………………237
借地権………………………………………3, 18
　　――の対抗力…………………………3
借地権者……………………………………4, 5
借地借家法
　　――10条1項………………………4-6, 18
　　――31条1項…………………………18
　　――36条1項…………………………90
借家法………………………………………90
受遺者………………………………………129
就業規則…………………………………178, 195
出勤停止……………………………………180
出　向………………………194-196, 203, 206
受忍限度……………………………………33
準拠法………………………………………125
使用者…………………………177, 178, 195, 208
使用者責任…………………………………183
商標法………………………………………29

商　法………………………………………63
　　――27条以下…………………………63
　　――522条………………………………81
商法上の代理商……………………………63
消滅時効……………………………………71
　　――の援用………………………68, 76
職場環境配慮義務…………………………183
ジョブ型能力不足タイプ…………………213
所有権………………………………………31
侵害行為の態様……………………………32
侵害排除請求………………………………24
人格権………………………………………183
人格的利益…………………………………183
信義則………………………………………31
親　権………………………………………101
人事異動……………………………………195
人事権…………………………………192, 197
人事訴訟法…………………………………117
　　――41条1項…………………………102
信頼関係破壊の法理………………………55
水質汚濁防止法……………………………31
推定されない嫡出子………………………116
推定説………………………………………71
スラップ訴訟………………………………233
生活保持義務………………………………101
請求異議事由………………………………251
請求異議の訴え………………………252, 254
請求権………………………………………251
生殖補助医療………………………………121
生物学上の親子関係…………………101, 102
生物学的親子関係…………………………101
生命保険契約………………………………265
　　――の解約権………………………265, 270
セクハラ……………177, 178, 182, 184, 189
絶対権………………………………………31
占有正権原の抗弁…………………………3
騒音規制法…………………………………31
相関関係……………………………………32

相殺	236, 237
相続権	89
相続人	89
——の廃除	131
訴権濫用	224, 225, 232

■ た行

対価型（セクハラ）	182
大気汚染防止法	31
代表訴訟の提起	169
代理店・特約店契約	55, 59
建物賃貸借の対抗力	17, 19
建物保護ニ関スル法律（建物保護法）	5
——1条	7
嫡出子	101, 102
嫡出推定	117
嫡出推定の及ばない子	116
嫡出否認の訴え	101
懲戒	177, 195
懲戒解雇	180, 208
懲戒権濫用の法理	208
懲戒事由	178
懲戒処分	179, 184
長期雇用慣行	197
重複する訴えの提起の禁止	239
著作権法	32
賃借権	18
賃貸借契約	3
賃料相当損害金	99
停止条件説	75
転籍	195
東亜ペイント事件	198
同意説	119
登記	4, 18
独占禁止法	65
都市計画法	31
土地基本法	31
土地区画整理法	31

土地収用法	31
土地の所有権	3
取立権	265

■ な行

内縁	89
——の配偶者	90, 99
日照・通風の妨害	31-34, 43
日本食塩製造事件	211
認知取消しの訴え	121
認知無効の訴え	121
年功的処遇	197
農地法	31
——3条	68
——16条1項	6

■ は行

背信的悪意者	10
配転	192, 195, 196, 198, 201
破産免責	254
反訴	242
被侵害利益	32
不公正な取引方法	65
普通解雇	208, 209
物権	18
不動産賃貸借の対抗力	18
不動産登記法	6
——44条	7
——74条	7
不当利得	99
不法行為	31, 32, 34, 37, 45, 46
扶養	101
フランチャイズ契約	55
弁済	254
返済期限の猶予	254
法人格	145
法人格否認の法理	146, 148, 150
保険法	274

■ ま行

民事執行法35条1項…………………252
民事訴訟費用等に関する法律………166
民法772条……………………………116
民法改正……………………………46, 58
　——平成16年……………………46
　——平成28年……………………121
　——平成29年…………………46, 69
無償使用権……………………………89
明示的一部請求………………………244
名誉感情………………………………183
メンバーシップ型能力不足タイプ…213

■ や行

役　員…………………………………161
諭旨解雇………………………………180
ユニオン・ショップ制度……………215
養育費…………………………………105

■ ら行

良好な景観の恵沢を享受する利益
　………………………………45, 48
労働基準法……………………………209
　——91条…………………………179
労働組合………………………………215
労働契約………………………195, 208
労働契約法……………………………195
　——15条…………………………178
労働者……………………177, 178, 195, 215

■ わ行

笑う相続人……………………………132

判 例 索 引 (年月日順)

※判例情報データベース「D1-Law.com 判例体系」の判例 ID を〔〕で記載

■ 大正

大判大正 3・4・4 民録 20 輯 261 頁〔27521763〕 …………………………………7
大判大正 3・7・4 刑録 20 輯 1360 頁〔27535093〕 ………………………………32
大判大正 8・3・3 民録 25 輯 356 頁〔27522799〕 …………………………………37
大判大正 8・7・4 民録 25 輯 1215 頁〔27522883〕 ………………………………75
大判大正 8・7・23 民録 25 輯 1355 頁〔27824442〕 ………………………………7
大判大正 10・5・30 民録 27 輯 1013 頁〔27819052〕 ……………………………20
大判大正 10・7・11 民録 27 輯 1378 頁〔27523296〕 …………………………5, 20
大判大正 14・11・28 民集 4 巻 670 頁〔27510908〕 …………………………32, 46

■ 昭和

大判昭和 8・10・13 民集 12 巻 2520 頁〔27510238〕 …………………………75, 85
大判昭和 11・7・21 民集 15 巻 1514 頁〔27500638〕 ……………………………239
大判昭和 12・9・17 民集 16 巻 1435 頁〔27500537〕 ……………………………74
大判昭和 15・1・23 民集 19 巻 54 頁〔27500186〕 ………………………………118
大判昭和 15・9・20 民集 19 巻 1596 頁〔27500251〕 ……………………………118
大判昭和 18・7・12 民集 22 巻 620 頁〔27824381〕 ……………………………225
東京地決昭和 26・8・8 民集 14 巻 6 号 913 頁〔27203730〕 ……………………210
最二小判昭和 32・6・7 民集 11 巻 6 号 948 頁〔27002804〕 …………………245
東京地判昭和 32・7・25 判時 129 号 31 頁〔27620871〕 ………………………242
最大判昭和 33・3・5 民集 12 巻 3 号 381 頁〔27002702〕 ……………………255
東京地判昭和 33・4・2 下級民集 9 巻 4 号 562 頁〔27401273〕 ……………242
最一小判昭和 33・6・14 民集 12 巻 9 号 1492 頁〔27002658〕 ………………255
東京高決昭和 33・8・2 判夕 83 号 74 頁〔27611027〕 …………………………217
最一小判昭和 33・9・18 民集 12 巻 13 号 2040 頁〔27002628〕 ………………6
仙台高秋田支判昭和 36・9・25 下級民集 12 巻 9 号 2373 頁〔27440586〕 …132
最一小判昭和 37・2・15 裁判集民 58 号 695 頁〔28198482〕 …………………229
最二小判昭和 37・4・27 民集 16 巻 7 号 1247 頁〔27002141〕 ……………117, 121
最一小判昭和 37・5・24 民集 16 巻 5 号 1157 頁〔27002147〕 ………………256
最二小判昭和 37・8・10 民集 16 巻 8 号 1720 頁〔27002110〕 ………………245
最二小判昭和 38・1・18 民集 17 巻 1 号 12 頁〔27002062〕 …………………20
最二小判昭和 38・5・24 民集 17 巻 5 号 639 頁〔27002024〕 …………………11
最一小判昭和 38・9・26 民集 17 巻 8 号 1025 頁〔27002003〕 ………………20

最二小判昭和 39・6・26 民集 18 巻 5 号 968 頁〔27001396〕……………………20
最二小判昭和 39・8・28 民集 18 巻 7 号 1354 頁〔27001377〕……………………6
最三小判昭和 39・10・13 民集 18 巻 8 号 1578 頁〔27001366〕……………………91
最二小判昭和 39・11・20 民集 18 巻 9 号 1914 頁〔27001348〕……………………7
最三小判昭和 40・6・29 民集 19 巻 4 号 1027 頁〔27001293〕……………………8
最三小判昭和 40・12・21 民集 19 巻 9 号 2270 頁〔27001238〕……………………256
最大判昭和 41・4・27 民集 20 巻 4 号 870 頁〔27001192〕……………………7
東京高判昭和 42・3・1 判時 472 号 38 頁〔27670414〕……………………242
東京地判昭和 42・5・8 判タ 208 号 195 頁〔27482069〕……………………150
最二小判昭和 42・6・2 民集 21 巻 6 号 1433 頁〔27001070〕……………………20
東京高判昭和 42・10・26 高裁民集 20 巻 5 号 458 頁〔27201108〕……………………34
東京高判昭和 43・2・23 判タ 222 号 200 頁〔27200706〕……………………219
最三小判昭和 43・9・3 民集 22 巻 9 号 1817 頁〔27000925〕……………………11
最二小判昭和 43・9・6 民集 22 巻 9 号 1862 頁〔27000923〕……………………257
最一小判昭和 43・9・26 民集 22 巻 9 号 2002 頁〔27000918〕……………………75, 85
最一小判昭和 44・2・27 民集 23 巻 2 号 511 頁〔27000839〕……………………146
大阪地判昭和 44・5・14 判時 598 号 77 頁〔27403333〕……………………151
最一小判昭和 44・5・29 民集 23 巻 6 号 1064 頁〔27000814〕……………………119
最一小判昭和 44・7・17 民集 23 巻 8 号 1610 頁〔27000793〕……………………20
最三小判昭和 44・12・23 民集 23 巻 12 号 2577 頁〔27000749〕……………………8
岐阜地判昭和 45・4・16 労働関係民事裁判例集 21 巻 2 号 593 頁〔27612097〕……………………219
最一小判昭和 45・9・10 民集 24 巻 10 号 1389 頁〔27000691〕……………………83
最三小判昭和 47・6・27 民集 26 巻 5 号 1067 頁〔27000552〕……………………32, 34
東京地判昭和 48・2・28 判時 706 号 84 頁〔27411504〕……………………150
最一小判昭和 48・4・5 民集 27 巻 3 号 419 頁〔27000501〕……………………246
最二小判昭和 48・10・26 民集 27 巻 9 号 1240 頁〔27000471〕……………………151, 153
最二小判昭和 48・12・14 民集 27 巻 11 号 1586 頁〔27000457〕……………………75, 84
最二小判昭和 49・4・26 民集 28 巻 3 号 503 頁〔27000438〕……………………233
大津地判昭和 49・5・8 判時 768 号 87 頁〔27424949〕……………………242
仙台高判昭和 49・11・27 高裁民集 27 巻 7 号 944 頁〔27452028〕……………………134
最一小判昭和 50・2・13 民集 29 巻 2 号 83 頁〔27000390〕……………………7
最二小判昭和 50・4・11 民集 29 巻 4 号 417 頁〔27000378〕……………………73
最二小判昭和 50・4・25 民集 29 巻 4 号 456 頁〔27000376〕……………………211, 215, 217
東京地判昭和 50・5・13 判時 801 号 98 頁〔27612553〕……………………216
最判昭和 51・1・31 労働判例 268 号 18 頁……………………213
最三小判昭和 51・5・25 民集 30 巻 4 号 554 頁〔27000322〕……………………80
名古屋地判昭和 51・11・30 判時 859 号 80 頁〔27441801〕……………………132
最二小判昭和 52・1・31 裁判集民 120 号 23 頁〔28160387〕……………………211

判例索引

東京地判昭和 52・2・22 判時 865 号 71 頁〔27404663〕………………………63
東京家審昭和 52・9・8 家裁月報 30 巻 3 号 88 頁〔27452260〕……………138
最一小判昭和 53・7・10 民集 32 巻 5 号 888 頁〔27000235〕………………224
最一小判昭和 53・9・14 判時 906 号 88 頁〔27411835〕……………………152
東京高判昭和 54・10・29 判時 948 号 111 頁〔27612913〕…………………214
最三小判昭和 54・10・30 民集 33 巻 6 号 647 頁〔27000191〕……………180
大阪地判昭和 56・8・7 判時 1034 号 116 頁〔27711091〕…………………259
東京高判昭和 57・8・25 判時 1054 号 92 頁〔27405809〕……………………63
東京地判昭和 58・9・8 判時 1105 号 70 頁〔27406020〕……………………62
最二小判昭和 58・9・16 判時 1093 号 135 頁〔27613207〕…………………181
最一小判昭和 58・10・27 裁判集民 140 号 207 頁〔27613216〕……………214
東京高決昭和 58・12・16 判時 1102 号 66 頁〔27490499〕…………………106
東京地判昭和 59・3・29 判時 1110 号 13 頁〔27490788〕……………………63
名古屋高金沢支判昭和 59・4・4 判タ 530 号 168 頁〔27442310〕…………229
東京高判昭和 59・11・29 判時 1140 号 90 頁〔27802700〕…………………242
最二小判昭和 61・3・17 民集 40 巻 2 号 420 頁〔27100036〕………………75
最二小判昭和 61・7・14 判時 1198 号 149 頁〔27613417〕…………………198
最一小判昭和 62・7・16 判時 1260 号 10 頁〔27801155〕…………………261
鹿児島地判昭和 62・7・29 判時 1259 号 122 頁〔27800804〕………………228
最三小判昭和 63・1・26 民集 42 巻 1 号 1 頁〔27100072〕…………………232
札幌地決昭和 63・4・4 判時 1288 号 123 頁〔27802425〕……………………62

■ 平成

東京高判平成元・7・3 民集 47 巻 7 号 4925 頁〔27807343〕………………170
最一小判平成元・12・7 労働判例 554 号 6 頁〔27808460〕…………………199
最一小判平成元・12・14 民集 43 巻 12 号 2051 頁〔27805325〕……………215
最一小判平成元・12・21 民集 43 巻 12 号 2209 頁〔27805392〕……………82
最二小判平成 2・7・20 民集 44 巻 5 号 876 頁〔27806722〕…………………29
最三小判平成 2・12・4 民集 44 巻 9 号 1165 頁〔27807552〕………………227
長崎地判平成 3・2・19 判時 1393 号 138 頁〔27809280〕…………………172
最三小判平成 3・12・17 民集 45 巻 9 号 1435 頁〔27810311〕……………240
東京高判平成 4・2・24 判時 1418 号 81 頁〔27811368〕…………………136
東京地判平成 5・11・24 判タ 873 号 279 頁〔27827042〕…………………261
最三小判平成 6・2・22 民集 48 巻 2 号 441 頁〔27817983〕…………………74
東京高判平成 6・3・16 労働判例 656 号 63 頁〔27826064〕………………206
最一小判平成 6・9・8 労働判例 657 号 12 頁〔28019271〕…………………217
東京高判平成 6・9・14 判時 1507 号 43 頁〔27825941〕……………………63
最三小判平成 6・11・22 民集 48 巻 7 号 1355 頁〔27825891〕……………246

283

東京地判平成 7・7・14 判時 1541 号 123 頁〔27828111〕……………………230
大阪地判平成 8・1・26 判時 1570 号 85 頁〔28010988〕……………………242
東京地判平成 8・1・29 判タ 915 号 256 頁〔28011238〕……………………230
福岡地小倉支判平成 8・3・26 労働判例 847 号 30 頁〔28081532〕…………207
東京高判平成 8・4・8 判タ 937 号 262 頁〔28022410〕……………………242
東京地決平成 8・7・31 判時 1584 号 142 頁〔28011423〕…………………214
最三小判平成 8・12・17 民集 50 巻 10 号 2778 頁〔28020118〕……………98
最三小判平成 9・3・11 裁判集民 182 号 1 頁〔28021657〕…………………123
京都地判平成 9・4・17 判タ 951 号 214 頁〔28021098〕…………………183
最三小判平成 9・7・1 民集 51 巻 6 号 2251 頁〔28021390〕…………12, 24
東京高判平成 9・7・31 判時 1624 号 55 頁〔28030347〕……………………61
東京地判平成 9・10・3 判タ 980 号 176 頁〔28033091〕……………………92
津地判平成 9・11・5 判時 1648 号 125 頁〔28030369〕……………………183
最一小判平成 10・2・26 民集 52 巻 1 号 255 頁〔28030544〕………………93
最二小判平成 10・6・12 民集 52 巻 4 号 1087 頁〔28031250〕……………82
最二小判平成 10・6・12 民集 52 巻 4 号 1147 頁〔28031249〕……………246
最二小判平成 10・6・22 民集 52 巻 4 号 1195 頁〔28031544〕……………75
最三小判平成 10・6・30 民集 52 巻 4 号 1225 頁〔28031594〕……………248
最二小判平成 10・8・31 判時 1655 号 112 頁〔28032473〕…………………103
最二小判平成 10・8・31 判時 1655 号 128 頁〔28032540〕…………………119
東京地判平成 10・10・30 判時 1690 号 153 頁〔28050051〕…………………63
最三小判平成 10・12・18 民集 52 巻 9 号 1866 頁〔28033493〕……………64
東京地判平成 11・2・5 判時 1690 号 87 頁〔28050048〕……………………63
東京地判平成 11・8・27 判タ 1030 号 242 頁〔28051706〕…………………137
最一小判平成 11・9・9 民集 53 巻 7 号 1173 頁〔28042084〕………………268
最一小判平成 11・10・21 民集 53 巻 7 号 1190 頁〔28042450〕……………75
東京地決平成 12・1・21 労働判例 782 号 23 頁〔28051572〕………………214
最三小判平成 12・1・28 判時 1705 号 162 頁〔28050205〕…………………203
最三小判平成 12・3・14 判時 1708 号 106 頁〔28050541〕…………103, 120
札幌地判平成 12・4・25 労働判例 805 号 123 頁〔28061610〕……………214
東京地判平成 12・4・26 労働判例 789 号 21 頁〔28052370〕………………213
東京地判平成 12・5・30 判時 1719 号 40 頁〔28052155〕…………………230
東京地判平成 12・8・29 判時 1744 号 137 頁〔28061327〕…………………213
大阪高判平成 12・12・8 公刊物未登載 …………………………………………63
東京高判平成 13・1・31 判タ 1080 号 220 頁〔28070512〕…………………231
東京地判平成 13・6・29 判タ 1139 号 184 頁〔28070655〕…………………234
神戸地判平成 13・10・1 労働判例 820 号 41 頁〔28070639〕………………216
東京地判平成 14・10・22 労働判例 838 号 15 頁〔28080008〕……………213

東京地決平成 14・12・27 労働判例 861 号 69 頁〔28090566〕··················203
最二小判平成 15・4・18 判時 1826 号 158 頁〔28081211〕··················205
東京地判平成 15・8・27 判タ 1139 号 121 頁〔28090558〕··················214
最二小判平成 15・10・10 判時 1840 号 144 頁〔28082706〕··················181
東京地判平成 16・1・14 労働判例 875 号 78 頁〔28092447〕··················213
大阪地判平成 16・2・18 平成 15 年（ワ）3396 号公刊物未登載〔28140001〕·······57
東京地判平成 16・4・15 判時 1872 号 69 頁〔28092109〕··················61
東京地判平成 16・9・16 金法 1741 号 46 頁〔28101197〕··················242
和歌山家審平成 16・11・30 家裁月報 58 巻 6 号 57 頁〔28111280〕··················135
東京地判平成 17・2・18 労働判例 892 号 80 頁〔28101297〕··················212
東京地判平成 17・5・31 判タ 1230 号 335 頁〔28130818〕··················259
東京地判平成 17・7・6 判タ 1214 号 226 頁〔28111812〕··················63
最二小判平成 17・7・15 民集 59 巻 6 号 1742 頁〔28101467〕··················153
東京高判平成 17・11・30 判時 1935 号 61 頁〔28111797〕··················260
最一小判平成 18・3・30 民集 60 巻 3 号 948 頁〔28110839〕··················47
最二小判平成 18・4・14 民集 60 巻 4 号 1497 頁〔28110911〕··················243
東京地判平成 18・5・11 公刊物未登載··················63
最二小判平成 18・7・7 民集 60 巻 6 号 2307 頁〔28111439〕··················123
最二小判平成 18・7・7 判時 1966 号 62 頁〔28111437〕··················124
東京地判平成 18・9・29 労働判例 930 号 56 頁〔28130861〕··················216
東京高判平成 19・3・14 訟務月報 54 巻 6 号 1292 頁〔28141909〕··················78
最二小決平成 19・3・23 民集 61 巻 2 号 619 頁〔28130826〕··················121
福岡高判平成 19・6・19 判タ 1265 号 253 頁〔28131576〕··················61
東京高判平成 19・12・5 判時 1989 号 21 頁〔28140301〕··················73
最三小判平成 20・3・18 判時 2006 号 77 頁〔28140720〕··················124
最一小判平成 20・7・10 判時 2020 号 71 頁〔28141666〕··················247
東京地判平成 21・2・23 公刊物未登載··················62
最三小判平成 21・3・10 民集 63 巻 3 号 361 頁〔28150583〕··················164
東京地判平成 21・4・16 労働判例 985 号 42 頁〔28153161〕··················212
最三小判平成 21・4・28 民集 63 巻 4 号 853 頁〔28151361〕··················82
最二小判平成 22・1・29 裁判集民 233 号 33 頁〔28160228〕··················157
東京地判平成 22・3・24 判タ 1333 号 153 頁〔28163001〕··················212
大阪高判平成 22・10・21 判時 2108 号 72 頁〔28172535〕··················95
札幌地判平成 22・11・12 労働判例 1023 号 43 頁〔28173082〕··················216
名古屋地判平成 23・2・25 判時 2118 号 66 頁〔28173993〕··················95
最二小判平成 23・3・18 判時 2115 号 55 頁〔28170957〕··················102
東京地判平成 23・5・26 判タ 1368 号 238 頁〔28181155〕··················228
札幌高判平成 23・7・29 判時 2133 号 13 頁〔28180213〕··················62

東京高判平成 23・8・31 判時 2127 号 124 頁〔28173938〕…………………………200
東京地判平成 24・2・29 労働判例 1048 号 45 頁〔28181410〕……………………214
大阪高判平成 24・4・18 労働判例 1053 号 5 頁〔28182309〕………………………217
東京高決平成 24・5・31 資料版商事法務 340 号 30 頁〔28224423〕………………176
東京地判平成 24・10・5 判時 2172 号 132 頁〔28182217〕…………………………213
東京地判平成 24・10・31 金法 1983 号 162 頁〔28214069〕………………………260
東京地判平成 25・2・28 公刊物未登載……………………………………………………133
東京地判平成 25・3・15 判時 2190 号 53 頁〔28212718〕…………………………140
東京高判平成 25・3・21 労働判例 1073 号 5 頁〔28213041〕………………………212
最三小判平成 25・4・9 判時 2187 号 26 頁〔28211163〕……………………………23
東京高判平成 25・4・10 金法 2016 号 96 頁〔28231487〕…………………………261
最三小決平成 25・12・10 民集 67 巻 9 号 1847 頁〔28214169〕…………………120
最一小判平成 26・7・17 判時 2235 号 21 頁〔28223054〕……………………104, 120
最一小判平成 26・7・17 民集 68 巻 6 号 547 頁〔28223056〕……………………120
佐賀地判平成 26・12・12 判時 2264 号 85 頁〔28230131〕………………………262
最一小判平成 27・2・26 判時 2253 号 107 頁〔28230774〕………………………184
東京地判平成 27・3・30 公刊物未登載……………………………………………………135
東京高判平成 27・5・19 金商 1473 号 26 頁〔28232003〕　………………………176
最一小判平成 27・12・14 民集 69 巻 8 号 2295 頁〔28234381〕…………………242
最大判平成 27・12・16 民集 69 巻 8 号 2427 頁〔28234449〕……………………121
東京地判平成 28・1・13 平成 26 年（ワ）28229 号公刊物未登載〔29016575〕……95
東京地判平成 28・3・23 公刊物未登載……………………………………………………135
東京地判平成 28・6・20 公刊物未登載……………………………………………………135
最三小判平成 29・2・28 民集 71 巻 2 号 221 頁〔28250741〕………………………29

サービス・インフォメーション

──────── 通話無料 ────────
① 商品に関するご照会・お申込みのご依頼
　　　TEL 0120(203)694／FAX 0120(302)640
② ご住所・ご名義等各種変更のご連絡
　　　TEL 0120(203)696／FAX 0120(202)974
③ 請求・お支払いに関するご照会・ご要望
　　　TEL 0120(203)695／FAX 0120(202)973

● フリーダイヤル（TEL）の受付時間は、土・日・祝日を除く9:00〜17:30です。
● FAXは24時間受け付けておりますので、あわせてご利用ください。

裁判官が説く民事裁判実務の重要論点
［基本原則（権利の濫用）編］

平成30年2月25日　初版発行

編　集　　加藤新太郎
　　　　　小林康彦
発行者　　田中英弥
発行所　　第一法規株式会社
　　　　　〒107-8560　東京都港区南青山2-11-17
　　　　　ホームページ http://www.daiichihoki.co.jp/
装　丁　　篠　隆二

民裁権利濫用価　ISBN978-4-474-05594-0　C3032 (7)